Briefe Napoleon I.
an seine Gemahlin Josephine

und Briefe Josephines an Napoleon
und ihre Tochter, Königin Hortense

Bonaparte, Napoleon

Briefe Napoleon I. an seine Gemahlin Josephine
und Briefe Josephines an Napoleon und ihre Tochter, Königin Hortense

ISBN: 978-3-86267-062-8

Auflage: 1
Erscheinungsjahr: 2010
Erscheinungsort: Bremen, Deutschland

Europäischer Literaturverlag (www.elv-verlag.de), Fahrenheitstr.1, 28359 Bremen.

Bei diesem Titel handelt es sich um den Nachdruck eines historischen, lange vergriffenen Buches aus dem Verlag Schmidt & Günther, Leipzig (1901). Da elektronische Druckvorlagen für diesen Titel nicht existieren, musste auf alte Vorlagen zurückgegriffen werden. Hieraus zwangsläufig resultierende Qualitätsverluste bitten wir zu entschuldigen.

Die Kaiserin Josephine.
Nach einem Porträt Gérard's, im Besitze des Grafen Carvalhido, phot. von Braun

Briefe Napoleon I.
an seine Gemahlin Josephine

und

Briefe Josephine's
an Napoleon und ihre Tochter, die Königin Hortense.

---o---

Uebertragen, mit erläuternden Anmerkungen

von

Oscar Marschall v. Bieberstein.

Leipzig 1901
Verlag von Schmidt & Günther.

Inhalts-Verzeichniß.

	Seite
Einleitende Bemerkungen des Uebersetzers	1
Lebenslauf der Kaiserin Josephine (mitgetheilt von der Königin Hortense)	7
Ergänzungen zu den ersten Briefen (vom Uebersetzer)	18
Briefe des Generals Bonaparte an seine Gemahlin während des I. italienischen Krieges 1796	24
Der historische Hintergrund zu diesen Briefen (vom Uebersetzer)	54
Briefe des ersten Consuls Bonaparte an seine Gemahlin während des II. italinischen Krieges 1800	71
Briefe des ersten Consuls Bonaparte an seine Gemahlin, während dieselbe in Plombières im Bade war 1801—1802	77
Briefe des Kaisers Napoleon an die Kaiserin Josephine während der Reisen an die Küsten in den Jahren XII und XIII (1804)	85
Briefe des Kaisers Napoleon an die Kaiserin Josephine während des österreichischen Feldzuges 1805	91
Briefe des Kaisers Napoleon an die Kaiserin Josephine während des Feldzuges von 1806 und 1807	107
Briefe des Kaisers Napoleon an die Kaiserin Josephine während seiner Reise in Italien 1807	171
Briefe des Kaisers Napoleon an die Kaiserin Josephine während seines Aufenthaltes in Bayonne 1808	175

Briefe des Kaisers Napoleon an die Kaiserin Josephine während seines Aufenthaltes zu Erfurt 1808	181
Briefe des Kaisers Napoleon an die Kaiserin Josephine während des Feldzuges in Spanien 1808 und 1809	187
Briefe des Kaisers Napoleon an die Kaiserin Josephine während des Feldzuges 1809	197
Briefe des Kaisers Napoleon an die Kaiserin Josephine nach der Scheidung 1809, 1810, 1811, 1812, 1813	215
Brief der Kaiserin Josephine an den Kaiser Napoleon	228
Brief desgleichen	231
Brief der Madame de Rémusat an die Kaiserin Josephine	238
Briefe der Kaiserin Josephine an ihre Tochter	253
Ein Brief des General de Beauharnais an seine Tochter Hortense	255
Ein Brief des General de Beauharnais an seine Gemahlin Josephine	256
Brief des Kaisers Napoleon an seine Stieftochter und Schwägerin Hortense	275
Brief desgleichen	291
Brief Eugen's, des Vicekönigs von Italien an seine Mutter, Kaiserin Josephine	324
Brief desgleichen	325

Briefe Napoleon I.

an seine Gemahlin Josephine.

Einleitende Bemerkungen.

Die Briefe Napoleons an Josephine, seine erste Gemahlin, sind nach dem Tode derselben in Besitz der Herzogin von St. Leu, früheren Königin von Holland, der Tochter Josephines aus erster Ehe, übergegangen.

Die Briefe sollten schon im Jahre 1825 veröffentlicht werden, um, wie es hieß, gewisse Irrthümer in dem 1822 erschienenen „Tagebuch von St. Helena",*) soweit dieselben Josephine betrafen, zu berichtigen.

Die sich damals der Veröffentlichung entgegenstellenden Hindernisse, welche man in den Bedenken der Regierung Carl X zu suchen haben wird, konnten unter Ludwig Philipps Szepter als beseitigt angesehen und im Jahre 1833 die Briefe dem bekannten Verlage von Didot Frères in Paris zum Druck übergeben werden.

Was die Irrthümer im „Tagebuch von St. Helena", das heißt gewisse Äußerungen Napoleons dritten Personen gegenüber betrifft, welche die Tochter Josephines gekränkt

---

*) Das „Tagebuch von St. Helena", geführt von Las Cases (Im Auszuge deutsch bei Schmidt & Günther, Leipzig) besteht fast ausschließlich aus Dictaten Napoleons oder aus von Napoleon durchgesehenen Aufzeichnungen seines treuen Gefährten während der Leidenszeit von St. Helena.

haben, so verdienen besonders zwei als hierher gehörig vermerkt zu werden: Napoleon glaubte, wie er auf St. Helena eines Tages bemerkte, mit den Jahren herausgefunden zu haben, daß die häufigen Ausbrüche von Eifersucht bei Josephine nicht als ein Zeichen innerer Empfindungen, sondern vielmehr als kleine politische Essays aufgefaßt werden sollten. Napoleon hat auch erzählt, daß Josephine, ganz benommen von der Furcht, es möchten ihrer Ehe mit ihm Mutterfreuden versagt bleiben, alle Mittel medicinischer Kunst vergeblich durchprobirt hat und schließlich auf den Gedanken verfallen ist, sich durch eine politische Schwindelei*) aus der Verlegenheit zu ziehen — daß sie für diese ihren Gemahl zu gewinnen versucht habe.

Möge die Veranlassung zur Veröffentlichung der Briefe Napoleons an Josephine gewesen sein, welche sie wolle und möge man auch der Wahrscheinlichkeit Raum geben, daß die Herzogin von St. Leu mit den Originalen, deren abschäuliche Schrift ohnehin zu falschen Entzifferungen**) verleiten mußte, kleine Änderungen vorgenommen

---

*) „Supercherie politique". Man kann nicht recht dahinter kommen, was Napoleon eigentlich gemeint hat: auf Vermuthungen beruhende Erklärungen sind vorhanden, aber werthlos.

**) In A. Dayot's vielgelesenem, reich illustrirtem Werk „Napoleon in Bild und Wort" (Deutsch bei Schmidt & Günther, Leipzig 1897) findet sich Capitel IX, Seite 393—414 eine reichhaltige Sammlung von Autographen Napoleons. Die Entzifferung dieses Gekritzels, mit seiner, wie sich herausgestellt hat, theilweise fehlerhaften Ortographie, ist eine Arbeit, gegen welche Psyche's Körnerlese ein Kinderspiel ist. Auch in dem vorliegenden Werk sind einige Originale als handschriftliche Muster vorhanden. Joseph sagte, sein Bruder schriebe wie eine Katze.

hat — den Briefen ist ihr Charakter gewahrt geblieben und man kann sich des tiefen Eindrucks nicht erwehren, den diese vom Augenblick gebornen, in fieberhafter Hast hingekritzelten Zeilen erwecken. „Ich habe", sagt in ihren Memoiren Mad. de Rémusat „Briefe Napoleons an Josephine gesehn, welche er zu Anfang des italienischen Feldzuges an sie gerichtet hat: diese Briefe athmen eine so starke Leidenschaft, man findet in ihnen so glühende Empfindungen, so viel Lebhaftigkeit, so viel Poesie, eine Liebe, die so ganz anders ist als bei Andern, daß es keine Frau geben würde, die nicht stolz darauf wäre, die Empfängerin solcher Briefe zu sein."

Es sind in der That seltsame Briefe!

Enthüllen sie hier dem Leser die intimsten Regungen eines in Leidenschaft bebenden Herzens, so führen sie ihn dort mitten in das Gedränge von Hoffnungen, Zweifeln; zornige Aufwallung mischt sich mit einer Unterwürfigkeit, die Verzeihung erfleht; bald werden alle Schleusen übler Launen aufgerissen: Josephine ist häßlich, ist ein Unhold, bald wird sogar dem bissigen Schoßhündchen ein zärtlicher Kuß übersendet — dann aber sinkt die Temperatur, Schnee fällt auf der Liebe Fluren: hier und da noch das Geklingel einer Phrase, um die Wahrheit unhörbar zu machen — Vorbei! Etwas aber ist geblieben und ein Zeichen für den Werth, den Josephine trotz all ihrer Mängel für Napoleon hatte: es ist eine an wahre Freundschaft grenzende Anhänglichkeit bis zum Tode geblieben. Sind wirklich, wie es ja erklärlich genug wäre, von des Verbannten Lippen hin und wieder tadelnde Worte gefallen, sie sind von anderen übertönt.

Josephine habe sich stets, sagte der sich auf St. Helena zum Sterben rüstende Kaiser, als die zärtlichste Freundin erwiesen, habe ihm stets Unterwürfigkeit und Ergebenheit gezeigt, sie wäre für ihn die Gefälligkeit selbst gewesen, sie habe bei ihm ein theures Gedenken, ein lebhaftes Dankgefühl hinterlassen.

Auch von einem andern Gesichtspunkte aus verdient die Correspondenz (es sind den Briefen Napoleons einige Antworten Josephines beigegeben) alle Beachtung, denn sie enthält auch werthvolle, in knappe Form gefaßte historische Daten, sie nehmen sich aus wie die touches d'artiste auf dem Zeitbilde!

Diese kleinen, flüchtigen Commentare, die der die Flügel spürende Welterschütterer seinen Thaten giebt, sind nicht minder fesselnd als es die Einblicke sind, die wir in die Falten der Seele eines Menschen thun, der sich über Alle emporschwingt und doch gemeinsam mit Allen tief im Staube der Erde steckt.

Mit dem Debut Napoleon Bonaparte's als Feldherr, vor dem die europäische Welt erstaunte und erschrak, steht die sein Inneres durchwühlende Liebe in enger Beziehung — blöden Augen freilich entgeht diese Wahrnehmung. Die Verwegenheit der Entwürfe im ersten italienischen Feldzuge, die an's Unglaubliche grenzenden Wagnisse des jungen sechsundzwanzigjährigen General en chef sind nur erklärlich, wenn man bedenkt, daß in der Arena als Zuschauerin die Dame seines Herzens saß, daß sie dem Sieger ihr Lächeln spendete, oder — durch leichtsinnige Streiche ihn in eine an Raserei grenzende Stimmung versetzte. Sehr treffend sind in dieser Be=

ziehung die Worte Friedrich Masson's in seinem Buch: „Napoleon und die Frauen", die also lauten:

„Es ist, als ginge ein electrischer Strom durch Reih und Glied*): dieselbe Todesverachtung überall, dieselbe Munterkeit im Angesicht des Todes und für die Liebe in all diesen jungen Herzen dieselbe Begeistrung! Aus dem Grunde allein schon ist Bonaparte, sie zu befehligen, der Rechte. Siegen, erobern, das ist das beste Mittel, um Josephine wiederzusehn, sie um sich zu haben, mit ihr zusammen zu sein. Für sie innerhalb von vierzehn Tagen im Monat April 1796 sechs Siege, einundzwanzig eroberte Fahnen!" —

Der Correspondenz, die ihren Anfang mit dem Juli 1796 nimmt, und im Herbst 1813 schließt, sind hinzugefügt: Briefe Josephines an Hortense.

Dieselben beginnen mitten im Toben der Revolution: einige darunter stammen aus dem Gefängniß des Carmes (Carmeliter) und schließen mit dem 31. März 1814. Zwei Briefe vom General de Beauharnais, dem ersten Gemahl Josephines, sind eingefügt, der eine ist an Hortense, der andre an Josephine, der letztere enthält des Generals Abschied von ihr und der Welt: Beauharnais' Haupt fiel bekanntlich unter dem Beil der Guillotine.

Die Briefe Josephines an ihre Tochter, wenn sie sich auch nicht zur Höhe des Interesses erheben, welche die Napoleons beanspruchen, haben doch deshalb einen großen Werth, weil sie für eine richtige Beurtheilung der Gefährtin Napoleons während seiner Glanzperiode

---

*) Die italienische bei Nizza zusammengezogene französische Armee ist gemeint.

Vielerlei an die Hand geben und uns vor einem voreilig harten Urtheil bewahren.

Josephine aus dem Rahmen ihrer Zeit herauszunehmen, geht nicht an: man darf ihre bösen Streiche, deren naive Dreistigkeit zeigt, daß ihr der Begriff der Moralität, ein Verständniß für frauliche Tugend, fast völlig fehlte, nicht allzu sehr betonen, zumal ihre Untugenden vereint mit ungezählten Wohlthaten auftreten, die sie ihren Zeitgenossen erwies und um die sie oft harte Kämpfe mit ihrem Gemahl zu bestehen hatte — Josephinen vor Allen soll der Wahrspruch ihrer Landsleute zu Gute kommen:

  quand le coeur est bon tout est bon!

Die geschiedene Kaiserin ging von Navarra, von wo ihr letzter Brief datirt ist, der Einladung des Zaren Alexander und den dringenden Bitten Hortenses folgend, nach Malmaison — den Tod im Herzen! Sie ist dort am 29. Mai 1814 gestorben.

Lebhaftes Interesse beansprucht auch der unzweifelhaft aus der Feder Hortenses stammende kurze Abriß von Josephines Lebensgeschichte, der an die Spitze der Briefsammlung gestellt ist.

Berlin 1900.

           von Marschall.

Der Lebenslauf der Kaiserin Josephine.

Josephine Rose Tascher de la Pagerie wurde auf Martinique, jener paradiesischen, zur Gruppe der kleinen Antillen zählenden und seit 1664 zu Frankreich gehörigen Insel, am 24. Juni 1763 geboren.*)

In ihrem Äußeren, obwohl die Gesichtszüge nicht regelmäßig zu nennen waren, namentlich aber in ihrer beweglichen, graciösen Gestalt zeigte sich schon in frühen

*) Anmerkung des Uebersetzers: Das Datum ist richtig angegeben. Josephine selbst aber hat, als sie ihre Ehe mit dem General Bonaparte schloß, in dem Heirathscontract sich um 4 Jahre jünger gemacht. Sie war damals 32 Jahre alt, Bonaparte, nebenbei bemerkt, erst 26 Jahre. Man findet nähere, sehr pikante Mittheilungen bei Friedrich Masson „Napoleon und die Frauen" (Seite 32—34) Leipzig, Schmidt & Günther. — Auf St. Helena kam Napoleon im Gespräch mit seinem Gefolge eines Tages auf die Abneigung zu sprechen, welche die Frauen haben, ihr Alter anzugeben. Er gedachte auch einer „sehr hochstehenden Dame", welche, als sie heirathete, ihren Gemahl um fünf oder sechs Jahre betrog, indem sie vor dem Notar den Taufschein einer jüngeren, längst verstorbenen Schwester producirte. „Arme Josephine", fügte der Kaiser hinzu, „sie setzte sich dadurch allen möglichen Unannehmlichkeiten aus: die Heirath hätte können für null und nichtig erklärt werden". („Tagebuch von St. Helena" Schmidt & Günther, Leipzig 1899. Seite 21. II. Band.)

Jahren ein verführerischer Liebreiz, erhöht durch einen ihrem Wesen eignen Ausdruck von Milde und Herzensgüte, der ihr auch geblieben ist bis zum Schluß ihres Lebens.

Sie war noch sehr jung, als der Vater sie nach Frankreich brachte, um sie mit dem Vicomte de Beauharnais zu vermählen. Die Ehe war, wie damals üblich, zwischen den beiderseitigen Verwandten verabredet worden zur Zeit als der alte Marquis de Beauharnais Gouverneur der Antillen war.

Die junge Vicomteß fand bei der Hofgesellschaft in Paris einen glänzenden Empfang, wie es die Stellung ihres Gemahls, eines geistvollen und liebenswürdigen Mannes, und ihre persönlichen Vorzüge nicht anders erwarten ließen.*)

Sie wurde Mutter zweier Kinder, welche die Namen Eugen und Hortense erhielten.**)

Im Jahre 1787 erkrankte die auf Martinique zurück-

---

*) Anmerkung des Übersetzers: Diese Behauptung wird widerlegt in Jos. Turquan's interessantem Buch „Die Königin Hortense" Schmidt & Günther, Leipzig. (I. 14.) Wir erfahren, daß der Vicomte de Beauharnais in den Tuilerien zur Zeit Ludwig XVI allerdings Zutritt hatte, aber nur deshalb, „weil er ein vorzüglicher Tänzer war", daß seine Gemahlin Josephine jedoch völlig ausgeschlossen war von den Hofgesellschaften.

**) Anmerkung des Übersetzers: Außerehelich geboren wurde während ihres Aufenthaltes auf Martinique ein Mädchen; dasselbe blieb, als die Vicomteß 1790 die Insel verließ, auf derselben zurück und wurde 1805 von Napoleon an einen Offizier verheirathet. (Joseph Turquan: „Königin Hortense" Bd. I, Seite 4. Auch Georgette Dufrest: „Erinnerungen an die Kaiserin Josephine", Band II, Seite 13.)

gebliebene Mutter der Vicomteß so schwer, daß diese zu ihrer Pflege in Begleitung ihres Töchterchens Hortense auf drei Jahre in die Heimat zurückkehrte. Durch die plötzlich auf der Insel ausbrechenden Unruhen wurde sie verscheucht und kehrte nach Frankreich zu ihrem Gemahl zurück.*) Die Prophezeihung einer alten Freundin des Elternhauses, daß sie in Frankreich zu den höchsten Ehren emporsteigen werde, gab ihr das Geleit.

In Frankreich aber tobte der Sturm heftiger als auf Martinique. Der Vicomte de Beauharnais, der sich der Bewegung, soweit dieselbe sich in constitutionellen Schranken hielt, angeschlossen hatte, erfreute sich damals eines großen Ansehens in Paris, dessen auch die Heimgekehrte theilhaftig wurde.

Die stete Hülfsbereitschaft der Vicomteß wurde schon damals viel in Anspruch genommen und hatte, obwohl die größten Schwierigkeiten ertragen, doch schöne Erfolge; so gelang es u. A. ihren furchtlosen Bemühungen, das Leben der Frau de Bethisy dem Henker zu entreißen.

Sie selbst aber wurde von einem harten Schlage getroffen: ihr Gemahl, der ein Corps der Rheinarmee befehligte, wurde gefänglich eingezogen und hingerichtet.**)

---

*) Eine andere Lesart findet man in F. Masson's schon erwähntem Buch „Napoleon und die Frauen" Seite 24.

**) Anmerkung des Übersetzers: Die erste Erwähnung des General Alexander de Beauharnais findet man im Feldzug 1792 (in der Champagne), er ist mit Biron als Vertheidiger der Stellung bei Höchst am Main genannt; im Jahre 1793 finden wir ihn als commandirenden General der Rheinarmee neben Houchard, der die mit dieser damals vereinigte Moselarmee

Schwer fiel dieser Schlag auf das Haupt der unglücklichen Wittwe, die ebenfalls eingekerkert dem Tode nahe war und nur dem Umstande ihr Leben verdankte, daß es unmöglich war, sie zu transportiren.

Als es zu Ende mit der Schreckenszeit war und die Kerkerthore sich öffneten, war es Tallien*), der die Generalin Beauharnais der Freiheit und dem Leben zurückgab. Diese hat es nie vergessen; später übernahm

---

commandirte. Er und Houchard erhielten den Auftrag, den in Mainz von den Verbündeten belagerten Custine zu entsetzen. Aus dem von Beauharnais damals an seine Truppen gerichteten Armeebefehl ist zu ersehen, ein wie feuriger Republikaner aus dem Viconte geworden war. Die Vortheile, welche die vorrückenden Armeen erlangten, kamen zu spät. Custine mußte wegen der in Mainz ausgebrochenen Hungersnoth auf eine Capitulation mit militärischen Ehren eingehen. Er gehörte zu den ersten unter den französischen Generälen, welche wegen ihres Unglücks im Felde hingerichtet wurden; die 17000 Mann starke Besatzung wurde, wie in Paranthese bemerkt sei, nach der Vendée geschickt, um mit dem Blute der Royalisten die Scharte wieder auszuwetzen. Es erfolgte bald darauf der Ueberlauf des über die Maßnahmen des Convent empörten General d'Arlandes zu den Oesterreichern. An der Spitze östreichischer Collonnen erstürmte der Verräther die kurz zuvor von ihm befehligte feste Stellung der Franzosen bei Rothweiler (11. Sept.). Dadurch erwuchsen den Franzosen große Nachtheile und der Convent in wilder Wuth verfügte die Ächtung der abligen Offiziere und deren Ausstoßung aus der Armee; zu den Geächteten zählte Beauharnais, der bald nach seiner Einkerkung geköpft wurde.

*) Anmerkung des Übersetzers. Jos. Turquan: „Die Bürgerin Tallien" (Schmidt & Günther, Leipzig, 1899) mit interessanten Einzelheiten S. 126, 127, 128, auch S. 270 2c., die letzten Lebensjahre Tallien's betreffend.

es ihr Sohn Eugen, den Pflichten der Dankbarkeit nachzukommen: ohne die Kaiserin, ohne den Prinzen Eugen wäre Tallien im Elende gestorben.

Dem Director Barras hatte es die vielgeprüfte Frau zu verdanken, daß ihr ein Theil der Besitzungen ihres Gemahls zurückerstattet wurde. Auf den Gesellschaften bei Barras*) war es auch, wo Josephine Beauharnais nach dem 13. Vendémiaire**) zum erstenmal mit dem General Bonaparte zusammentraf, der sehr danach verlangte, ihre Bekanntschaft zu machen, was in folgendem Umstande seinen Grund fand. Die Entwaffnung der Bürgerschaft von Paris war nach dem 13. Vendémiaire angeordnet worden. Ein etwa fünfzehnjähriger Knabe erschien bei dem General Bonaparte — es war Eugen Beauharnais — und bat mit vieler Energie, man möchte ihm den Degen seines Vaters, den er bei sich hatte, belassen.***)

Die Bekanntschaft mit der Mutter, verwandelte sich

---

*) Anmerkung des Übersetzers. Die „Memoiren" des Director Barras (Vicomte de), die sich im Besitz von George Duruy, dem Sohne des Unterrichtsministers unter Napoleon III befanden, und vor einigen Jahren veröffentlicht wurden, beschäftigen sich viel mit Josephine; wir erfahren auch, daß Josephine es war, welche die Befreiung des Dauphin aus dem Temple veranlaßte. Barras machte sich vielfach lustig über die Art, wie Bonaparte der schönen Creolin seine Huldigungen darbrachte.

**) Anmerkung des Übersetzers. Am 13. Vendémiaire des Jahres IV, (5. October 1795) fand in Paris ein royalistischer Aufstand statt, zu dessen Unterdrückung der General Bonaparte wesentlich beitrug. Er erhielt infolge dessen den Spitznamen „General Vendémiaire".

***) Anmerkung des Übersetzers. Napoleon selber erzählte das Ereigniß auf St. Helena.

alsbald in eine feurige Zuneigung für dieselbe. Bonaparte selbst sagt, Josephine wäre die einzige Frau gewesen, welche Herrschaft über ihn erlangt hätte, für welche er wirkliche Liebe empfunden hätte.

Bonaparte heirathete die verwittwete Vicomteß im Jahre 1796; sie folgte ihm nach Italien: ihre Aufgabe schien es zu sein, den Sieger zu verherrlichen, seinen Triumpfen aber eine möglichst milde Form zu geben. Dieser Aufgabe hat sie gewissenhaft entsprochen, sie hielt an ihr fest auch auf den Höhen der Macht.

Als Bonaparte den ägyptischen Feldzug antrat, zog sich seine Gemahlin in die Einsamkeit nach Malmaison zurück; ihre Beschäftigung war das Sammeln von Kunstgegenständen und exotischen Pflanzen, die sie in Frankreich acclimatisiren wollte.*)

*) Anmerkung des Übersetzers. Was für Allotria Josephine damals als Strohwittwe in La Malmaison trieb, fällt ihrer Tochter zu erzählen begreiflicher Weise schwer: der Nachsicht der Tochter gegenüber aber möge auch die historische Wahrheit kurz zu Worten kommen. Ein gewisser Chauffeurlieutenant Charles, ein schneidiges Kerlchen, das voll lustiger Einfälle und schlechter Witze steckte, daher „sehr amüsant" war, hatte sich während des italienischen Feldzuges an die schöne Gemahlin des General en chef herangemacht und während der Abwesenheit desselben ihr manche langweilige Stunde des Aufenthaltes in Mailand kürzen helfen; Josephine war dem Monsieur Charles dankbar dafür, er war so sehr drollig! Bonaparte aber war dem jungen Manne nicht dankbar, fand ihn auch nicht so sehr drollig, sondern jagte ihn aus der Armee.

In Malmaison fanden, wie wir hörten, Acclimatisationsversuche statt. Dieselben müssen auch auf den Monsieur Charles, eine übrigens nicht so seltene Pflanze, ausgedehnt worden sein:

Während der Consularzeit war Josephine der Schutzengel Frankreichs; mit werkthätiger Hülfe ging sie ihrem Gemahl bei der Heilung der Wunden zur Hand, welche die Revolution der Bevölkerung geschlagen hatte. Emigrirte in Menge verdankten die Streichung ihrer Namen auf der Proscriptionsliste, die Rückerstattung ihrer Güter und ungezählte Gefälligkeiten der Generalin Bonaparte.

Ermunternd wirkte Josephine auf Kunst und Industrie. Talentvolle Künstler, geschickte Handwerker verdankten ihr Emporkommen und Wohlergehn. Nie ist ihr Jemand nahe gekommen, der nicht entzückt von ihr, oder ihr zu Dank verpflichtet gewesen wäre!

„Wie ich", sagte Napoleon, „Schlachten gewinne, gewinnt Josephine Herzen."

Jedes unverdiente Unglück hatte Zutritt zu ihr, ihre Wohlthätigkeit kannte keine Parthei: der Amme des Dauphin erwirkte sie eine Pension.

Ohne sich in die Politik zu mischen, kam Josephine doch oft in die Lage, Ungerechtigkeiten zu steuern, oder für einen Gnadenerlaß zu plädiren: ihren Thränen verdankten u. A. die Herren de Polignac und de Rivière ihr Leben.*)

---

die Herzogin von Abrantes weiß ganz genau, daß der junge Mann, der in der „Einsamkeit von Malmaison" bei Josephine Zutritt fand, nicht wie es hieß deren Sohn Eugen war — denn Eugen war in Aegypten — sondern Jemand Anderes, der ganz aussah wie der ci-devant Chasseur-Lieutenant. Jos. Turquan in seinem Buch: „Die Generalin Bonaparte" (Schmidt & Günther, Leipzig) bringt recht picante Einzelheiten. Auch Arthur Lévy: „Napoléon intime".

*) Anmerkung des Übersetzers. Es sind jene beiden Royalisten, welche in die Verschwörung Caboudal's und Pichegru's

So war sie die würdige Gefährtin eines Mannes, dem das Verzeihen nicht schwer fiel: sie war die Beste, die am meisten Geliebte von allen Souveräninnen. Ihr Hof war recht eigentlich eine Zufluchtstätte für Alle, deren Leistungen Anerkennung verdienten, deren Unglück des Trostes bedurfte. Sie liebte den Luxus, liebte aber auch den Ruhm: ihre Thaten wurden der Quell allgemeinen Wohlstandes!

Als die Gründung des Kaiserreiches bevorstand, war die Rede von einer Scheidung: es gab ja damals eine Partei in Frankreich, welche sich beunruhigt fühlte, weil der Kaiser keine Kinder hatte: von ihr ging der Rath der Scheidung aus. Napoleon aber wies denselben von sich — o, wäre er für immer bei seiner Ablehnung geblieben!

Er ließ seine Gemahlin in Paris als Kaiserin salben, ließ sie in Mailand als Königin krönen (?). In München wohnte sie der Verheirathung ihres Sohnes mit einer bayerischen Prinzessin bei. Ihre Tochter, von der sie sich zu ihrem großen Schmerz trennen mußte, bestieg den holländischen Thron. Die Königin von Holland verlor ihren ältesten Sohn, die Kaiserin, die das Bedürfniß fühlte, mit ihrer Tochter zu trauern, verfügte sich nach

---

gegen Napoleon verwickelt waren; sie wurden zum Tode verurtheilt, die Strafe aber durch Josephines Fürbitte in Kerkerhaft umgewandelt. Polignac wurde 1814 in Freiheit gesetzt, und ging mit Karl X. an dessen Hofe er eine große Rolle spielte, ins Exil; er starb 1847. — Bourrienne in seinen „Memoiren". Die Herzogin von Abrantes in ihrer „Geschichte der Pariser Salons"; Turquan in seinem Buch: die „Kaiserin Josephine", (S. 9—13) sprechen von dem Ereigniß, das Paris und die ganze Welt beschäftigte.

dem Schloß von Laeken, um ihr Trost zu spenden. Ach! des Trostes sollte sie selber gar bald bedürfen.

Nach der Rückkehr aus dem Feldzuge von 1809 nämlich entschied sich der Kaiser für die Scheidung. Josephine aber kämpfte ihren Kummer nieder, sie fand es schön, sich dem Glücke Frankreichs zum Opfer bringen, und Dem entsagen zu sollen, was ihr auf der Welt das Theuerste war. Ihre Kinder schlugen ihr vor, sich ganz zurückzuziehen, und waren bereit, ihre Zurückgezogenheit zu theilen. Das Glück aber, dem Kaiser eine Freundin zu bleiben, ihn von Zeit zu Zeit zu sehen, bestimmte ihren Entschluß — und so gehörte es sich.

Während des Feldzuges in Rußland ging die geschiedene Kaiserin nach Italien, um bei der Niederkunft ihrer Schwiegertochter, der Vice-Königin, zugegen zu sein; dann nahm sie einen kurzen Aufenthalt in der Schweiz und kehrte nach Malmaison, ihrem reizenden Landsitz, an den sie durch so viele Erinnerungen geknüpft war, zurück. Ihr Geschmack für die Gartenbaukunst erwachte wieder, und der Prinzregent, der jetzige König von England, trug Sorge, daß trotz des Krieges, die Sendungen, welche für die Kaiserin bestimmt waren, aus allen Gegenden der Welt ihren Weg zu ihr fanden.

Als Napoleons Sturz erfolgte, kannte Josephines Schmerz keine Grenzen.

„Warum habe ich nur‘, rief sie klagend, „warum habe ich in die Trennung gewilligt! Napoleon ist unglücklich; es mit ihm zu sein, ist mir versagt".

Jede Nachricht gab ihr einen Stich ins Herz.

„Man beschuldigt ihn fälschlich" rief sie, „wer kann besser als ich wissen, daß das Gegentheil von Dem, dessen man ihn beschuldigt, wahr ist".

Die Huldigungen der Fürsten, welche ihren Gemahl enthront hatten, waren ein schuldiger Tribut, den sie in Empfang nahm. Mit ganz besonderer Auszeichnung begegnete ihr Kaiser Alexander; er besuchte sie häufig. Trotz der Thränen in ihren Augen war sie zu Empfängen genöthigt, und mußte Artigkeiten erweisen. Zuweilen aber war doch die innere Erregung zu stark, und sie mußte sich zurückziehen, um ihren Thränen freien Lauf zu lassen. Befürchtungen in Bezug auf die Zukunft ihrer Kinder erfüllten sie.

Das Schicksal Desjenigen, den sie aller Macht entkleidet, den sie feige beschimpft sah, versetzten sie in eine Aufregung, deren sie nicht mehr Herr werden konnte. Sie, die mit so vielem Muth den Gefahren der Revolution entronnen war, weil sie allein von denselben betroffen wurde, konnte den Gedanken, daß Der, der für sie Alles war, vom Unglück heimgesucht war, nicht ertragen.

Ihre Seele war zu zart, um einem solchen Schicksalsschlage nicht zu erliegen!

Diese inneren Qualen führten eine Blutzersetzung herbei. Josephine wurde plötzlich von einer Halsentzündung befallen, welche ihr Leben in Gefahr brachte. Trotzdem hatte sie auch noch den König von Preußen zu empfangen,*) allein die Schmerzen wurden so heftig, daß

---

*) Anmerkung des Übersetzers. Man sehe Jos. Turquan „Königin Hortense" II. 62. 63. und desselben Verfassers „Kaiserin Josephine" S. 318 2c. Verlag von Schmidt & Günther in Leipzig.

sie sich zurückziehen mußte. Kaiser Alexander schickte seinen Leibarzt — dieser aber erklärte ihren Zustand für gefährlich, nunmehr wurden die berühmtesten Pariser Ärzte an ihr Krankenlager berufen — bald war alle Hoffnung verloren.

Am 29. Mai 1814 starb die Kaiserin Josephine in den Armen ihrer Kinder und Freunde.

Einige Augenblicke, ehe des Todes Hand sie berührte, hörte man von Zeit zu Zeit die leisen Worte:

„Elba... die Insel Elba... Napoleon..".

Solche vom Todeskampf halb zerrissenen Worte haben etwas Lapidares, Monumentales!

Die Beisetzung der Leiche erfolgte in der Kirche von Ruel unter zahlreichem Gefolge: Kaiser Alexander war vertreten durch den General von Sacken; der Erzbischof von Tours hielt die Grabrede.

Erst sieben Jahre später erhielten Josephines Kinder die Erlaubniß, ihr, die man einst als den Schutzengel Frankreichs bezeichnet hatte, und die noch heute Unglückliche ihre Mutter nennen, ein Denkmal zu errichten.

1833.

Es ist sehr zu bedauern, daß die ersten Briefe Bonaparte's, welche er gleich nach seiner Verheirathung an Josephine schrieb, in dieser von der Königin Hortense veranstalteten Sammlung fehlen. Einige Ergänzungen werden der Vollständigkeit wegen erwünscht sein.

Zwei Tage nach seiner Eheschließung (9. März 1796) verließ General Bonaparte Paris und seine Gemahlin, um sich nach Nizza zu begeben, wo die seinem Oberbefehl unterstellte Armee sich sammelte.

Die Reise dorthin nahm zehn Tage in Anspruch: jeden Tag ging wenigstens ein Courier nach Paris mit einem Brief an die Zurückgebliebene voll von glühenden Liebesschwüren — die Liebe ist für Bonaparte, wie er selbst sagt, das absolute Glück, Josephine ist die „Angebete", das Idol, vor dem er kniet.

Als Muster aus dieser Zeit der Correspondenz gilt ein von Arthur Lévy in seinem »Napoléon intime« mitgetheilter Brief, der folgenden Wortlaut hat:

„Jeder Augenblick entfernt mich weiter von Dir, und mit jedem Augenblick werden meine Kräfte, die Trennung zu ertragen, geringer! Unaufhörlich gedenke ich Deiner, angebetetes Wesen! Meine Phantasie quält sich damit ab, herauszufinden, was Du thust.

Sehe ich Dich traurig, so ist es, als zerrisse mir das Herz, mein Schmerz nimmt zu. Sehe ich Dich vergnügt, voll Munterkeit im Kreise Deiner Freunde, so klage ich Dich an: daß Du in drei Tagen schon den Schmerz der Trennung überwunden hast; Du erscheinst mir dann leichtfertig und gefühllos. Anders ist die Sache, wenn ich mir denke, daß Deine Gesundheit erschüttert ist, oder Du bekümmert bist, dann ist mir die Schnelligkeit, mit der ich mich von Dir entferne, schrecklich. Nur in der sichern Ueberzeugung, daß Dir nichts Widerwärtiges zustößt, kann ich Zufriedenheit finden... Möge der Genius, der mich stets inmitten von Gefahren beschirmt hat, Dich in seinen Schutz nehmen und mich ungeschützt lassen! Einziggeliebte, sei nicht zu lustig, sei ein wenig bedacht... Schreibe mir, süßer Engel, und recht ausführlich, biete Deine Lippen tausend Küssen der glühendsten, der wahrsten Liebe."

Dann kam die Arbeit, die rauhe blutige Kriegsarbeit in ihre Rechte; die Briefe wurden seltener: Montenotte, Millesimo, Mondozi werden geschlagen: „das sind Blüthen seiner Liebe zu Josephine" sagt Turquan in seinem Buch „Die Generalin Bonaparte" (Schmidt & Günther, Leipzig. S. 44). Imbert de St. Amand (»La citoyenne Bonaparte«) macht uns bekannt mit zwei aus dieser Zeitepoche stammenden Briefen.

Der eine lautet:

„Meine einzige Josephine! Fern von Dir giebt es keine Freude, fern von Dir ist die Welt eine Einöde, in der ich allein bin... wenn mich der Wirrwarr der Geschäfte quält, wenn ich das Ende fürchte, wenn die Menschen mich anekeln, wenn ich das Leben verfluchen möchte, so lege ich die Hand auf's Herz, dort fühle ich ein Klopfen — ich finde Dein Bild... ich betrachte es..."

Der andere Brief lautet:

„Durch welche Zauberkünste hast Du meine Fähigkeiten in Beschlag genommen, hast Du in Dir meine ganze Existenz concentrirt? Für Josephine leben, das ist meine Aufgabe. Alles was ich thue, thue ich nur um Deinetwillen. Schon trennen uns Berge, Flüsse, Länder — wieviel Zeit vergeht nicht, ehe Du diese Zeilen liest, die Dir ein schwaches Bild von der bewegten Seele bringen, in der Du herrschest."

Marmont, der damals Adjudant bei Bonaparte war, sagt in seinen „Mémoires" (I. 188), Bonaparte habe fortwährend von seiner Frau und seiner großen Zuneigung zu ihr gesprochen.

Immer stärker aber wird der Drang der Sehnsucht, er will sie wiedersehen, will sie bei sich haben: in den flüchtigen Pausen des Schlachtendonners greift er zur Feder: Josephine komm, komm!

„Komm schnell, sonst werde ich krank! Die Strapazen, Deine Abwesenheit, das ist zu viel für mich! Du wirst kommen, nicht wahr? Du wirst an meinem Herzen, in meinen Armen ruhen? Komm, komm! Nimm Flügel."

Josephine kommt nicht! — Die liederlich-lustige Directorialzeit war doch so sehr amüsant.

Wieder ist, diesmal bei Lodi, ein glänzender Sieg errungen (10. Mai 1796): die Franzosen sind in Mailand. Es erwartet Josephine kein Biwak mehr, sondern ein prächtiger Palast in der Lombardischen Hauptstadt, der feenhafte Palast Serbelloni.

Statt der Heißersehnten aber trifft ein Briefchen ein. Josephine benachrichtigt ihren Gemahl, sie könne schlechterdings nicht kommen, sie könne nicht und zwar deshalb, weil sie . . nun weil sie sich Mutter fühle.

Der Getäuschte geräth völlig außer sich, ein demüthig um Verzeihung flehendes Schreiben, welches St. Amand in seinem schon angeführten Werk mittheilt, geht nach Paris:

„Mein Leben drückt mich wie ein Alp; ich lebe kaum noch, verloren habe ich Glück und Ruhe, ich bin beinah ohne Hoffnung! Du bist krank, Du liebst mich, ich habe Dir Kummer bereitet — Du bist guter Hoffnung und deshalb soll ich Dich nicht sehen! Ich habe Dir gegenüber so viel Unrecht auf dem Gewissen, ich weiß nicht, wie ich es wieder gut machen soll: ich schalt Dich, daß Du in Paris bleibst — verzeih' mir! Die Liebe, die Du mir eingeflößt hast, raubt mir alle Vernunft: von einem solchen Leiden erholt man sich so leicht nicht. Meine Ahnungen sind so schrecklicher Art, ich würde mich darauf beschränken, Dich zwei Stunden lang an mein Herz zu drücken und dann — dann würde ich mit Dir sterben! Ich denke mir, Du hast Hortense zu Dir beschieden; ich bin dem liebenswürdigen Kinde tausendmal mehr zugethan, seit ich denke, daß es Dich ein wenig tröstet. Nur für mich giebt es keinen Trost, keine Ruhe, keine Hoffnung, bis ich einen langen Brief von Dir habe. Ist Dein Zustand gefährlich, so wisse, daß ich sofort nach Paris abreise. Ich hatte stets Glück, nie hat das Schicksal sich gegen meinen Willen aufgelehnt, nun aber bin ich gerade an der Stelle getroffen, an welcher ich verwundbar bin; kein Appetit mehr, kein Schlaf, keine Freude mehr am Ruhm! Du, nur Du, der Rest der Welt existirt für mich nicht, er ist so gut wie dahin! Ich halte fest an der Ehre, weil Du es thust, ich halte fest am Siege, weil er Dir gefällt. Alles sonst würde ich daran geben, könnte ich Dir zu Füßen liegen. Sei bedacht darauf, meine Vielgeliebte, mir zu sagen, daß Du überzeugt bist von meiner Alles übersteigenden Liebe zu Dir. Du weißt, daß jeder Augenblick meines Lebens Dir gehört, Du weißt, daß ich an keine andere Frau denke, daß es in meinen Augen keine giebt, die Dir an Schönheit und Geist gleich käme — sage mir, daß Du davon überzeugt bist! Mein Inneres hat keine Falte, in welche Du nicht hineinsehen könntest: ich habe keinen Gedanken, der Dir nicht unterthan wäre."

Dieser Brief kommt aus Tortona und wurde am 15. Juni 1796 geschrieben; düstere Ahnungen beschleichen bereits, wie man sieht, das Herz des feurigen Liebhabers! Fast gleichzeitig geht von Tortona ein Brief an Joseph, den in Paris zurückgebliebenen Bruder des Generals, ab; Joseph wird um Vermittlung gebeten:

„Ich bitte Dich, Joseph, wende ihr alle Deine Sorge zu: beruhige mich, sei aufrichtig. Du weißt, daß ich nie geliebt habe und daß Josephine die erste

Frau ist, die ich bewundere. Wenn sie die Reise machen kann, so wünsche ich sehnlichst, daß sie kommen möge. Ich muß sie sehen, an mein Herz drücken. Ich liebe sie bis zum Wahnsinn .... Lieber Freund, nimm Dich meiner an".

Joseph legt sich denn auch in's Mittel und nun endlich reist die viel flunkernde Josephine ab. Bonaparte aber hat inzwischen Mailand verlassen, um der Armee Wurmser's bei Verona die Spitze zu bieten; findet jedoch Zeit, zwei Tage bei der inzwischen in Mailand Eingetroffenen zu verweilen.

Es naht die Krise von Castiglione — wir sind in den zusammenhängenden Lauf der Briefe eingelenkt. Roverbello, von wo aus der erste Brief dieser Sammlung datirt ist, liegt schon jenseits des Mincio; Bonaparte hatte sein Hauptquartier zwischen Mantua und Verona vorgeschoben.

Der Übersetzer.

Bonaparte.
(Medaillon von David d'Angers.)

Briefe

des

General Bonaparte

an seine Gemahlin

während des

I. Italienischen Feldzuges 1796.

I.

An Josephine in Mailand.

Roverbello am 18. Messidor des Jahres IV. 6. Juli 1796.

Ich habe den Feind geschlagen, Kilmaine soll Dir eine Abschrift meines Berichtes nach Paris schicken. Ich bin beinah todt vor Ermüdung. Ich bitte Dich, brich sogleich auf und gehe nach Verona. Ich bedarf Deiner, denn ich befürchte, eine schwere Krankheit ist im Anzuge.

Sei tausendmal geküßt. Ich bin im Bett.

Bonaparte.

Anmerkung des Übersetzers. Zwischen Roverbello und Verona hatten die Franzosen mehrere Gefechte mit den Östreichern, zu einer größeren Affaire kam es noch nicht. Massena, der aus Nizza stammte, hatte den berühmten Feldzug durch seine Siege am Col di Tenda und bei Laone, wobei ihm seine Local- und Terrainkenntniß zu Gute kam, glänzend eröffnet, es wurde 1796 fast keine Schlacht geschlagen an welcher Massena, damals Divisionsgeneral, das enfant chérie de la gloire nicht theilgenommen hätte. Brune commandirte unter Massena eine Brigade. Auch Brune wurde Marschall des Kaiserreichs, 1814 in Avignon ermordet („Die Marschälle Napoleon I" von Lacroix, mit den Portraits; deutsch bei Schmidt & Günther, Leipzig, 1898.)

II.
An Josephine in Mailand.
Verona am 23. Messidor des Jahres IV. 11. Juli 1796.

Kaum hatte ich Roverbello verlassen, als ich erfuhr, daß sich der Feind bei Verona zeige. Massena traf sehr geschickte Anordnungen. Wir haben 600 Gefangene gemacht und drei Kanonen erobert. General Brune bekam sieben Kugeln, die ihm jedoch nur die Uniform zerrissen: das nenne ich Glück!

Tausend Küsse, ich fühle mich sehr wohl, wir hatten nur 10 Todte und an 100 Verwundete.

Bonaparte.

III.
An Josephine in Mailand.
Marmirolo am 29. Messidor, 9 Uhr Abends (17. Juli 1796).

Eben erhielt ich Deinen Brief, angebetete Freundin! Er hat mein Herz mit Freude erfüllt. Ich bin Dir sehr verbunden für die Mühe, die Du Dir nahmst, mir Nachricht zu geben. Heut ist Deine Gesundheit hoffentlich schon eine bessere. Du bist wieder hergestellt, nicht wahr? Ich fordere Dich dringend zum Reiten auf, das wird Dir sicher gut thun.

Seit ich dich verließ, war ich immer traurig; glücklich bin ich ja nur, wenn ich bei Dir bin. Unaufhörlich denke ich Deiner Küsse, Deiner Thränen, Deiner bezaubernden Eifersucht. Die Reize meiner unvergleichlichen Josephine entzünden fortwährend in meinem Herzen meinen Sinnen, eine hell brennende Flamme. Ich wünschte, ich könnte jeden von Sorgen und Geschäften freien Augenblick bei Dir verbringen, hätte Nichts zu thun, als Dich zu lieben, an Nichts zu denken, als an das Glück, es Dir zu sagen, es Dir zu beweisen. Ich will Dir Dein Pferd schicken, hoffe aber, daß Du bald bei mir sein wirst. Unlängst noch glaubte ich, Dich heiß zu lieben, jetzt aber, seit ich Dich wieder sah, fühle ich, daß ich Dich noch tausendmal mehr liebe. Seit ich Dich kenne, hat jeder Tag meine Bewunderung gesteigert: da sieht man recht, wie falsch der Ausspruch La Bruyère's ist, daß sich die Liebe auf einmal einstellt. Alles in der Natur hat seinen Lauf, hat verschiedene Grade der Steigerung. Ach! Ich bitte Dich, laß mich einige Mängel an Dir entdecken, sei weniger schön, weniger graciöse, weniger zärtlich, vor Allem weniger gut! Sei auch nie eifersüchtig, weine nie, denn Deine Thränen bringen mich um den Verstand und machen mir das Blut sieden. Glaube mir sicher, ich habe die Macht nicht mehr, einen Gedanken zu fassen, der nicht Dir gilt, Wünsche im Herzen, die nicht den Deinigen unterthan wären!

Ruhe Dich aus! Stelle schnell Deine Gesundheit wieder her. Komme dann zu mir, damit wir, ehe wir sterben, wenigstens sagen können: so und so viel Tage waren wir glücklich!

Ich küsse Dich millionenmal, Fortuné, sogar, trotz seiner Bosheit, bekommt einen Kuß.

Bonaparte.

Anmerkung des Übersetzers. Von Fortuné, der halb Teckel halb Mops war, sagt die Herzogin von Abrantes: „ein abscheulicheres Vieh habe ich nie gesehen". Fortuné aber hatte sich, wie Jos. Turquan in seiner „Generalin Bonaparte" (Leipzig, Verlag von Schmidt & Günther.) S. 67, 68 erzählt, während der Gefangenschaft seiner Gebieterin sehr verdient gemacht.

IV.
An Josephine in Mailand.

Marmirolo am 13. Messidor 2 Uhr Nachm. (18. Juli 1796).

Wir standen die ganze Nacht über unter Waffen. Ich hätte Mantua mit einem Handstreich nehmen können, allein das Wasser im See fiel plötzlich, sodaß die bereits eingeschiffte Mannschaft ihr Ziel nicht erreichen konnte. Heute Abend will ich einen andern Versuch machen, allein die Resultate werden keine so zufriedenstellenden sein.

Ich erhielt einen Brief von Eugen, den ich Dir schicke, sei so gut und schreibe an die guten Kinder, mache ihnen kleine Geschenke; sage ihnen, daß ich sie liebe wie meine eignen Kinder. Was Dir oder mir gehört, fließt zusammen und ist in meinem Herzen ein und dasselbe. Ich bin in Sorge zu hören, wie es Dir geht, was Du thust. Ich war in dem Dorfe Virgils am Seeufer*), im Silberlicht des Mondes, kein Augenblick verlief, ohne daß ich an Josephine dachte!

Der Feind hat am 28. einen großen Ausfall gemacht, er hat uns 200 Mann getödtet oder verwundet; er selbst hat 500 verloren und hat sich in Eile wieder zurückgezogen.

Ich bin wohl und gehöre Josephine an; Glück, Vergnügen finde ich nur bei ihr.

Drei neapolitanische Regimenter sind in Brescia eingetroffen; sie haben sich in Folge meines Abkommens mit Pignatelli von den Östreichern getrennt.

---

*) Andes, bei Mantua.

Ich habe meine Schnupftabaksdose verloren; ich bitte, besorge mir eine andere, etwas flach und laß etwas Hübsches darauf eingraviren — mit Deinen Haaren.

Tausend Küsse, so feurig wie Du kalt bist... Liebe ohne Grenzen, unwandelbare Treue. Ehe Joseph abreist, möchte ich ihn sprechen.

Bonaparte.

V.
An Josephine in Mailand.

Marmirolo, am 1. Thermidor des Jahres IV (19. Juli 1796).

Schon seit zwei Tagen habe ich keinen Brief von Dir! Wohl dreißigmal mußte ich heut daran denken. Du begreifst, wie traurig das ist. Du kannst doch unmöglich an meiner lebhaften, Alles in Anspruch nehmenden Besorgniß um Dich zweifeln.

Gestern haben wir den Angriff auf Mantua begonnen, der Stadt mit rothen Kugeln aus zwei Mörser-Batterien eingeheizt. Die ganze Nacht über brannte es in dem elenden Nest. Der Anblick war schrecklich und großartig. Wir haben mehrere Außenwerke genommen, heut Nacht werden die Trancheen eröffnet. Morgen gehe ich mit dem Hauptquartier nach Castiglione, und gedenke, dort zu übernachten.

Ich erhielt Briefe aus Paris, darunter sind zwei an Dich; ich habe sie gelesen. Obgleich mir dies selbstverständlich erscheint und Du es mir noch ausdrücklich zugestanden hast, befürchte ich doch, es könnte Dir nicht recht sein und das bekümmert mich. Ich hätte sie beinah wieder versiegelt — pfui! Das wäre mir nicht von der Hand gegangen! Bin ich schuldig, so bitte ich um Gnade; aus Eifersucht — das kann ich Dir zuschwören — ist es nicht geschehn. Nein! Gewiß nicht! Ich habe eine zu hohe Meinung von meiner angebeteten Josephine. Ich möchte, Du gäbst mir unbeschränkte Vollmacht, Deine Briefe zu lesen: dann gäbe es keine Gewissensbisse, keine Befürchtungen mehr.

Der Courier Achilles trifft eben von Mailand ein — kein Brief von meiner Angebeteten! Lebewohl, Du mein Eins und Alles; wann wirst Du zu mir kommen können? Ich werde selbst kommen und Dich in Mailand abholen.

Tausend Küsse, glühend heiß wie mein Herz, so rein wie Du selbst.

Ich ließ den Courier zu mir rufen; er sagte mir, er hätte bei Dir angefragt, und von Dir den Bescheid bekommen, Du hättest Nichts für ihn. Pfui! Du schlechtes, häßliches, grausames, tyrannisches — hübsches kleines Monstrum! Du lachst über meine Drohungen, über meine Thorheiten. Ach, wenn ich nur könnte, ich würde Dich in's Gefängniß werfen — in mein Herz und Dich darin einsperren für immer.

Benachrichtige mich, daß Du guter Dinge bist, daß Du Dich wohl befindest und mir gut bist.

Bonaparte.

VI.

An Josephine in Mailand.

Castiglione am 3. Thermidor des Jahres IV, 8 Uhr Morgens
(21. Juli 1796).

Ich hoffe, daß wenn ich heute Abend heimkehre, ich einen Brief von Dir finde; Du weißt, meine theure Josephine, wie große Freude mir Deine Briefe bereiten, und ich bin sicher, daß es Dir Vergnügen macht, sie zu schreiben. In dieser Nacht gehe ich nach Peschiera in die Berge und dann nach Verona; von da nach Mantua, vielleicht nach Mailand, um mir einen Kuß zu holen, Du schreibst mir ja, sie wären nicht erfroren; dann bist Du hoffentlich wieder ganz wohl und kannst mich in mein Hauptquartier begleiten, um mich nicht wieder zu verlassen — bist Du nicht die Seele von meinem Leben, der Pulsschlag meines Herzens?

Deine Schützlinge sind etwas ungeduldig, wie sehr bin ich ihnen verbunden, daß ich für sie etwas thun kann, was Dir angenehm ist. Aber Geduld, Geduld!

Lebewohl, meine Schöne, Gute, Göttliche, die Du Deines Gleichen nicht hast. Tausend zärtliche Küsse.

Bonaparte.

VII.
An Josephine in Mailand.
Castiglione am 4. Thermidor des Jahres IV (22. Juli 1796).

Die Bedürfnisse der Armee erfordern meine Anwesenheit hier; ich darf mich nicht zu weit entfernen, Mailand also ist mir versagt; ich brauchte dazu 5 oder 6 Tage und während der Zeit könnten Bewegungen nöthig werden, die meine Anwesenheit fordern.

Du versicherst mir, Dein Befinden sei gut, sei also gebeten nach Brescia zu kommen. Ich schicke soeben Murat dorthin, um ein Quartier für Dich zu besorgen, so wie Du es nur wünschen kannst.

Du wirst am besten thun, wenn Du am 6. in Cassano übernachtest, nachdem Du zu später Stunde Mailand verlassen hast; Du bist dann am 7. in Brescia, wo Dich mit Sehnsucht Der erwartet, der Dich zärtlich liebt. Ich bin in Verzweiflung, Theuerste, wenn ich denke, Du könntest glauben, mein Herz erschlösse sich anderen Frauen; Dein ist es allein durch das Recht der Eroberung und dies Recht wird bestehen für alle Ewigkeit. Ich weiß nicht recht, weshalb Du mir von der Madame Te . . . sprichst, auf die ich mich kaum besinne. Was Deine Briefe betrifft und Deinen Ärger, daß ich sie geöffnet habe, so soll der beiliegende, der letzte gewesen sein! Dein Brief war noch nicht eingetroffen.

Adieu, Du zärtlich Geliebte, schicke mir häufig Nachrichten. Triff pünktlich bei mir ein, sei glücklich, sei ohne alle Sorgen; Alles geht gut, Dein ist mein Herz so lange ich lebe.

Denke daran, dem General-Adjutanten Miollis die Medaillen zurückzugeben, die er Dir, wie er mir schreibt, einhändigte. Die Männer sind so boshaft und haben so lose Mäuler, daß man auf der Hut sein muß.

Gesundheit also und pünktliche Ankunft in Brescia! Ich habe in Mailand einen Wagen, der sich gut für Stadt und Reise eignet, bediene Dich seiner. Nimm all Dein Silberzeug mit und einen Theil von Dem, was Du nothwendig brauchst; reise in kleinen Etappen und während die Luft frisch ist, damit Du nicht ermüdest. Die Truppen brauchen drei Tage bis Brescia. Die Poststraße beansprucht 14 Stunden; ich halte es für das Beste, Du nächtigst in Cassano, am 7. komme ich Dir so weit wie möglich entgegen.

Leb' wohl, meine Josephine; tausend süße Küsse.

Bonaparte.

Anmerkung des Übersetzers. Josephine traf denn auch glücklich am 7. in Brescia ein; Bonaparte aber mußte sie schon nach wenigen Tagen wieder zurückschicken, da Wurmser zum Entsatz von Mantua herbeieilte. Auf der Heimreise hatte sie mancherlei Kriegsgefahren die Stirne zu bieten. Zwei Pferde wurden vor ihrem Wagen von einer Kanonenkugel getödtet; sie selbst kam unversehrt nach Mailand (Comte A. de Rougé „Le chevalier de Vérac et ses amis").

VIII.

An Josephine in Mailand.

Brescia, am 13. Fructidor des Jahres IV (10. August 1796).

Ich treffe, Theuerste, soeben hier ein; mein erster Gedanke ist der, Dir zu schreiben. Dein Wohlergehen, Dein theures Bild haben die ganze Zeit über mein Herz beschäftigt. Ich werde erst zur Ruhe kommen, wenn ich Briefe von Dir habe; ich erwarte sie mit Ungeduld; Du hast kaum eine Vorstellung von meiner Unruhe. Du warst traurig, bekümmert und halb krank, als ich Dich verließ. Könnte tiefempfundene, zärtliche Liebe Dich glücklich machen, Du müßtest es sein. Ich bin mit Arbeiten überhäuft.

Adieu, liebe, süße Josephine, liebe mich, laß es Dir wohl ergehen und denke oft — oft an mich.

Bonaparte.

Anmerkung des Übersetzers. Zwischen diesem und dem vorigen Briefe liegt die wichtige, man möchte fast sagen, den Feldzug entscheidende Schlacht von Castiglione (5. August). Kein Wort davon — den Vortritt hat die Liebe, die Sorge um Josephine. Eine vortreffliche Schilderung der Schlacht — ein Dictat Napoleons an Las Cases auf St. Helena — findet sich im „Tagebuch von St. Helena" I. 153—163. (Leipzig, Verlag von Schmidt & Günther.)

IX.

An Josephine in Mailand.

Brescia, am 14. Fructidor des Jahres IV (31. August).

Ich muß sogleich nach Verona. Ich hatte gehofft, einen Brief von Dir zu bekommen, meine Hoffnungen haben mich getäuscht und ich bin in Folge dessen in schrecklicher Besorgniß. Du warst, als ich abreiste, ein wenig leidend. Ich bitte Dich inständig, laß mich nicht in einer solchen Unruhe. Du hattest mir doch mehr Pünktlichkeit versprochen, und das, was Du sagtest, war in vollem Einklange mit Deinem Herzen. Du, die Du von Natur aus so gut, so liebenswürdig bist, der Alles gegeben ist, um zu gefallen, wie kannst Du nur Den vergessen, der Dich so feurig liebt? Drei Tage ohne einen Brief von Dir und ich habe Dir doch während der Zeit mehrmals geschrieben. Deine Abwesenheit ist schrecklich für mich. Die Nächte sind so lang, so langweilig, so fahde; der Tag einförmig in seinem Verlauf.

Du läßt mich allein mit meinen Gedanken, meinen Arbeiten, meinen Schreibereien, mit den Leuten und ihren großartigen Projecten — keine Zeile von Dir, die ich an mein Herz drücken könnte!

Das Hauptquartier ist schon fort, in einer Stunde gehe auch ich. Heute Nacht traf per Expreß eine Nachricht aus Paris ein; für Dich war nur ein Brief dabei, den ich Dir schicke und der Dir Freude machen wird.

Denke an mich, lebe mit mir, sei oft in Gedanken bei mir, und glaube mir: für Deinen Dich liebenden

Freund giebt es nur ein Unglück, welches ihn erschreckt — das nämlich, von Josephine nicht mehr geliebt zu sein. Tausend recht süße, recht zärtliche Küsse — recht ausschließliche Küsse.

Herr Monclas*) soll gleich nach Verona aufbrechen, ich werde ihn schon unterbringen; er muß aber vor dem 18. eintreffen.

Bonaparte.

X.
An Josephine in Mailand.
Ala, am 17. Fructidor des Jahres IV (3. September 1796).

Wir sind mitten im Kampfe**), Anbetungswerthe! Wir haben die feindlichen Vorposten zurückgeworfen, und auch noch zehn Reiter gefangen. Unsere Leute sind sehr vergnügt und gut aufgelegt. Ich hoffe, wir werden gute Erfolge haben und am 19. in Trento sein.

Kein Brief von Dir! Wie mich das beunruhigt; man versichert mir zwar, Du befändest Dich wohl, ja Du hättest einen Ausflug nach dem Comer See gemacht. Ich erwarte tagtäglich einen Courier mit Nachrichten von Dir, Du weißt ja, welchen Werth sie für mich haben. Ich bin doch nicht so weit von Dir entfernt: das Glück meines Lebens ist bei Dir, geliebte Josephine. Denke an mich. Schreibe mir häufig, recht häufig, das allein ist ein Mittel gegen den Schmerz der Trennung: es ist schrecklich, aber hoffentlich von nicht langer Dauer.

Bonaparte.

---

*) Einer der Schützlinge Josephines.

**) Anmerkung des Übersetzers: Es ist die zwischen den Schlachten von Castiglione und Arcola liegende, an größeren und kleineren Kämpfen reiche Zeit.

XI.
An Josephine in Mailand.
Montebello, am 24. Fructidor des Jahres IV, zu Mittag
(10. September 1796).

Der Feind, theure Freundin, hat 18 000 Mann an Gefangenen verloren; der Rest seiner Armee ist verwundet oder todt. Dem General Wurmser mit seinen 1500 Reitern und 5000 Fußsoldaten bleibt nichts andres übrig, als nach Mantua zu eilen.

Wir hatten noch nie so andauernde, so große Erfolge. Italien, Friaul, Tyrol sind der Republik gesichert. Der Kaiser ist genöthigt, eine neue Armee zu formiren; Artillerie, Pontontrain, Gepäck, Alles ist in unseren Händen.

In einigen Tagen sehen wir uns wieder, das ist der schönste Lohn für meine Mühen, meine Strapazen.

Tausend heiße Küsse von Dem, der Dich liebt.

Bonaparte.

XII.
An Josephine in Mailand.
Ronco, am 26. Fructidor des Jahres IV, 10 Uhr Morgens
(12. September 1796).

Ich bin hier, theure Josephine, seit zwei Tagen und schlafe schlecht, esse schlecht und ärgere mich, daß ich Dir fern bin. Wurmser ist umzingelt, er hat 3000 Mann Cavallerie und 5000 Mann Infanterie bei sich. Er ist in Porto Legnano und versucht es, sich auf Mantua zurückzuziehen, das wird ihm jedoch nicht mehr möglich sein. Sowie die Angelegenheit erledigt ist, eile ich in Deine Arme.

Millionen Küsse! Bonaparte.

XIII.
An Josephine in Mailand.

Verona, erster Schalt-Tag*) des Jahres IV (17. September 1796.)

Ich schreibe Dir, meine liebe Josephine, recht oft, Du mir aber recht selten. Du bist schlecht, häßlich, sehr häßlich und ebenso leichtsinnig. Es ist Verrath, einen armen Ehemann, einen, der Dich so zärtlich liebt, zu hintergehen.**) Soll er seine Rechte verlieren, weil er weit fort, weil er mit Geschäften, Sorgen und Mühen überladen ist? Ohne seine Josephine, ohne die Sicherheit, daß sie ihn liebt — was bliebe ihm da noch auf der Welt; was soll er auf der Welt noch thun?

Gestern ist viel Blut geflossen; der Feind hatte große Verluste und ist vollkommen geschlagen worden. Wir haben die Vorstadt von Mantua genommen.

Lebwohl Vieltheure! In einer dieser Nächte wird sich eine Thüre geräuschvoll bei Dir aufthun wie von der Hand eines Eifersüchtigen und ich liege in Deinen Armen.

Tausend herzige Küsse

Bonaparte.

---

*) **Anmerkung des Übersetzers:** Obwohl den Daten des republikanischen Kalenders, welche die Briefe im Originale tragen, hier stets die des sogenannten christlichen Kalenders beigefügt sind, werden einige ergänzende Erklärungen erwünscht sein. Der Convent, auf Neuerungen aller Art versessen, führte, wie man weiß, auch eine neue Zeitrechnung ein, welche mit dem 22. September 1792 als dem „Jahre I der Republik" begann. Die Dekade trat an die Stelle der Woche, der Dekadentag, d. h. der 10., 20. und 30. Tag jeden Monats, an Stelle der abgeschafften Sonntage; es gab 12 Monate, ein jeder zählte 30 Tage;

XIV.

An Josephine in Mailand.

Modena am 26. Vendémiaire des Jahres V (17. Oktober 1796),
9 Uhr Abends.

Vorgestern war ich den ganzen Tag im Gefecht. Gestern mußte ich das Bett hüten: Fieber und heftiges Kopfweh — das Alles hat mich verhindert, meiner Angebeteten zu schreiben; aber ich erhielt Briefe von ihr,

---

diese Monate, beginnend mit dem Herbst-Aequinoctium von 1792 hießen der Reihe nach: Vendémiaire, Brumaire, Frimaire (die Herbstmonate), Nivose, Pluviose, Ventose (Wintermonate), Germinal, Floréal, Prairial (Frühlingsmonate), Messidor, Thermidor, Fructidor (Sommermonate). Die einzelnen Tage jeder Dekade, deren es also 3 im Monat gab, erhielten folgende Bezeichnungen: Primidi, Duodi, Tridi, Quartidi, Quintidi, Sextidi, Septidi, Octidi, Nonidi, Decadi. Fünf Ergänzungstage (im Schaltjahre 6) wurden dem letzten Monat im Jahre, dem Fructidor also, hinzugefügt als große Festtage; sie wurden »Sansculottides oder supernuméraires« genannt und erhielten einzeln der Reihe nach folgende Namen: Festtag des Genies, der Arbeiten, der Thaten, der Belohnungen, der öffentlichen Meinung.

Auch mit diesem sonderbaren Einfall der Revolution räumte Napoleon auf und Frankreich kehrte zurück zur christlichen Zeitrechnung.

*) Anmerkung des Uebersetzers. Bonaparte scheint endlich Verdacht gegen die überaus leichtsinnige Josephine zu schöpfen. Er verheimlicht ihr seinen Verdacht nicht, weil er dies für das Beste hält. Der Drang der Geschäfte, die Ansprüche der Oberleitung des Heeres halten ihn länger zurück als er gewünscht hätte. Es sind schwere, mühevolle Tage für ihn. Josephine begegnet ihm, wie man zwischen den Zeilen des nachfolgenden Briefes liest, mit unglaublicher Gleichgültigkeit.

die ich an mein Herz, auf meine Lippen drückte, und der Schmerz der Trennung, die hundert Meilen der Entfernung verschwanden. Ich habe Dich neben mir gesehen, nicht launisch und ärgerlich, sondern lieb und zärtlich, in vollem Schimmer jener Seelengüte, die ausschließlich meiner Josephine eigen ist. Ein Traum war es, ein Heilmittel war es, das mich von meinem Fieber curirte. Aber Deine Briefe sind kalt wie fünfzig Jahre, als entsprächen sie einer fünzehnjährigen Ehe. Man findet darin Empfindungen, wie sie dem Winter des Lebens eigen sind. O, fi! Josephine! Das ist recht böse, recht schlecht, recht verrätherisch gegen Dich selbst. Was bleibt Dir noch übrig, um mich zu einem bedauernswerthen Menschen zu machen. Mich nicht mehr lieben — schon ist es soweit! Mich hassen? Gut, sei es darum! Alles wird in den Staub getreten, nur der Haß bleibt — O! diese Gleichgültigkeit mit dem Pulsschlag eines Marmorbildes, mit dem starren Blick, dem tonlosen Schritt...!

Tausend, tausend Küsse, warm wie mein Herz.

Ich befinde mich ein wenig wohler und reise morgen ab. Die Engländer räumen das mittelländische Meer; Corsika gehört uns. Eine gute Nachricht für Frankreich und die Armee.

Bonaparte.

XV.
An Josephine in Mailand.

Verona am 19. Brumaire des Jahres V (9. November 1796).

Seit vorgestern bin ich in Verona; obwohl sehr ermüdet, bin ich doch wohl, und Dir leidenschaftlich zugethan. Ich steige zu Pferde — Adieu!

Viel tausendmal grüße ich Dich!

Bonaparte.

XVI.
An Josephine in Mailand.*)

Verona, am 3. Frimaire des Jahres V (13. November 1796).

Ich liebe Dich nicht mehr, im Gegentheil, ich verabscheue Dich. Du bist garstig, linkisch, dumm, Du bist ein Trodbel! Du schreibst mir garnicht mehr, Du liebst Deinen Gatten nicht. Du weißt, welche Freude Deine Briefe ihm bereiten, schreibst ihm aber auch noch keine sechs flüchtigen Zeilen.

---

*) Anmerkung des Übersetzers: Dieser Brief ist vielleicht der merkwürdigste von Allen. — Hier zum ersten Mal mischen sich Zorn und Empörung in tönenden Worten den Betheuerungen unwandelbarer Liebe. Der Verdacht schlägt seine Krallen immer tiefer in Bonaparte's Herz. Wer der Merveilleux — so nannte man damals in Paris die Modenarren (man sehe das reich illustrirte Werk von P. Lacroix „Directorium, Consulat und Kaiserreich" 1795—1815, (deutsch bei Schmidt & Günther, Leipzig 1899) — ist? Dem General war in der That ein Nebenbuhler erstanden. Josephine hatte sich in Mailand nach italienischem Muster einen Cavaliere servente zugelegt; man wird später Näheres hören.

Was machen Sie eigentlich den ganzen Tag über, Madame? Was ist es denn für eine wichtige Sache, die Sie der Zeit beraubt, Ihrem sehr guten Freunde zu schreiben? Welche Gemüthsstimmung erstickt denn die zärtliche, die beständige Liebe, welche Sie ihm versprochen haben, was schiebt dieselbe bei Seite? Wer ist denn der Merveilleux, der neue Geliebte, der alle Zeit beansprucht, Ihren Tageslauf bestimmt und Sie verhindert, sich mit Ihrem Gatten zu beschäftigen? Josephine, nehmen Sie sich in Acht, eines Nachts breche ich die Thüren ein und bin da!

In Wahrheit, ich bin äußerst beunruhigt, meine Theuerste, gar keine Nachricht von Dir zu bekommen. Schreibe mir schnell 4 Seiten lang, sage mir lauter liebenswürdige Dinge, die mein Herz wieder erwärmen, ihm Vergnügen machen.

Ich hoffe, daß ich Dich bald in meine Arme schließen kann, ganz einhüllen will ich Dich in Küsse, so heiß, als wären sie unterm Äquator geboren.

Bonaparte.

XVII.
An Josephine in Mailand.
Verona, am 4. Frimaire (24. November 1796).

Ich hoffe, bald in Deinen Armen zu sein: Ich liebe Dich, Geliebte; ich könnte vor Liebe zu Dir toll werden. Ich schreibe mit diesem Courier nach Paris. Alles geht gut. Wurmser wurde unter den Mauern von Mantua geschlagen. Es fehlt Deinem Gatten nur die Liebe Josephines, um glücklich zu sein.

Bonaparte.

XVIII.
An Josephine in Genua.
Mailand, am 7. Frimaire des Jahres V, 3 Uhr Nachmittags (27. November 1796).

Eben treffe ich in Mailand ein, stürze auf Dein Zimmer: Alles hatte ich stehen und liegen lassen, um Dich zu sehen, Dich in meine Arme zu schließen — Du warest nicht da! Du reist von Stadt zu Stadt und läßt Dir Feten geben .. Du gehst fort, wenn ich komme .. Du kümmerst Dich nicht mehr um Deinen lieben Napo-

---

Anmerkung des Übersetzers: Bonaparte hatte inzwischen in der dreitägigen Sumpfschlacht von Arcola am 15., 16. und 17. November ein gut Stück Arbeit gethan — eine Heldenarbeit. Um in den Armen der Liebe auszuruhen, eilte er nach Mailand, wo er drei Tage nach obigem Briefe eintrifft; Josephine ist in Genua, wohin sie sich in Folge einer Einladung der Stadt ohne Wissen Bonaparte's verfügt hatte, um großen Festlichkeiten beizuwohnen.

leon. Du liebtest ihn aus Laune. Die Unbeständigkeit macht ihn Dir gleichgiltig!

An Gefahren gewöhnt kenne ich ein Mittel gegen die Widerwärtigkeiten, gegen die Leiden des Lebens. Das Unglück, welches mich traf, ist unermeßlich, ich hatte ein Recht, nicht darauf zu zählen.

Ich werde hier bleiben bis znm 9.; laß Dich nicht stören, laufe allen Vergnügungen nach, das Glück ist ja für Dich da! Das Weltall ist glücklich, Dir gefallen zu können — Dein Mann allein ist unglücklich, überaus unglücklich!

Bonaparte.

XIX.
An Josephine in Genua.
Mailand am 8. Frimaire des Jahres V, 8 Uhr Abends
(28. November 1796).

Der Courier, den Berthier nach Genua geschickt hat, ist zurück. Du hast keine Zeit gehabt, mir zu schreiben, ich verstehe. Umringt von Vergnügungen, mit Spielereien beschäftigt, war es Dir nicht zuzumuthen, mir auch nur das geringste Opfer zu bringen! Berthier hat mir den Brief gezeigt, den Du an ihn geschrieben hast. Mein Wunsch ist es nicht, daß Du irgend Etwas in Bezug auf Dein Vorhaben änderst, auch nicht auf die Dir gebotenen Belustigungen — ich würde es ja nicht werth sein! Das Glück oder Unglück eines Menschen, den Du nicht liebst, hat kein Recht, von Dir in Betracht gezogen zu werden.

Was mich betrifft, so hatte ich den Zweck, das Ziel meines Lebens darin gesehen, Dich glücklich zu machen, Alles zu vermeiden, was Dich verdrießen könnte.

Sei glücklich Josephine! Bekümmere Dich nicht um das Glück eines Menschen, der nur in Deinem Leben sein eigenes findet, erfreue Dich an Deinem Vergnügen, an Deinem Glück allein. Ich thäte Unrecht daran, von Dir eine Liebe zu fordern, die der meinigen gleich wäre; wie könnte man verlangen, das Spitzen ebensoviel wiegen sollten als Gold! Wenn ich Dir alle meine Wünsche opfre, alle meine Gedanken, jeden Augenblick meines Lebens, so lag es daran, daß ich mich unter das Joch, welches Deine Reize, Dein Charakter, Deine Persönlichkeit meinem unglücklichen Herzen auferlegten, fügte — ich beklage es, daß die Natur mir die äußeren Mittel, Dich zu fesseln, versagt hat: was ich jedoch beanspruchen darf, ist, daß Josephine Rücksichten für mich, daß sie Achtung vor mir hat, denn ich liebe sie bis zur Tollheit — ich liebe sie ja einzig und allein.

Adieu, anbetungswürdige Frau, adieu meine Josephine! Möchte das Schicksal für mein Herz allen Kummer, alle Finsterniß aufbewahren, wenn nur meine Josephine glückliche und sonnige Tage verlebt. Wer verdiente dies mehr als sie! Sobald es unzweifelhaft feststeht, daß sie mich nicht mehr lieben kann, will ich meinem tiefen Schmerz Schweigen gebieten und mich damit begnügen, ihr nützlich — zu Etwas gut zu sein.

Ich erbreche meinen Brief um Dir — einen Kuß zu geben... ach Josephine, Josephine!

Bonaparte.

Anmerkung des Übersetzers: Bonaparte war seit seiner Verheirathung bisher zwei Tage in Paris und etwa acht Tage Alles in Allem in Italien mit Josephine zusammen gewesen.

XX.

An Josephine in Bologna.

Forli, am 15. Pluviose des Jahres V. (3. Februar 1797*).

Ich habe Dir heut morgen schon geschrieben; noch in dieser Nacht reise ich ab. Die Armee steht in und bei Rimini. Die Leute hier fangen an sich beruhigt zu

---

Josephine hatte also Zeit genug gehabt, sich allerhand Zerstreuungen hinzugeben. Sehr intim war leider ihr Verkehr mit einem Chasseur-Lieutenant Namens Charles geworden; der junge Offizier frühstückte sogar täglich, sobald Bonaparte abgereist war, mit ihr im Palais Serbelloni: man sprach in der ganzen Stadt, in der Armee davon. So erfuhr auch Bonaparte, was sich während seiner Abwesenheit in Mailand zutrug. Er bändigte seinen Zorn und beschränkte sich darauf, Herrn Charles, der Adjutant bei seinem Schwager, dem Brigadegeneral Leclerc, geworden war, aus der Armee zu entlassen. Die Gemahlin Leclerc's Pauline, geborne Bonaparte, sagte gelegentlich einmal später zu Madame Junot (Herzogin von Abrantes): „Meine Schwägerin wäre damals vor Gram bald gestorben. Ich habe mich bemüht, meinen Bruder, der ganz und gar unglücklich war, zu trösten."

„Bonaparte kam", so sagt Turquan („Die Generalin Bonaparte") zu dem Entschluß, Josephine von nun an so anzusehen, als wäre sie ein hübsches kleines Thier, eine Art Fortuné, sehr launisch, zuweilen recht ungezogen, daß er sie aber, da sie ganz unbewußt handelte, zu lieben fortfahren könne." Bonaparte verzieh und vergaß.

*) Anmerkung des Übersetzers. Bei Rivoli waren am 14. Januar 1797 die Würfel gefallen, der Gott der Schlachten hatte wiederum zu Gunsten des jungen verwegenen Helden entschieden. Der Feldzug ging zu Ende; im April begannen die Friedenspräliminarien. Kein Wort davon in seinen Briefen an Josephine. Was hatte sie für ein Interesse an den Lorbeeren, die er sammelte!

fühlen. Ich leide immer noch an Ermüdung infolge des Schnupfens.

Ich bete Dich an! Tausend Küsse an Dich, tausend Artigkeiten für meine Schwester.*)

Bonaparte.

XXI.
An Josephine in Bologna.
Ancona am 22. Pluviose des Jahres V (10. Febr.**) 1797).

Wir sind seit zwei Tagen in Ancona; die Citadelle haben wir, nachdem einige Schüsse gewechselt waren, mit Handstreich genommen. Wir haben 1200 Gefangene gemacht; die dazu gehörigen 50 Offiziere habe ich nach Hause geschickt. Hierher lasse ich Dich nicht kommen, weil noch nicht Alles zu Ende geführt ist, was jedoch, wie ich hoffe, in einigen Tagen der Fall sein wird. Die Bevölkerung hier herum ist zudem übelgesonnen, Alle haben Angst.

Morgen gehe ich in die Berge. Du schreibst mir nicht, solltest mir aber doch täglich Nachricht geben.

---

*) Pauline, die zweitjüngste Schwester Bonapartes, war in Mailand mit dem General Leclerc, der zum Hauptquartier gehörte, vermählt worden. Die Umstände, welche zur Heirath führten, erzählt Jos. Turquan in seinem Werk „Die Schwestern Napoleons. II. Buch, Prinzessin Pauline". Deutsch bei Schmidt & Günther, Leipzig, S. 129. Pauline war seitdem die Begleiterin Josephines.

**) Anmerkung des Uebersetzers. Bonaparte, nachdem er mit der österreichischen Armee fertig geworden war, wandte sich gegen die päpstliche, mit der er leichtes Spiel hatte.

Ich bitte Dich, gehe alle Tage spazieren, das wird Dir gut thun.

Ich küsse Dich millionenmal. Ich habe mich nie so gelangweilt als in dieser widerwärtigen Phase des Krieges.

Leb wohl, Vielgeliebte, denke an mich.

Bonaparte.

XXII.
An Josephine in Bologna.
Ancona, den 25. Pluviose des Jahres V (13. Febr. 1797).

Ich bekomme keine Nachricht von Dir, ich glaube wirklich Du bist mir nicht mehr gut. Ich habe Dir Zeitungen geschickt und verschiedene Briefe. Ich mache mich sogleich auf, um über die Berge zu gehen. Sobald ich weiß, woran ich bin, werde ich Dich zu mir kommen lassen — das ist meines Herzens sehnlichster Wunsch.

Tausend und abertausend Küsse

Bonaparte.

XXIII.
An Josephine in Bologna.
Am 28. Pluviose des Jahres V (16. Febr. 1797).

Du bist traurig, Du bist leidend, Du schreibst mir nicht? Du willst zurück nach Paris? Solltest Du wirklich Deinen treuen Freund nicht mehr lieb haben? Der Gedanke macht mich unglücklich. Liebe einzige Freundin, das Leben ist mir unerträglich, seit ich weiß, daß Du nicht vergnügt bist.

Ich eile, Dir Moscati zu schicken, damit er Dich pflegt. Auch mit meinem Befinden ist es nicht weit her; mein Schnupfen weicht noch immer nicht. Ich bitte Dich, nimm Dich recht in Acht, liebe mich, wie ich Dich, und schreibe mir jeden Tag. Ich bin so sehr beunruhigt.

Ich habe Moscati gesagt, er solle Dich nach Ancona begleiten, wenn Du dorthin kommen willst. Ich werde Dir nach Ancona schreiben, wo ich bin.

Vielleicht schließe ich Frieden mit dem Papst und bin dann bald bei Dir. Das ist mein sehnlichster Wunsch.

Ich küsse Dich hundertmal. Glaube mir, es kommt meiner Liebe nichts gleich, es sei denn die Besorgniß, die mich erfüllt.

Adieu, vieltheure Freundin.

Bonaparte.

XXIV.
An Josephine nach Bologna.

Tolentino, am 1. Ventose des Jahres V (19. Februar 1797).

Der Friede mit Rom ist soeben unterzeichnet. Bologna, Ferrara und die Romagna sind an die Republik abgetreten. Der Papst zahlt in kurzen Fristen 30 Millionen und liefert uns Kunstschätze aus.

Morgen früh reise ich nach Ancona, von da nach Rimini, Ravenna und Bologna. Wenn Deine Gesundheit es gestattet, komme nach Rimini oder Ravenna, aber: schone Dich!

Kein Wort von Dir! Guter Gott! Was habe ich nur gethan? Habe ich eine so rauhe Behandlung ver=

dient, ich, der ich nur an Josephine denke, Josephine allein liebe, nur in ihrem Glück mein Glück finde? Theuerste, ich beschwöre Dich, denke doch an mich recht oft und schreibe mir täglich. Entweder bist Du krank, oder liebst mich nicht mehr. Glaubst Du denn, mein Herz wäre von Stein? Kümmern Dich denn meine Sorgen so wenig? Du würdest mich schlecht kennen: ich kann es nicht glauben. Du, der Verstand, Güte, Schönheit verliehen sind, Du, die Du allein in meinem Herzen die Herrschaft führst, Du, die Du nur allzugut die absolute Gewalt verspürst, die Du über mich hast!

Schreibe mir, denke an mich, liebe mich. Dein für die Dauer meines Lebens.

Bonaparte.

Anmerkung des Übersetzers. Es tritt eine lange Pause in dem Briefwechsel ein; der Friede von Campo Formio ist geschlossen; es erfolgt die Rückkehr nach Paris und dort ein Festjubel ohne Gleichen. Die Ruhe aber dauerte nicht lange. Schon am 19. Mai 1798 brach Bonaparte zu seinem aegyptischen Feldzuge auf. Erst am 8. Oktober 1799 kehrte er aus dem Lande der Pharaonen, in welchem „von den Höhen der Pyramiden zwei Jahrtausende" auf seine siegreiche Armee herabgeblickt hatten, in die Heimath zurück — während der ganzen Zeit kein einziger Brief an Josephine! Man forscht nach Gründen und stößt zunächst auf die schwierige Verbindung, sodann aber auf ein sonderbares, wildes Verhältniß, welches Bonaparte in Aegypten mit einer Mad. Fouré angeknüpft hatte, über welches in geistvoll launiger Weise Fried. Masson in seinem Buch „Napoleon und die Frauen" berichtet. Und was that Josephine während der Zeit? Sie war in Malmaison vertieft in das Studium der Gartenbaukunst — oder: es war weiter oben von Zerstreuungen eigner Art die Rede. Von diesen bekam Bonaparte Wind und wir hören von einem ärgerlichen Auftritt zwischen ihm und dem aus der Schule plaudernden Junot. Und nun das Wiedersehn in Paris! Welche Scene! Josephine vor der verschlossenen Thür Bonaparte's in der Rue Chantereine mit ihren Kindern knieend und Verzeihung erflehend. Man lese die ergreifende Schilderung bei Jos. Turquan „Königin Hortense" S. 25 ꝛc. — Das Ende vom Liede war — daß Bonaparte wiederum verzieh, daß er vergaß! („Masson, Napoleon und die Frauen" und „Turquan, Königin Hortense" sind im Verlage von Schmidt & Günther in Leipzig erschienen.)

Anhang.

Der historische Hintergrund zu den vorhergehenden Briefen.

Es wird vielen Lesern erwünscht sein, der aus dem ersten italienischen Feldzug stammenden Serie der Briefe Bonaparte's an Josephine den historischen Hintergrund und einige, wenig bekannte, für Bonaparte's erstes Auftreten auf der Weltbühne charakteristische Details beigegeben zu sehen.

Nach den Siegen von Montenotte, Millesimo, Dego, Mondovi erschien am 7. Floréal des Jahres IV ein aus Cherasco datirter Aufruf des General en chef an seine Armee; die hier angeführten Stellen aus demselben geben dem Gesammtbilde des Feldzuges von vornherein eine gewisse Stimmung.

„Soldaten! In vierzehn Tagen habt Ihr sechs Siege erfochten, 21 Fahnen und 55 Kanonen erobert, der schönste Theil von Piemont, einige Festungen sind in Euren Händen ... Ihr habt ohne Kanonen Schlachten gewonnen, ohne Brücken habt Ihr Flüsse passirt, ohne Schuhe habt Ihr weite Märsche zurückgelegt, oft hattet Ihr nicht einmal Brod! ... Aber, Soldaten, ich darf es Euch nicht verhehlen, Ihr habt Nichts gethan im Vergleich zu Dem, was Euch noch zu thun übrig bleibt ... Ich bin überzeugt, daß Jeder von Euch, wenn er einst in die Heimath zurückkehrt, stolz sein wird, sagen zu können: auch ich war von der Armee, welche Italien eroberte... Soldaten! Nie werde ich zugeben, daß Räuber Eure Lorbeeren beflecken,*) Plünderer sollen ohne Gnade erschossen werden".

Es kam nach den angeführten Schlachten zunächst zu Friedenspräliminarien mit dem König von Sardinien. Beaulieu, der die österreichische Armee kommandirte, wich auf Alexandria zurück und suchte Mailand zu decken. Das eben erst mit Unkosten von circa 15 Millionen Lire befestigte Tortona wurde an die Franzosen ausgeliefert, desgleichen Ceva und Coni, feste Plätze in Pirmont.

Am 18. Floréal gingen die Franzosen bei Piacenza über den Po — Beaulieu hatte sie vergeblich am Tessino erwartet!

Es folgte ein weiterer Waffenstillstand, abgeschlossen mit dem Herzog von Parma: In seinem Bericht an das Direktorium schreibt Bonaparte in Bezug auf die dem Herzog von Parma gestellten Bedingungen:

„Auch werde ich Ihnen, Bürger-Direktoren, sobald als möglich die schönsten Gemälde, unter anderen von

---

*) Hier die Anekdote vom Sapeur Latouche: Latouche war verurtheilt, wegen Plünderns erschossen zu werden. Vor seinem Tode schrieb er einen Brief an seine Kameraden, in welchem er Abschied von ihnen nahm: „Lebt wohl Kameraden! Latouche betrauert bei seinem Austritt aus der Welt mit Thränen im Auge, daß er nicht in der Vertheidigung seines Vaterlandes stirbt, tröstet sich aber mit der Hoffnung, daß sein Tod den Vertheidigern der Republik eine Warnung sein wird.

Corregio einen „heiligen Hieronymus", der des Malers Meisterstück sein soll, überschicken. Ich gestehe, dieser Heilige wählt einen üblen Zeitpunkt zu seiner Reise nach Paris; Sie werden ihm eine Ehrenstelle im Museum einräumen. Ich wiederhole Ihnen die Bitte, einige bekannte Künstler hierher zu schicken, die sich mit der Auswahl der Kunstgegenstände, welche wir nach Paris zu schicken für unsere Schuldigkeit halten,*) zu beschäftigen hätten."

Es folgte die Schlacht von Lodi am 21. Floréal gegen Beaulieu, welcher geschlagen, seinen Rückzug auf Mantua fortsetzen mußte, während die Franzosen in die Lage kamen, sich Mailand's zu bemächtigen: die Citadelle blieb einstweilen in den Händen der Österreicher.

Bonaparte, der sein Augenmerk nunmehr auf die Verfolgung Beaulieu's zu richten hatte, mußte zugleich den Angriff auf den Kirchenstaat und das Königreich Neapel (Verbündete der Österreicher) in Scene setzen. Am 1. Prairial erschien abermals eine Proklamation an die Armee:

„Soldaten, Ihr habt viel gethan, es freuen sich Eurer Siege Väter, Mütter, Gattinnen, Bräute, und rühmen sich voller Stolz, Euch anzugehören — aber Euch bleibt zu thun noch mehr übrig ... Auf denn! Wir

---

*) Es wird fast allgemein angenommen, daß die Überführung der italienischen Kunstschätze nach Paris nichts als Diebstahl und Raub gewesen ist. Dies ist ein Irrthum: die Auslieferung gehörte mit zu den dem Besiegten auferlegten Kriegscontributionen, wie man noch ferner sehen wird.

haben Eilmärsche zurückzulegen, Feinde zu besiegen, Lorbeeren zu sammeln."

Er spricht vom Capitol und von dem seit Jahrhunderten in den tiefen Schlaf der Knechtschaft versunkenen römischen Volke, das aufgeweckt werden solle.

"Ihr werdet den Ruhm haben, den schönsten Theil von Europa seiner natürlichen Entwickelung zurückgegeben zu haben .. Dann aber werdet Ihr in die Heimath zurückkehren, und Eure Mitbürger werden, indem sie auf Euch weisen, sagen: "Das ist Einer von der italienischen Armee!"

Zunächst folgte die Einnahme von Modena durch eine abgezweigte Colonne. Herkules III., so hieß der damalige, seinen Eigenschaften nach wenig herkulische Herzog, hatte sich unter Mitnahme von nicht weniger als 23 000 000 Lire außer Landes gemacht und war nach Venedig geflüchtet. Er weigerte sich übrigens nicht, sofort einen zum Frieden führenden Waffenstillstand abzuschließen.

Im § 3 desselben heißt es: "Der Herzog von Modena verpflichtet sich, 20 Gemälde aus seiner Gallerie, nach der Auswahl der hierzu beauftragten französischen Bürger, abzugeben."

Wir treten in die Periode der von Adel und Geistlichkeit angezettelten, für die Franzosen so gefährlichen Verschwörungen; von Bedeutung ist namentlich der Aufstand in Pavia. Bonaparte verließ am 5. Prairial Mailand, mußte aber in Lodi umkehren, weil der zur Belagerung der Citadelle von Mailand zurückgebliebene General Despinoy den Ausbruch eines Aufstandes in

Mailand meldete. Bonaparte kehrte mit 300 Reitern und einem Grenadierbataillon nach Mailand zurück und stellte unter Einziehung zahlreicher Geißeln die Ruhe schnell wieder her. In Pavia aber mußten die verrammelten Thore eingeschlagen werden. Die Besatzung des Schlosses, etwa 300 Franzosen, wurden noch rechtzeitig befreit. Bonaparte sagt in seinem Bericht an das Directorium:

„Dreimal erstarb der Befehl, die Stadt anzuzünden, auf meinen Lippen, wäre das Blut eines einzigen Franzosen geflossen: ich hätte auf den Trümmern Pavia's eine Denksäule errichten lassen mit der Inschrift: Hier stand die Stadt Pavia . . Ich ließ die städtischen Beamten niederschießen, 200 Geißeln stellen, die ich nach Frankreich abschickte. Jetzt herrscht Ruhe!"

Nach Mailand zurückgekehrt, erließ Bonaparte am 6. Praivial eine Proclamation an die Bevölkerung der Lombardei, in welcher er sagt:

„Frankreich führt nicht Krieg wider die Völker, sondern wider deren Fürsten; der Obergeneral will der Reue der Verführten eine Thür öffnen. Diejenigen aber, welche innerhalb von 24 Stunden ihre Waffen nicht abliefern, sollen erschossen, ihre Heimathstätten niedergebrannt werden.

Möge das schreckliche Beispiel von Binasco, das dem Erdboden gleich gemacht ist, ihnen die Augen öffnen, das Schicksal Binasco's wird das aller Städte und Flecken sein, die im Aufstande verharren."

Es folgen einige überaus harte, an Grausamkeit grenzende Detailbestimmungen, zu denen der Commandant

von Mailand, General Despinoy, noch Einiges hinzuzu=
fügen hatte.

Die Österreicher hatten sich währenddem in eine
vortreffliche Stellung zurückgezogen, welche sich jenseits
des Mincio mit dem rechten Flügel an den Gardasee,
mit dem linken an Mantua lehnte.

Verwickelungen mit Venedig, das den Österreichern
die wichtige Stadt Peschiera ausgeliefert hatte, vermehrten
die auf den Schultern des Obergenerals lastende gewaltige
Arbeit. Zunächst aber erfolgte der kühne Übergang über
den Mincio und das vom General Kilmaine siegreich
durchgeführte Treffen von Borghetto.

Bonaparte beschränkte sich zunächst auf eine Blockade
Mantua's und wandte sich nach Tyrol; von Tortona aus
am 26. Prairial erging sein Aufruf an die Tyroler, be=
ginnend mit den Worten: „Brave Tyroler! Die franzö=
sische Armee ist gezwungen, in Euer Gebiet einzudringen.
Ihr werdet uns gastfrei aufnehmen . . wenn Ihr aber
so vermessen sein solltet, uns mit Waffen in der Hand
zu begegnen, so wisset, daß wir schrecklich sein werden,
wie das Feuer des Himmels . . wir werden Eure Häuser
verbrennen, Eure Dörfer verwüsten." Inzwischen wurden
die Verbindungen der Franzosen im Rücken, nament=
lich nach der Riviera zu, vielfach bedroht, um sie von
einem Vormarsch nach Tyrol abzuhalten.

Das Schloß von Mailand war noch, wie man hörte,
vom Feinde besetzt. Die Arbeiten vor Mantua erforder=
ten alle Aufmerksamkeit. Die angestrengteste Thätigkeit,
eine übermenschliche Arbeitskraft allein konnten für Alles

aufkommen. Massena rückte am 1. Messidor in Bologna ein, Bonaparte am 2. in Modena.

Dem Bericht an das Direktorium entnehmen wir folgende interessante Stellen:

„Das Geschütz, das wir zu Modena im Fort von Urbino und im Schlosse von Ferrara gefunden haben, ist Belagerungsgeschütz, das uns in den Stand setzen wird, Mantua zu belagern. Die 20 Gemälde, die uns Parma liefern muß, sind unterwegs, desgleichen die von Modena. Das berühmte Gemälde des heiligen Hyronimus wird hier im Lande so hoch geschätzt, daß man eine Million bot, um es zu behalten. Der Bürger Barthélemy beschäftigt sich in diesem Augenblick damit, die Gemälde in Bologna auszuwählen; er gedenkt einige fünfzig Stück zu nehmen, darunter die heilige Cäcilie, welche Michel Angelo's Meisterstück sein soll."

Am 13. Prairial besetzt Massena Verona, das noch kurz zuvor dem ältesten Bruder Ludwig XVI und einer Schaar von Emigranten Zuflucht geboten hatte; am 15. Prairial verlegte Bonaparte sein Hauptquartier nach Verona. Ein sonderbarer Passus aus seinem von dort an das Direktorium gerichteten Schreiben lautet:

„Ich habe das Amphitheater gesehen, einen des römischen Volkes würdigen Überrest! O! wie erbärmlich kam ich mir vor, als ich dabei unsres kleinen Marsfeldes gedachte; 100 000 Zuschauer saßen hier und konnten jedes Wort hören, welches die Redner sprachen."

An Stelle Beaulieu's war inzwischen auf österreichischer Seite Feldmarschall Wurmser getreten. Die Folge der Besetzung von Peschiera nach dem Treffen von

Borghetto durch die Franzosen war der Rückzug des rechten Flügels der Österreicher nach Tyrol. Augereau aber hatte bereits eine Vorstadt von Mantua, Cheriale, mit kühnem Handstreich besetzt. Bonaparte in seinem Bericht nach Paris erzählt u. A.:

„In San Georgio war ein Nonnenkloster, aus welchem die Nonnen geflüchtet waren; unsere Soldaten besetzten es; sie hörten plötzlich eine schreiende Stimme, sie laufen in den Hinterhof und sprengen die Zelle, aus welcher die Weherufe ertönten. Sie fanden eine junge Frau auf einem Schemel sitzend, die Hände mit Ketten an den Boden angeschlossen. Sie mochte etwa zweiundzwanzig Jahre alt sein und befand sich schon seit vier Jahren in der Gefangenenzelle; sie war eingekerkert, weil sie hatte entwischen wollen. Unsere Grenadiere erwiesen ihr alle Sorgfalt; sie fürchtete die Rückkehr ihrer Peiniger. „Ach", rief sie, hier bleiben heißt für mich so viel wie sterben."

Nach der Besetzung von Bologna schob Bonaparte einzelne Colonnen in die Romagna vor; am 8. Messidor ist General Vaubois in Pistoja, Murat passirt den Arno; Bonaparte selbst trifft am 8. Messidor in Pistoja ein. Livorno wird besetzt, Bonaparte erklärt in einem Schreiben an den Großherzog von Toscana die Nothwendigkeit der Besetzung dieses wichtigen Hafenplatzes.

An dem Tage der Besetzung Livorno's wurde der Waffenstillstand mit dem Papst, welcher den Legationen von Bologna und Ferrara entsagte, Stadt und Citadelle von Ancona auslieferte und zwanzig Millionen zu zahlen hatte, abgeschlossen. Nicht zu vergessen: die Auslieferung von 100 in den Museen von Rom befindlichen Kunstwerken, 500 Manuscripten der Baticanischen Bibliothek 2c. Der König von Neapel schloß sich der plötzlich so friedlich gewordenen Stimmung des Papstes an und bat um Frieden. Bonaparte selbst verfügte sich am 10. Messidor nach Livorno, ordnete das Nöthige an und ging nach Florenz, wo er beim Großherzog eine vortreffliche Aufnahme fand; dort traf ihn die Nachricht von der Erstürmung der Citadelle (Schlosses) von Mailand durch die Franzosen (am 11. Messidor, Morgens 3 Uhr). Commandant war der österreichische General Lamy.

Das erste Gefecht mit der neuorganisirten, unter Wurmser's Oberbefehl am Gardasee und Umgegend stehenden österreichischen Armee fand bei Bellona statt und fiel günstig für die Franzosen aus. In der Romagna aber brachen inzwischen Unruhen aus, Augereau machte kurzen Proceß mit den „Rebellen"; furchtbar hausten die Seinigen; namentlich dem Städtchen Lugo ging es schlecht. Nach Beendigung dieser schaurigen Episode ließ Augereau einen Armeebefehl vom Stapel, welcher mit den Worten beginnt: „Noch raucht das Blut zu Lugo!" —

Diese ganze Riesenarbeit, die nur in einer kurzen, gedrängten Folge der Einzelheiten dargestellt werden konnte, war gethan, als auf dem Kriegsschauplatze die heißersehnte Josephine erschien.

Quälender Thatendurst in der Gluthitze der Leidenschaft — da giebt es in der Weltgeschichte Thaten zu verzeichnen!

Am 28. Messidor machten die Österreicher aus Mantua einen Ausfall, sie wurden in die Stadt zurück=

gejagt; der Verſuch, der im IV. Brief mitgetheilt iſt, Mantua durch einen Handſtreich (29. Meſſidor) zu nehmen, mißglückte.

Wurmſer war indeſſen darauf bedacht, Mantua zu entſetzen; am 11. Thermidor errang er auch Vortheile, indem er den Franzoſen Salo und Brescia wegnahm und ſie zwang, Verona zu räumen. Am 13. Thermidor aber mußte Wurmſer Salo vor den ungeſtümen Angriffen der Franzoſen im Stich laſſen — man rüſtete ſich für die Kriſis von Caſtiglione.

Am 18. Thermidor, dem Ruhmestage Augerau's, begann in aller Tagesfrühe das blutige Ringen. Die Briefe, die Liebe müſſen ſchweigen, zwiſchen dem 4. Thermidor und dem 13. Fructidor nehmen die „Intereſſen der Armee" (Brief VII) den jungen General gewaltig in Anſpruch.

„Wurmſer hat innerhalb von 5 Tagen", berichtet Bonaparte nach Paris, „70 Kanonen, 12—15000 Gefangene, 6000 Todte, d. h. beinah alle die vom Rhein zu ſeiner Verſtärkung herbeigerückten Truppen verloren."

Es folgt der Vormarſch Augerau's über den Mincio, ſein ſiegreiches Treffen bei Peſchiera und die Wiederbeſetzung von Verona. Mantua war inzwiſchen, da das franzöſiſche Cernirungscorps in der damals, vor dem Siege von Caſtiglione, recht mißlichen Lage anderweitig nothwendig wurde, entſetzt (11. Thermidor). 140 Belagerungsgeſchütze, die in den Laufgräben zurückgeblieben waren, fielen den Öſterreichern in die Hände. Die Feſtung konnte ſich für lange Zeit verproviantiren.

Daß die Aufhebung der Belagerung von Mantua

wiederum Aufstände in den von den Franzosen besetzten Theilen Italiens zur Folge hatte, ist erklärlich, besonders gefährlich wurden sie in Ferrara und Rom; der Oberbefehlshaber hatte alle Hände voll zu thun.

Es giebt keine Ruhe! Es drängen erstaunliche Ereignisse eins das andere: nach der Schlacht von Castiglione verfolgte Massena die zurückweichenden Österreicher, er nahm am 24. Thermidor Montebaldo, Corona 2c. — passirte die Etsch am 16. Fructidor und drang bis Roveredo vor. Hier kam es wieder zu einem gewaltigen Ringen.

„Am 18. Fructidor," sagt Bonaparte in seinem Berichte an die Bürger-Directoren „standen wir einander gegenüber... wir stießen auf hartnäckigen Widerstand, allein, bald war das befestigte Lager von Mori genommen. In der Verfolgung des fliehenden Feindes fiel der General Dubois. Ich war bei ihm in seinen letzten Augenblicken. „Ich sterbe, sagte er, für die Republik. Macht schnell, daß ich noch Zeit habe, zu hören, daß unser Sieg auch vollkommen ist". Der Feind bewerkstelligt seinen Rückzug nach Trient, wir folgen... 6000 bis 7000 Gefangene, 25 Kanonen, 7 Fahnen. Das sind die Früchte der Schlacht bei Roveredo."

Am 20. Fructidor ist Bonaparte selbst in Trient.

In den Gefechten vom 11. Thermidor bis zur Besetzung von Trient verloren die Oesterreicher im Ganzen, nach den Angaben Bonaparte's 24,661 Mann an Todten, Verwundeten, Gefangenen oder Deserteuren (2—3000), 105 Kanonen 2c.

Am 21. passirte Massena die Engpässe der Brenta;

es kommt zur Schlacht bei Bassano. Wurmser muß die Stadt räumen; zwischen Vicenza und Verona zieht er, auf Mantua zurückweichend, die Besatzung der letzteren Stadt an sich. Es war ihm ja kein andrer Weg mehr offen, als der nach Mantua; Verona wurde vom Divisionsgeneral Kilmaine, Vicenza von Massena besetzt.

Am 24. capitulirt Porto Legnano, welches an Augereau's Division übergeben wurde. Massena rückte gegen Mantua und bemächtigte sich nach verschiedenen kleineren Kämpfen der Vorstadt San Georgio.

„Seit dem 16. Fructidor" schreibt Bonaparte nach Paris „haben wir uns fortwährend herumgeschlagen, sind aber dieselben geblieben, die wir waren. Ich schicke Ihnen meinen Adjutanten Marmont mit 22 den Oesterreichern abgenommenen Fahnen."

Berthier, Chef des Generalstabes, schließt seinen langen Bericht über die Aufreibung der Armee Wurmsers, und dessen Entkommen mit einer geringen Cavallerie-Masse nach Mantua mit den Worten:

„Die Geschichte hat uns die Heerzüge der berühmtesten Feldherren überliefert, aber niemals hat man Truppen einen so beschwerlichen Marsch ausführen sehen, als den, welchen wir in den Engpässen der Etsch und der Brenta zwischen steilen Felsen zurückzulegen hatten. Starke Märsche, fortwährende hartnäckige Gefechte, das war viel für unsere braven Waffenbrüder; sie haben alle Hindernisse überwunden!"

Zu einer anderen Stelle des gewaltigen Kriegsschauplatzes — derselbe umfaßte bis auf kleine Theile, die durch einen ziemlich unsicheren Frieden mit der Republik verbunden waren, ganz Italien — wenden wir uns einen Augenblick:

Es war am 26. Vendémiaire des Jahres V, als in Modena, wo Bonaparte der Zeit sein Hauptquartier hatte, die Nachricht eintraf, daß Corsica von den Engländern geräumt sei, dieses Ereignisses gedenkt mit triumphirender Freude Bonoparte in seinem XIV. Brief. Der Divisionsgeneral Gentili hatte wesentlich zum Abzuge des englischen Commandanten Elliot beigetragen.

Diesem glücklichen Ereignisse folgt unmittelbar der Abschluß des Friedens mit dem Könige beider Sicilien.

Inzwischen hatten die Oesterreicher bedeutende Verstärkungen an sich gezogen, die Franzosen waren aus Trient, Roveredo, Bassano, Vicenza wieder vertrieben und hatten sich hinter die Etsch zurückgezogen.

Jetzt eilte Bonaparte herbei und es kam zu der das Schicksal Italiens entscheidenden Schlacht von Arcola.*) In seinem Hauptquartier zu Verona unter dem 29. Brumaire des Jahres V berichtet Bonaparte nach Paris:

„Ich bin, Bürgerdirectoren, durch Strapazen der Art erschöpft, daß ich Ihnen unmöglich alle militärischen Operationen der letzten Zeit klar machen kann. In der Nacht vom 24. zum 25. Brumaire ging ich bei Ronco über die Etsch. Des österreichischen General Albinzi Hauptquartier war zu Calbero ... Am 26. und 27. ließ ich über die zahlreichen Canäle bei Arcola Brücken schlagen und errang nach hartem Kampf einen vollständigen

---

*) Eine genaue, höchst interessante Schilderung der Schlacht von Arcola, von Napoleon selbst, findet man im „Tagebuch von St. Helena" (Schmidt & Günther, Leipzig) S. 202—16.

Sieg. Alvinzi wird sich erst hinter der Brenta wieder sammeln können . . ."

Ein merkwürdiger Brief Bonaparte's, in welcher seine gewaltig bewegte Seelenstimmung zu Tage tritt, stammt aus den ersten Tagen nach der Schlacht von Arcola, er lautet:

„An den General Clarke.

Ihr Neffe, Elliot, ist auf dem Schlachtfelde von Arcola geblieben. Dieser junge Mann war sehr vertraut mit dem Kriegshandwerk, er ist zu verschiedenen Malen an der Spitze unserer Colonnen ausgezogen. Es wäre eines Tages ein verdienter Offizier aus ihm geworden. Er starb ruhmbedeckt im Angesicht des Feindes. Zu leiden hatte er keinen Augenblick. Welcher vernünftige Mensch würde ihn nicht um einen solchen Tod beneiden? Wer würde nicht, bei den Wechselfällen des Lebens, viel darum geben, auf eine solche Weise aus einer doch recht verächtlichen Welt hinauszukommen? Wer von uns hätte nicht hundertmal gewünscht, auf eine solche Weise den gewaltigen Wirkungen der Verläumdung, und anderer gehässiger Leidenschaften entgehen zu können, die fast ausschließlich das Betragen der Menschen zu bestimmen scheinen!"

Über die weitere Entwicklung der Ereignisse in Kürze Folgendes: Alvinzi stand Anfangs Nivose an der Brenta und in Tyrol, die Franzosen waren längs der Etsch (Montebaldo, Corona, Rivoli) aufmarschirt. Nachdem der österreichische General — per Postwagen — Verstärkungen erhalten, begann der Kampf. Massena mit seiner Division tritt in den Vordergrund der Ereignisse;

die Siege bei Rivoli (25. und 26. Nivose) und bei La Favorite treiben ihn mit Riesenschritten vorwärts. Als die Präliminarien zum Frieden von Campo Formio einsetzten, war er nur noch 25 Meilen von Wien entfernt.

Mantua fiel am 2. Februar 1797. —

Damit hätten diese flüchtigen, einer Auffrischung der Erinnerung gewidmeten Aufzeichnungen ihr Ende.

Hinzuzufügen bleibt noch, daß Bonaparte diesen unvergleichen Feldzug mit circa 56000 Mann begann: man darf dabei an keine regelrechte Armee denken, sondern sich mehr eine schlecht bewaffnete, schlecht gekleidete, wilde Horde, vermischt mit allerhand Gesindel, triefend vom Blut der Revolution, vorstellen. Die in Italien stehende österreichische Armee kann man auf 80000 Mann, die des Königs von Sardinien auf 60000 veranschlagen. Der Papst hatte etwa 30000 Mann aufgestellt. Was Parma und Modena an Mannschaften nicht liefern konnten, das ersetzten ihre Beherrscher durch der Kriegsführung zufließende, sehr erhebliche Geldmittel.

Der Übersetzer.

Briefe

des

Ersten Konsuls Bonaparte an seine Gemahlin

während des

II. Italienischen Feldzuges im Jahre VIII (1800).

XXV.
An Josephine in Paris.
Lausanne, am 25. Floréal des Jahres VIII (13. Mai 1800).

Seit gestern bin ich in Lausanne. Morgen reise ich wieder ab. Mein Befinden ist ziemlich gut. Hier ist es sehr schön. Du könntest in zehn oder zwölf Tagen zu mir kommen; ich sehe kein Hinderniß; allein Du müßtest incognito reisen und nicht sagen, wohin Du gehst, weil ich nicht will, daß man erfährt, was ich vorhabe. Du kannst ja sagen, Du gingst nach Plombières.

Ich werde Dir Moustache, meinen Courier, schicken, der eben eintrifft.

Tausend Grüße an Hortense. Eugen wird erst in acht Tagen hier eintreffen; unterwegs ist er bereits.

Bonaparte.

Anmerkung des Übersetzers: Wir stehen vor Beginn des zweiten italienischen Feldzuges; zwischen diesem und dem Feldzuge in Aegypten liegt ein in der napoleonischen Aera bedeutungsvoller Datum, der „18. Brumaire" (19. November 1799). Im December desselben Jahres wurde die Consularregierung eingeführt. Am Staatsstreich des 18. Brumaire war Josephine in gar pfiffiger Weise betheiligt; es ist ihr von da an kein leichtsinniger Streich mehr vorzuwerfen.

XXVI.
An Josephine in Paris.
Am 26. Floréal des Jahres VIII (16. Mai 1800).

Ich bin im Begriff, nach Saint Maurice aufzubrechen, um dort zu übernachten. Ich habe keinen Brief von Dir erhalten — das ist nicht recht; ich habe Dir mit jedem Courier geschrieben.

Übermorgen muß Eugen eintreffen; ich habe mich ein wenig erkältet, schlimm wird es wohl nicht werden.

Viele zärtliche Theilnahme für Dich, meine gute, kleine Josephine und für Alles, was Dein ist.

Bonaparte.

Anmerkung des Übersetzers: Der Consul Bonaparte rüstet sich für den Streich von Marengo (14. Juni 1800), er mischt die Karten zu dem großen Va banque-Spiel in der Ebene von Alessandria . . . . ; wäre Desaix nicht umgekehrt, als er den Geschützdonner von Marengo hörte — es wäre vorbei gewesen — Alles vorbei! Bonaparte war so gut wie geschlagen — der wackere Desaix aber bezahlte seinen Sieg mit dem Tode.

XXVII.
An Josephine in Paris.

Mailand.

Ich bin in Mailand und stark erkältet. Ich kann den Regen nicht vertragen und ich bin mehrere Stunden lang eingeweicht worden, aber es geht schon besser. Ich schlage Dir nicht vor, hierher zu kommen. In einem Monat werde ich zurück sein und hoffe, Dich gesund und munter wiederzusehen. Ich werde nach Pavia und La Strabella gehen. Wir sind die Herren von Brescia, Cremona und Piacenza.

Viele herzliche Grüße; Murat ist wohl auf.

Bonaparte.

LIBERTÉ,  ÉGALITÉ.

Au Quartier-Général de *Milan le 13 ...* le an 4.ᵐᵉ de la République Française.

BONAPARTE
Général en Chef de l'Armée d'Italie.

[handwritten letter from Napoleon to Josephine]

Facsimile Brief Napoleons an Josephine.

Briefe

des

Ersten Konsuls Bonaparte an seine Gemahlin

während der

beiden Reisen, welche sie in den Jahren
X und XI nach Plombières machte.
(1801 und 1802).

XXVIII.
An Josephine in Plombières.*)
Paris, am 27. ? Jahr X (1801).

Hier ist es so schlechtes Wetter, daß ich in Paris geblieben bin. Malmaison ohne Dich ist ohnehin ein trauriger Aufenthalt. Das Fest war schön, nur hat es mich ein wenig ermüdet. Die Fontanelle an meinem Arm macht mir immer noch viel Schmerzen.

Ich habe für Dich aus London**) Pflanzen erhalten, welche ich an Deinen Gärtner weitergegeben habe. Wenn in Plombières das Wetter ebenso schlecht ist, wie hier, wirst Du wenig Nutzen von Deinen Bädern haben!

Beste Grüße für Mama und Hortense.

Bonaparte.

*) Die erste Reise.

**) Der Prinzregent, spätere König von England, ließ die Pflanzensendungen, welche von allen Theilen der Erde kamen und für Josephine bestimmt waren, trotz des Krieges nach Frankreich gelangen.

Anmerkung des Übersetzers: Ihren ersten Besuch in Plombières machte Josephine bereits zur Zeit, als Bonaparte in Ägypten war, d. h. im Jahre 1798; sie verfügte sich gleich nach der Einschiffung von Bonaparte, dem sie das Geleit bis zur Küste gegeben hatte, nach dem vielbesuchten Badeorte, den sie erst

XXIX.
An Josephine in Plombières.*)
Malmaison, am 30. Prairial des Jahres XI (19. Juni 1803).

Ich habe noch keine Nachricht von Dir; glaube indeß, daß Du bereits mit den Bädern begonnen hast. Wir sind hier recht traurig**), obwohl das liebenswürdige Kind***) die Honneurs des Hauses vortrefflich macht. Ich bin seit zwei Tagen ein wenig von Schmerzen heimgesucht. Der recht stark gewordene Eugen ist gestern Abend in bester Gesundheit eingetroffen.

Ich liebe Dich wie am ersten Tage, weil Du gut und vor Allen der Liebe werth bist.

Hortense hat mir gesagt, sie würde Dir häufig schreiben. Tausend Grüße und Küsse; ganz der Deinige.
                                                           Bonaparte.

---

im September wieder verließ. Es stieß ihr damals ein Unglück zu: der im ersten Stock ihres Hauses angebrachte Balcon stürzte, gerade als die Generalin mit einigen Damen sich darauf befand, hinab, und Alles, Balcon, Stühle, Kaffeegeräth und Damen fielen pêle-mêle auf die Straße — die Generalin kam ohne erhebliche Verletzungen davon.

*) Die zweite Reise.
***) Madame Louis Bonaparte (Hortense) war guter Hoffnung und hatte daher die Mutter nicht ins Bad begleiten können.
**) Anmerkung des Uebersetzers. Sehr „traurig" ist es damals in Malmaison nicht hergegangen. Hortensen's Anwesenheit hatte man für nothwendig erachtet, damit die Frauen der Adjudanten Bonapartes: die Damen Lauriston und Junot dort verbleiben konnten. Bonaparte war damals stets guter Laune, ja man sagt, er wäre nie so aufgelegt gewesen, wie damals: besonders mit der erst kürzlich vermählten Frau Junot

XXX.
An Josephine in Plombières.

Malmaison am 4. Messidor des Jahres XI (23. Juni 1803).

Ich habe Deinen Brief, gute kleine Josephine, erhalten. Es thut mir leid, zu hören, daß Dir die Reise beschwerlich fiel. Einige Tage der Ruhe und Du wirst alles überstanden haben. Ich befinde mich ganz wohl. Gestern war ich zur Jagd in Marly und habe mich leicht am Finger verletzt beim Schuß auf einen Eber.

Hortense befindet sich ziemlich wohl. Dein Sohn war etwas krank, aber es geht besser. Diesen Abend wollen unsere Damen den „Barbier von Sevilla" aufführen. Das Wetter ist wunderschön.

Es giebt Nichts, glaube mir, was so wahr wäre, wie die Liebe, die ich für meine kleine Josephine hege.

Ganz der Deinige

Bonaparte.

---

hatte er seinen Spaß. Seine Besuche zu früher Morgenstunde am Bett derselben sind überaus komisch, besonders der eine Besuch, bei welchem er neben der Frau Junot Herrn Junot fand.

„Wie, noch zu Bett, Frau Junot," rief er, das Schlafgemach betretend, „habe Ihnen doch . . . ." Er kam mit seinem beabsichtigten Vorwurf nicht zu Ende, denn aus den Kissen erhob Junot sein dunkles Haupt und rief:

„Mein Gott, General, was führt Sie denn zu so früher Morgenstunde zu meiner Frau?"

„Ich kam, um Frau Junot zu wecken," bemerkte Bonaparte, kühl bis ans Herz, „da wir heute Jagd haben, ich sehe, daß sie einen noch früheren Wecker hat als mich."

XXXI.
An Josephine in Plombières.

Malmaison am 8. Messidor des Jahres XI (27. Juni 1803).

Dein Brief, gute kleine Frau, bringt mir die Nachricht, daß Du Dich inkommodirt fühlst. Corvisart sagt mir, es wäre ein gutes Zeichen, die Bäder würden den erwünschten Erfolg haben und Dir überhaupt wohlthun. Immerhin ist es mir recht schmerzlich zu wissen, daß Du leidest.

Ich war gestern zur Besichtigung der Porzellanmanufaktur in Sèvres auch in Saint-Cloud.

Viele Grüße an Alle.

Für immer Dein

Bonaparte.

XXXII.
An Josephine in Plombières.

Malmaison, am 12. Messidor des Jahres XI (1. Juli 1803).

Ich erhielt Deinen Brief vom 10. Messidor. Du sagst Nichts über Deine Gesundheit, auch Nichts über den Erfolg der Bäder. Ich höre, daß Du in acht Tagen zurückzukehren gedenkst. Das macht Deinem Freunde große Freude, denn das Alleinsein ist ihm langweilig.

Mit einem sonderbaren, erzwungenen Gelächter entfernte er sich.

Diese launigen Scenen finden eine eingehende Schilderung in dem Buche Joseph Turqan's „Das Liebesleben Napoleon I." (Schmidt & Günther, Leipzig) S. 97—106.

Du wirst den General Ney treffen, der nach Plombières geht; wenn er zurückkehrt, wird er sich verheirathen.*)

Hortense hat gestern im „Barbier von Sevilla" die „Rosine" mit gewohntem Geschick gegeben.

Glaube mir, daß ich Dir gut und sehr ungeduldig bin, Dich wiederzusehen. Ohne Dich ist es hier gar traurig.

Bonaparte.

---

*) Anmerkung des Übersetzers. Ney, „le brave des braves", heirathete 1803 ein Fräulein Auguié aus dem Institut der Campan, sie soll eine arge Spielratte gewesen sein und ihre Spielschulden mit Galantrien bezahlt haben, so erzählen böse Zungen.

Der Kaiser.
(Nach einem Gemälde Meissoniers.)

Briefe

des

Kaisers Napoleon an die Kaiserin Josephine

während der

Reisen an die Küste in den Jahren XII. und XIII. (1804).

XXXIII.
An die Kaiserin in Aachen.

Boulogne, am 15. Thermidor des Jahres XII (3. August 1804).

Meine Liebe, ich hoffe bald zu hören, daß Dir die Bäder recht gut bekommen. Ich höre mit Bedauern von den Widerwärtigkeiten, die Dir zugestoßen sind. Ich wünsche, daß Du mir häufig schreibst. Meine Gesundheit ist vortrefflich, obwohl ich mich etwas ermüdet fühle. In einigen Tagen bin ich in Dünkirchen, von wo aus ich Dir schreiben werde.

Eugen ist nach Blois abgereist.

Mit ungezählten Küssen

Napoleon.

---

*) Anmerkung des Übersetzers. Das Plebiscit zur Gründung des Kaiserreiches hatte stattgehabt am 18 Mai 1804. In Boulogne, wo Napoleon die große Umgestaltung seiner Armee vornahm, verweilte er längere Zeit: während derselben entspann sich zwischen ihm und der Mad. de Rémusat, der bekannten Palastdame der Kaiserin, ein Verhältniß, welches zu Redereien aller Art Veranlassung bot. Die Dame war zur Pflege ihres erkrankten Gemahls, damaligen Palastpräfecten, herbeigeeilt. Napoleon traf jeden Tag mit der jungen, eleganten Frau zusammen, ja er wußte sie sogar dahin zu bestimmen, daß sie ihr Frühstück bei ihm einnahm. Josephine war schließ-

XXXIV.
An die Kaiserin in Aachen.
Calais am 18. Thermidor des Jahres XII (6. August 1804).

Meine Liebe, ich bin hier um Mitternacht eingetroffen; heute Abend gedenke ich nach Dünkirchen aufzubrechen. Ich bin zufrieden mit Dem, was ich sehe und befinde mich ganz wohl. Ich wünsche, daß die Bäder Dir so wohl thun, als mir die viele Bewegung, der Blick auf Felder und Meer. Eugen ist in Blois. Hortense befindet sich wohl. Louis ist in Plombières.

Sehr wünsche ich, Dich wiederzusehen. Du bist immer nothwendig zu meinem Glück. Dir alles mögliche Gute wünschend. Napoleon.

---

lich in die Vorgänge eingeweiht worden und grämte sich bitterlich über ihres Gemahls vermeintliche Untreue.

„Die Kaiserin Josephine", so sagt die Rémusat in ihren Memoiren, „hat mir gesagt, daß sie damals ihrem Gemahl Vorwürfe in Bezug auf mich gemacht habe, daß ihn dies dem Anscheine nach amüsirt, daß er sie aber völlig im Unklaren gelassen hätte."

Unmöglich wäre es nicht, daß Frau Rémusat den Versuch gemacht hätte, die Rolle einer allmächtigen Favoritin zu übernehmen, allein es sei der schönen Worte gedacht, welche sich am Schluß ihrer Memoiren finden:

„Wie wirst Du mich, allmächtiger Gott, empfangen, wenn ich an den Stufen Deines heiligen Thrones den ängstlichen Bericht eines guter Werke fast baren Lebens niederlege. Dürfte ich Dir reden von den wenigen Tugenden, die einfältige Menschen mir nachrühmen, weil sie nicht wissen, daß diese Tugenden von keinen Opfern begleitet sind. Dürfte ich mich rühmen tugendhaft gewesen zu sein, da Du mir sagen kannst, daß ich glücklich in meiner Ehe war."

XXXV.
An die Kaiserin in Aachen.
Oſtende am 26. Thermidor des Jahres XII (14. Auguſt 1804).

Meine Liebe, ich hörte ſeit mehreren Tagen Nichts von Dir, es wäre mir aber doch ſehr lieb geweſen, Du hätteſt mich über den Erfolg der Bäder und die Art, wie Du Deine Zeit verbringſt, unterrichtet. Ich bin ſeit acht Tagen in Oſtende. Übermorgen bin ich wieder in Boulogne, wo ein glänzendes Feſt ſtattfindet. Benachrichtige mich per Courier, was Du zu thun gedenkſt und wann Du mit Deinen Bädern zu Ende biſt.

Ich bin ſehr zufrieden mit der Armee und den Flotillen. Eugen iſt immer noch in Blois. Ich höre gar Nichts mehr von Hortenſe, gerade, als ob ſie am Congo weilte. Ich ſchreibe ihr, um ſie zu ſchelten. Tauſend Artigkeiten für Alle.

Napoleon.

XXXVI.
An Josephine in St. Cloud.

Trier, am 14. Vendémiaire des Jahres XIII (6. Oktober 1804).

Meine Liebe, so eben traf ich in Trier ein, zu derselben Stunde, wie Du in St. Cloud angelangt sein mußt. Ich bin wohl. Gewähre dem T..... keine Audienz, lehne es ab, überhaupt ihn zu empfangen. Auch den B.... laß nur vor, wenn Du vom Hofe umgeben bist, ertheile ihm keine Privat-Audienz. Versprich nicht, Heiraths-Contrakte zu unterzeichnen, ehe dies nicht meinerseits geschehen ist.

Der Deinige.

Napoleon.

Anmerkung des Übersetzers. Am 2. December 1804 and die Kaiserkrönung statt.

Briefe

des

Kaisers Napoleon an die Kaiserin Josephine

während des

österreichischen Feldzuges von 1805.

XXXVII.
An Josephine in Straßburg.
Am 10. Bendémiaire des Jahres XIV, zehn Uhr Morgens
(2. Oktober 1805).

Noch bin ich hier (?) und befinde mich ganz wohl. Heute Abend treffe ich in Stuttgart ein. Die großen Bewegungen nehmen ihren Anfang. Die Armeeen von Württemberg und Baden vereinigen sich mit der meinigen. Die Verhältnisse sind mir günstig.

Ich liebe Dich.

Napoleon.

XXXVIII.
An Josephine in Straßburg.
Am 12. Bendémiaire des Jahres XIV zu Mittag
(4. October 1805).

Ich bin in Ludwigsburg. Diese Nacht reise ich ab. Noch giebt es nichts Neues. Meine ganze Armee ist auf dem Marsche. Das Wetter ist prachtvoll. — Meine Vereinigung mit den Baiern hat stattgefunden. Ich bin

---

Anmerkung des Übersetzers. Im April 1805 hatte in Mailand die Krönung Napoleons zum König von Italien stattgefunden. Josephine hatte ihn nicht begleiten dürfen. Seine Abwesenheit währte nicht lange.

wohl. Ich hoffe, ich werde in einigen Tagen eine interessante Nachricht schicken können.

Laß es Dir gut gehen und vertraue meiner Zuneigung. Der hiesige Hof ist ein sehr glänzender, eine eben verheirathete Prinzessin besonders schön; überhaupt sind die Leute hier sehr angenehm, sogar unsere Curfürstin, die mir sehr gutherzig zu sein scheint, obwohl sie eine Tochter des Königs von England ist.

Napoleon.

XXXIX.
An Josephine in Straßburg.
Ludwigsburg, am 13. Vendémiaire des Jahres XIV.
(5. October 1805).

Ich reise sogleich weiter. Du wirst, meine Liebe, fünf oder sechs Tage lang keine Nachricht von mir erhalten; mache Dir deshalb keine Sorgen, es ist eine Folge der Bewegungen, welche stattfinden werden. Es geht Alles gut, so wie ich es nur wünschen konnte.

Ich habe hier der Hochzeit von einem Sohne des Curfürsten beigewohnt; der junge Mann heirathet eine Nichte des Königs von Preußen. Ich werde ein Hochzeitsgeschenk im Werthe von 36—40000 Frks. machen; übernimm die Besorgung und schicke die Sachen durch einen meiner Kammerherrn den Neuvermählten. Die Kammerherren müssen ja bald bei mir eintreffen. Es muß sofort Alles in Ordnung gebracht werden.

Lebe wohl, meine Liebe; ich liebe, ich umarme Dich.

Napoleon.

XL.
An Josephine in Straßburg.
Augsburg, am Donnerstag, 18. Vendémiaire, um 11 Uhr Vorm.
(10. October 1805).

Ich habe bei dem früheren Bischof von Trier übernachtet, der ein sehr schönes Haus hat. Nun bin ich seit acht Tagen schon unterwegs. Mit ziemlich bedeutenden Erfolgen hat der Feldzug begonnen. Ich befinde mich sehr wohl, obwohl es fast täglich regnet. Ein Ereigniß jagt jetzt das andere. Ich habe 4000 Gefangene nach Frankreich spedirt, habe dem Feinde 8 Fahnen und 14 Kanonen abgenommen.

Adieu, meine Liebe; ich umarme Dich.

Napoleon.

XLI.
An Josephine in Straßburg.
Am 20. Vendémiaire des Jahres XIV, 11 Uhr Abends
(12. October 1805).

Meine Armee ist in München. Der Feind steht jenseits des Inn; einen Theil seiner Armee, 60,000 Mann stark, halte ich fest an der Iller, zwischen Ulm und Memmingen. Der Feind ist geschlagen und hat den Kopf verloren, alles deutet auf einen sehr glücklichen Feldzug hin, auf den kürzesten, auf den glänzensten, der je gemacht wurde. In einer Stunde gehe ich nach Burgau an der Iller.

Ich befinde mich wohl; das Wetter aber ist abscheulich. Täglich zweimal muß ich die Kleider wechseln, denn es regnet fortwährend.

Ich liebe, ich umarme Dich.

Napoleon.

XLII.

An Josephine in Straßburg.

Elchingen am 27. Vendémiaire des Jahr XIV (19. October 1805.)

Ich war, meine gute Josephine, ermüdeter, als es hätte sein sollen; eine volle Woche jeden Tag durchnäßt und kalte Füße dazu, das macht ein wenig unpäßlich. Der heutige Tag, an dem ich nicht ausgegangen bin und mich ausgeruht habe, that mir gut.

Ich habe meine Absicht erreicht!

Die österreichische Armee ist durch einfache tactische Bewegungen, durch meine Märsche zu Grunde gerichtet worden, ich habe 60,000 Gefangene gemacht, 120 Kanonen, mehr als 90 Fahnen genommen, 30 Generäle haben sich mir ergeben.*) Ich werde mich nunmehr über die Russen hermachen, sie sind schon so gut wie verloren. Mit meiner Armee bin ich zufrieden; ich habe nur 1500 Mann verloren, darunter sind zwei Drittel Leichtverwundete.

Adieu, meine liebe Josephine, Empfehlung nach allen Seiten hin.

Erzherzog Karl eilt, um Wien zu decken.

Ich glaube aber Massena muß, während ich dies schreibe, schon dort sein.

Sobald ich inbezug auf Italien sicher bin, soll Eugen ins Feld rücken.

Viele Grüße an Hortense

Napoleon.

---

*) Anmerkung des Uebersetzers. Es handelt sich um die Ueberraschung der Oestreicher in Ulm.

XLIII.
An die Kaiserin nach Straßburg.
Am 29. Vendémiaire des Jahres XIV zu Mittag (21. October 1805).

Ich befinde mich ganz wohl, meine Liebe. Ich gehe jetzt gleich nach Augsburg. — Hier habe ich 33,000 Mann gezwungen, die Waffen zu strecken. — Ich habe 60—70,000 Gefangene, mehr als 90 Fahnen und 200 Kanonen. Ein solcher Zusammenbruch ist nie dagewesen in den militärischen Annalen.

Bleibe gesund; ich bin ein wenig abgehetzt. Seit drei Tagen haben wir schönes Wetter. Der erste Gefangen-Trupp geht heute nach Frankreich ab; ich lasse sie in Colonnen von 6000 Mann marschiren.

Napoleon.

XLIV.
An die Kaiserin in Straßburg.
Augsburg am 1. Brumaire des Jahres XIV (23. October 1805).

In den beiden letzten Nächten habe ich mich vollkommen ausgeruht. Morgen geht es nach München. Ich habe Herrn de Talleyrand und Maret zu mir citirt ich werde sie aber wenig sehen können, da ich mich an den Inn verfüge, um Oesterreich in seinen Erbstaaten zu Leibe zu gehen.

Ich hätte sehr gewünscht, Dich zu sehen, aber rechne nicht darauf, daß ich Dich herbetrufe, es sei denn, es komme zu einem Waffenstillstand oder wir bezögen Winterquartiere.

Adieu, meine Liebe, tausend Küsse. Meine Empfehlungen an die Damen.

Napoleon.

XLV.
An die Kaiserin in Straßburg.
München, am Sonntag, 5. Brumaire des Jahres XIV.
(27. Octob. 1805).

Lemarois übergab mir Deinen Brief; ich ersehe daraus zu meinem Bedauern, daß Du allzu sehr beunruhigt warst. Man hat mir kleine Vorgänge mitgetheilt, aus denen ich entnehmen darf, daß Du mir zärtlich zugethan bist, allein Du mußt mehr Zutrauen, mehr Kraft zeigen. Ich hatte Dir übrigens vorhergesagt, daß sechs Tage vergehen würden, ehe Du wieder einen Brief von mir hättest. Ich erwarte für Morgen den Kurfürsten. Zu Mittag gehe ich von hier fort, um meine Stellungen am Inn zu inspiciren. Mein Befinden ist ganz leiblich. Du mußt nicht daran denken, vor den nächsten vierzehn oder zwanzig Tagen den Rhein zu passiren.

Du sollst vergnügt sein, Dich amüsiren und der Hoffnung Raum geben, daß wir uns vor Ende des Monats wiedersehen.

Ich bin im Vormarsch gegen die russische Armee. In einigen Tagen werde ich über den Inn hinüber sein.

Adieu, meine Liebe; viele Grüße an Hortense, an Eugen und an die beiden Napoleons.

Behalte das Hochzeitsgeschenk noch einige Tage. Ich habe gestern für die Damen dieses Hofes ein Concert veranstaltet. Der Kapellmeister ist ein verdienter Mann.

Ich war auf der Fasanenjagd, woraus Du entnehmen kannst, daß ich keineswegs ermüdet bin. Herr de Talleyrand ist eingetroffen.

Napoleon.

XLVI.
An die Kaiserin in Straßburg.
Haag, den 11. Brumaire des Jahres XIV, 10 Uhr Abends (3. November 1805).

Ich bin auf einem großen Marsch begriffen; es ist sehr kalt, der Schnee liegt einen Fuß hoch — nicht gerade angenehm! Glücklicher Weise fehlt es nicht an Holz; wir marschiren immer im Walde. Dabei befinde ich mich ganz wohl. Es geht Alles zu meiner Zufriedenheit: meine Feinde werden wohl mehr Sorgen haben wie ich.

Ich sehne mich nach Nachrichten von Dir und wünsche zu hören, daß Du unbesorgt bist.

Adieu, meine Liebe; ich will eben zu Bett.
Napoleon.

XLVII.
An die Kaiserin in Straßburg.
Dienstag, den 14. Brumaire des Jahres XIV, 5. November 1805.

Ich bin in Linz; das Wetter ist schön. Wir haben von hier aus 28 Lieues bis Wien. Die Russen halten nicht stand; sie gehen überall zurück. Das Haus Österreich ist in großer Bestürzung. Aus Wien wird Alles fortgeschafft. Es ist wahrscheinlich, daß binnen fünf oder sechs Tagen sich etwas Neues zuträgt. Ich wünschte sehr, Dich wiederzusehen. Mein Befinden ist gut.

Ich umarme Dich.
Napoleon.

XLVIII.
An die Kaiserin in Straßburg.
Am 24. Brumaire des Jahres XIV. (9 Uhr Abends) 15. November 1805.

Seit zwei Tagen bin ich in Wien, meine Liebe, leider etwas ermüdet. Noch habe ich die Stadt nicht bei Tage gesehn, ich habe sie bei Nacht passirt. Morgen empfange ich die Stadtvertretung. Fast alle meine Truppen stehen jetzt jenseits der Donau in der Verfolgung der zurückweichenden Russen.

Adieu, liebe Josephine; sobald es angeht, lasse ich Dich kommen. Vieltausend Grüße.

Napoleon.

XLIX.
An die Kaiserin in Straßburg.
Wien, am 25. Brumaire des Jahres XIV. (16. November 1805).

Ich schreibe an Herrn d'Harville, damit Du abreist und Dich zunächst nach Baden, von da nach Stuttgart und von da nach München begiebst. In Stuttgart wirst Du das Hochzeitsgeschenk an die Prinzessin Paul abgeben; wenn es 15—20 000 Frks. kostet, so würde das genügen. Den Rest verwende für Geschenke an die Töchter der Kurfürstin von Bayern. Alles, was Du von Mad. de Serent*) gehört hast, ist in Ordnung. Nimm

---
*) Palastdame der Kaiserin.

das Nöthige mit, um den Damen und Herren, die zu Deinem Dienst bestimmt sind, Geschenke zu machen. Sei entgegenkommend, aber nimm alle Huldigungen als selbstverständlich entgegen. Du bist Nichts schuldig: was Du giebst, giebst Du freiwillig. Die Kurfürstin von Württemberg ist die Tochter des Königs von England, es ist eine gute Frau, behandle sie freundlich, aber nicht zärtlich.

Ich werde mich sehr freuen, Dich zu sehen, sobald es meine Geschäfte gestatten. Ich gehe heute zur Avantgarde, es ist schreckliches Wetter, es fällt viel Schnee; im übrigen geht Alles gut.

Adieu, meine Liebe.

Napoleon.

L.
An die Kaiserin in Straßburg.

Austerlitz, am 12. Frimaire des Jahres XIV (3. December 1805).

Ich habe vom Schlachtfelde aus Lebrun an Dich abgeschickt. Ich habe die russische und österreichische Armee, befehligt von den beiden Kaisern, geschlagen. Ich bin einigermaßen ermüdet, habe 8 Tage biwakirt; die Nächte waren recht frisch. Heute Nacht gedenke ich, im Palais Kaunitz zu schlafen, allerdings wohl kaum mehr als 3 Stunden. Die russische Armee ist nicht allein geschlagen, sie ist vernichtet.

Ich umarme Dich.

Napoleon.

LI.
An die Kaiserin in München.

Austerlitz, am 14. Frimaire des Jahres XIV (5. December 1805).

Ich habe einen Waffenstillstand abgeschlossen. Die Russen ziehen ab. Die Schlacht von Austerlitz war die schönste von allen Schlachten, die ich geschlagen habe: 45 Fahnen, mehr als 150 Kanonen, die Standarten der Russischen Garde habe ich erobert, 20 Generäle, 30 000 Gefangene sind in meinen Händen, 20 000 Mann sind todt — ein furchtbares Schauspiel.

Der Kaiser Alexander kehrt in voller Verzweiflung nach Rußland zurück. Gestern empfing ich im Biwak den Kaiser von Deutschland. Wir unterhielten uns zwei Stunden lang und sind übereingekommen, so rasch wie möglich Frieden zu schließen.

Das Wetter ist noch immer erträglich. Endlich hat nun der Continent Frieden, hoffentlich wird der Friede sich über die ganze Welt ausdehnen. Die Engländer werden uns schwerlich noch weiter die Stirn bieten.

Ich sehe mit großem Vergnügen dem Augenblick entgegen, der mich Dir wieder nahe bringt.

Es grassirt hier eine leichte Augenkrankheit, sie dauert zwei Tage; ich spüre bis jetzt Nichts.

Adieu, Liebe; ich befinde mich durchaus leiblich und wünschte, ich könnte Dich an mein Herz schließen.

Napoleon.

LII.
An die Kaiserin in München.
Austerlitz, am 16. Frimaire des Jahres XIV (7. December 1805).

Ich habe einen Waffenstillstand abgeschlossen, innerhalb von acht Tagen wird der Friede geschlossen. Ich wünsche zu wissen, daß Du wohlbehalten in München eingetroffen bist. Die Russen ziehen ab, sie haben ungeheuere Verluste erlitten. Mehr als 20 000 Todte und 30 000 Gefangene haben sie zu verzeichnen. Buxhowden, ihr General en chef, ist gefallen. Ich habe 3000 Verwundete und 7—800 Todte.

Mir thun die Augen etwas weh; es ist eigentlich nicht der Rede werth.

Diese Nacht gedenke ich, in Wien zu schlafen.
Napoleon.

LIII.
An die Kaiserin in München.
Brünn am 19. Frimaire des Jahres XIV (10. December 1805).

Seit lange habe ich keine Nachricht von Dir, die schönen Feste in Baden, Stuttgart und München scheinen die Erinnerung an die armen Soldaten, die durchnäßt, bedeckt mit Schmutz und Blut ihre Tage hinbringen, verwischt zu haben!

In Kürze gehe ich nach Wien. Man ist beschäftigt mit Abschluß des Friedens. Die Russen sind fort, sie fliehen weithin; geschlagen und gedemüthigt kehren sie heim.

Wie gern wäre ich bei Dir!

Adieu, meine Liebe.

Mein Augenübel ist geheilt.
Napoleon.

LIV.
An die Kaiserin in München.
? Am 28. Frimaire des Jahres XIV (19. December 1805).

Erhabene Kaiserin! Keinen Brief von Ihnen seit Ihrer Abreise von Straßburg. Sie waren inzwischen in Baden, Stuttgart, München, ohne uns ein Wort zu schreiben. Dies ist weder liebenswürdig, noch zärtlich gehandelt!

Ich bin noch immer in Brünn. Die Russen sind fort, wir haben Waffenstillstand. In einigen Tagen werde ich wissen, was aus mir wird. Geruhen Sie allerhuldreichst, sich auf Ihrer erhabenen Höhe ein wenig um Ihre Sklaven zu kümmern.

Napoleon.

LV.
An die Kaiserin in München.
Schönbrunn, am 29. Frimaire des Jahres XIV (20. Dec. 1805).

Ich erhielt Deinen Brief vom 25. Ich höre zu meinem großen Bedauern, daß Du leidend bist; das ist allerdings ein Zustand, in welchem man in dieser Jahreszeit keine Reise von 100 Lieues machen kann. Ich weiß noch nicht, was ich thun werde, es hängt Alles von den Ereignissen ab, ich habe keinen Willen. Bleibe in München, amüsire Dich! Das ist kein Kunststück, wenn man so liebenswürdige Personen um sich hat und in

---

· Anmerkung des Übersetzers. Napoleons glänzender Feldzug wider die III. Coalition, bezeichnet als „Feldzug von 1805" oder „Feldzug von Austerlitz" möge im Anschluß an diese

einem so schönen Lande weilt. Ich bin sehr in Anspruch genommen. In einigen Tagen werde ich mich entscheiden. Adieu, meine Liebe; mit tausend Grüßen und Zärtlichkeiten.

Napoleon.

Brief-Serie in wenigen Strichen skizzirt sein. Am 1. Oktober in aller Tagesfrühe, sahen die Bewohner von Ludwigsburg, allwo gerade die Hochzeit des Prinzen Paul, zweiten Sohnes des regierenden Kurfürsten, gefeiert wurde, auf den Plätzen, den Straßen innerhalb und außerhalb der Thore, ein Gewimmel buntgekleideter Krieger. Wie aus der Erde gestampft, waren sie da: die Mirmidonen des „großen Kaisers"; er selbst traf am 2. Oktober ein, und setzte am 4. seinen Weg das Remsthal hinauf fort. Am 20. übergab General Mack — Mack ist eine hebräische Vocabel und bedeutet soviel wie Niederlage, „Dalles" — die Festung Ulm mit ungeheuren Kriegsvorräthen. „Voilà, qu'avec nos jambes", erklärte vergnügt der Imperator, „nous avons gagnée la première bataille". Am 27. war er in München und so siegesgewiß, daß er dem Bruder Joseph schrieb: „Binnen weniger Wochen werden die Österreicher mit ihren 60 000 Mann und die Russen mit ihren 100 000 Mann, von mir geschlagen sein". In der That — schon am 13. November ist Wien in den Händen der Franzosen. Am 2. December in der Drei Kaiserschlacht bei Austerlitz fallen die Würfel — der miles gloriosus hatte wieder einmal Recht gehabt! Alexander floh vom Schlachtfelde aus querfeldein, Scham im Herzen, Thränen im Auge, erst in Hodgewitz hatte der Fluchtritt ein Ende. Am Biwakfeuer Napoleons, bei der Mühle von Nablowitz aber stellte sich der andere Kaiser, nämlich der von Österreich, ein, um einen Waffenstillstand zu erwirken. Nach seiner Unterredung mit Napoleon stieß der zukünftige Schwiegerpapa, Kaiser Franz, der sehr für den Wiener Dialect schwärmte, die zornigen Worte aus: „Jetz, ba J ihn g'sögn hob, jetz mag J ihn gar nimmer leiden." Das ist allerdings wahrscheinlich, noch dazu, da Franz am 25. December 1805 den für ihn schmachvollen Frieden von Preßburg schließen mußte.

Auf der Rückreise nach Paris verweilte Napoleon eine Zeitlang in München, wo es ihm so gut gefiel und wo er die Heirath Eugens mit der schönen Tochter des Kurfürsten, der Prinzessin Auguste, zu Stande brachte.

Josephine.
(Eine Kreideskizze v. David.)

Briefe

des

Kaisers Napoleon an die Kaiserin Josephine

während des

Feldzuges von 1806 und 1807.

LVI.
An die Kaiserin in Mainz.

5. October*) 1806.

Es ist nichts Ungebührliches dabei, wenn die Prinzessin von Baden sich nach Mainz verfügt. Ich weiß nicht, worüber Du weinst, Du schadest Dir selbst dadurch. Hortense ist etwas pedantisch; sie liebt es, Rathschläge zu geben; sie hat mir geschrieben, ich habe geantwortet. Sie soll glücklich und zufrieden sein. Muth und guter Dinge — das ist mein Recept.

Adieu, meine Liebe; der Großherzog(?) hat mir von Dir gesprochen, er hat Dich damals beim Rückzuge in Florenz gesehen.

Napoleon.

---

*) **Anmerkung des Übersetzers.** Das kaiserliche Dekret der Abschaffung des republicanischen Kalenders trägt das Datum: 9. September 1805, nach Jahresfrist sollte die allgemein gebräuchliche Zeitrechnung wieder eintreten.

Anmerkung des Übersetzers. Über den langen Aufenthalt, welchen Josephine in den Jahren 1806 und 7 in Mainz nahm, finden sich in den zahllosen Memoiren jener Zeit vielerlei Mittheilungen. Jos. Turquan hat sie in seinem Buch „Die Kaiserin Josephine" Seite 111 usw. ziemlich alle zusammengestellt. Die Kaiserin hielt förmlich Hof in Mainz. Es

LVII.

An die Kaiserin in Mainz.

Bamberg, 7. October 1806.

Diesen Abend noch reise ich nach Cronach. Meine ganze Armee ist in Bewegung. Alles geht gut, mein Befinden ist vortrefflich. Ich habe erst einen Brief von Dir bekommen. Von Eugen und Hortense bekam ich Nachricht. Stephanie*) muß jetzt bei Dir sein. Ihr Mann will mit in den Krieg; er ist bei mir.

Adieu, tausend Küsse, bleibe gesund.

Napoleon.

---

herrschte eine eigenthümliche Stimmung an diesem Hofe, sie war nichts weniger als napoleonfreundlich, ja wir hören, daß es eine förmliche Fronde legitimistischer Damen gab, an deren Spitze die Ehrendame der Kaiserin, Gräfin de Laroche-Foucauld stand. Als die Nachricht vom Tode des Prinzen Louis Ferdinand, die im Treffen vor Saalfeld erfolgte, in Mainz eintraf, weinten diese Damen und mit Ihnen Josephine. Was hätte Lannes, der rauhe Krieger, wohl zu diesen Thränen gesagt? Hatte er doch vor der völlig ausgeplünderten, auf dem Schlachtfelde aufgefundenen Leiche des Prinzen so vergnügt geschmunzelt und gesagt: „Tiens, tiens! Cela fera une sensation à l'armee, un prince tué au commencement de la campagne." Später, als die großen Siegesnachrichten Napoleons in Mainz eintrafen, hörte das amüsante Intriguenspiel am Hofe der Kaiserin auf — es wurde dort zuletzt still und langweilig. Josephine aber verlebte in Mainz Tage qualvoller Eifersucht; wie berechtigt sie dazu war, wird man in der dem Briefe aus Paltusk beigefügten Anmerkung ersehen.

*) Anmerkung des Übersetzers. Über Stephanie, eine Nichte Josephines, die den Badischen Erbprinzen geheirathet hatte, sehe man die detaillirten interessanten Mittheilungen

LVIII.
An die Kaiserin in Mainz.
Gera, 13. October 1806, 2 Uhr Morgens.

Heut traf ich hier ein; meine Liebe, es geht Alles vortrefflich, so wie ich es nur irgend hoffen konnte. Mit Gottes Hülfe wird in wenigen Tagen Alles eine schreckliche Wendung nehmen für diesen armen König von

---

bei Jos. Turquan „die Kaiserin Josephine III, 107 etc. Fr. Masson „Napoleon und die Frauen" schildert die junge Prinzessin genau: Stephanie war damals 17 Jahre alt und im Institut der Campan untergebracht. Ihre Heirath mit dem Badischen Erbprinzen wurde auf der Durchreise Napoleons durch Karlsruhe am 20. Januar 1806 abgemacht — in seinen Briefen an Josephine kein Wort davon. Stephanie hatte angenehme Gesichtszüge, viel natürlichen Witz; sie war sehr lustig, damals wohl noch etwas kindisch. Ihre Stimme hatte einen bezaubernden Klang. Die Augen waren von schönem Blau, die Haare blond, der Teint rosig frisch." Fr. Masson vertieft sich in dem angeführten Buch in allerhand intime Dinge.

Anmerkung des Übersetzers. In Bamberg fand der Kaiser Muße, mit Berthier's, seines Generalstabschefs Hülfe, eines jener berüchtigten Bulletins in die Welt hinauszuschicken, mit denen er seinen Kriegsthaten eine so sonderbare, zuweilen recht unapetitliche Würze gab: „Man ladet uns zu einem Stelldichein der Ehre ein, wie es ein Franzose nie und nimmer versäumt. Da eine schöne Königin dem Kampfe beiwohnen wird, so sind wir höflich und marschiren sofort nach Sachsen.. Die Königin von Preußen, als Amazone gekleidet, in der Uniform ihres Dragoner-Regiments, befindet sich bei der Armee. Täglich schreibt sie an zwanzig Briefe, um überall das Feuer zu schüren. Man meint, man sähe Armida, welche in ihrer Verblendung den eigenen Palast in Brand steckt!"

Preußen, der mir Leid thut, denn er ist persönlich ein guter Mann. Die Königin ist mit ihm in Erfurt: Will sie eine Schlacht mit ansehen, so wird sie das schaurige Schauspiel haben. Ich bin bei bestem Wohlsein; ich bin seit meiner Abreise etwas dick geworden, dabei lege ich doch täglich 20 bis 25 Lieues*) zurück, theils zu Pferde, theils zu Wagen. Um 8 Uhr gehe ich zu Bett, um Mitternacht stehe ich auf. Ich muß dann oft daran denken, daß Du noch nicht zu Bett bist.

Der Deinige!

Napoleon.

LIX.
An die Kaiserin in Mainz.
Jena, 15. Oktober 1806, 3 Uhr Morgens.

Ich habe, mein Liebe, gut manöverirt. Gestern habe ich einen großen Sieg über die Preußen errungen. Sie waren 150000 Mann stark. Ich habe 20000 Gefangene gemacht, 100 Kanonen genommen und Fahnen erbeutet. Ich war bei Allem dabei und dicht am König von Preußen, den ich ebenso wie die Königin beinah gefangen genommen hätte. Seit zwei Tagen biwakire ich, befinde mich dabei vortrefflich.

Adieu, Liebe, bleibe gesund und mir gut.

Wenn Hortense in Mainz ist, gieb ihr in meinem Namen einen Kuß, auch dem Monsieur Napoleon und dem Kleinsten.

Napoleon.

---

*) 1 Lieue = $3/5$ einer deutschen Meile.

LX.
An die Kaiserin in Mainz.
Weimar, 16. Oktober 1806, 5 Uhr Abends.

Talleyrand wird Dir das Bulletin gezeigt haben; Du bist also, meine Liebe, von meinen Erfolgen unterrichtet. Es ist Alles so gekommen, wie ich es calculirt hatte: niemals ist eine Armee so vollkommen geschlagen, nie so vollständig zu Grunde gerichtet worden. Ich habe nur hinzuzufügen, daß ich wohlauf bin, und daß die Strapazen, das Biwakiren und die Nachtwachen mich dick gemacht haben.

Adieu, Liebe, Gute; viele Grüße an Hortense und an den großen Herrn Napoleon.

Der Deinige!

Napoleon.

Anmerkung des Übersetzers: Das sechste Bulletin, datirt Weimar, 15. Oktober, ist ein wahres Curiosum; Napoleon spricht darin von der „sächsischen Nation" und belehrt die Welt dahin, daß er die Waffen nur ergriffen habe, um die Unabhängigkeit „dieser Nation" zu sichern und deren Einverleibung in Preußen zu verhindern. Es war bereits von Ebersdorf aus unter dem 10. October ein Aufruf Napoleons an die Sachsen erschienen, welcher also beginnt: „Sachsen! Die Preußen haben Euer Land überfallen, ich betrat es, um Euch zu befreien." So schönen Worten gegenüber, fällt es Einem schwer, zu erwähnen, daß am 15. October ein kaiserliches Dekret erschien, welches die von den Preußen überfallene Nation zur Zahlung einer Kriegsentschädigung von 25 375 000 Franks verdonnerte (Campagne de Prusse, Foucart).

Da aus Weimar ein zweites und drittes Bulletin — beide vom 16. October datirt — auf die Nachwelt gekommen sind, so weiß man nicht, welches Talleyrand überreichte. Das eine besagt u. A.: „Die Königin von Preußen ist wiederholt von unsern Vorposten gesehen worden; sie ist in fortwährender Bewegung und in großer Aufregung. Am Tage vor der Schlacht nahm sie Parade über ihr Regiment ab. Sie feuerte den König, die Generäle an: Blut wollte sie sehen. Nun ist kostbares Blut geflossen! Die hervorragendsten Führer sind tödtlich getroffen...." Das andere Bulletin, vielleicht noch mundvoller, besagt u. A.: „Die Königin ist eine Frau mit hübschem Gesicht, aber wenig geistig begabt, unfähig, die Folgen ihrer Handlungen zu beurtheilen. Statt sie anzuklagen aber muß man sie jetzt bemitleiden, denn das Unglück, welches sie über ihr Land gebracht und der Einfluß, den sie auf den König ausgeübt hat, müssen ihr Gewissen belasten. Ihr Gemahl wird allgemein für einen durchaus ehrenhaften Mann gehalten, der das Beste seines Volkes wollte . . ."

Weitere Anmerkungen über die Bulletins: Im 15. Bulletin werden die Männer genannt, welche die Verblendung der Kriegspartei nicht theilten: es sind vor Allen „der ehrwürdige Feldmarschall von Möllendorf und der General Graf Kalkreuth."

Ersterer zählte 1806 schon 81 Jahre, ihn trifft natürlich keine Schuld, daß er noch verwendet wurde! Möllendorf, der Erfurt gleich zu Anfang des Krieges an die Franzosen ausgeliefert hatte, erhielt das Großkreuz der Ehrenlegion, außerdem ließ Napoleon ihm sein Gehalt weiter zahlen. (von Lettow II 335).

Der Graf Kalkreuth scheint sich des „Allmächtigen" Wohlwollen dadurch erworben zu haben, daß er am 16. October bei Weißensee mit 10,000 Mann vor einer französischen Reiterabtheilung — von ca. 2000 Pferden — die Waffen zu strecken im Begriffe war, als ihm der dazukommende preußische Prinz August ein in recht kernige Worte gekleidetes Quod non zurief. Möglich ist es auch, daß die ausgesprochene Abneigung Kalkreuth's gegen den Herzog von Braunschweig dem Kaiser sympathisch war; ihm war der Herzog, den er nur den „General Braunschweig" nannte, zuwider wegen seines Verhaltens vor und während des

LXI.
An die Kaiserin in Mainz.
Wittenberg, 23. October 1806 zu Mittag.

Ich erhielt mehrere Briefe von Dir. Ich schreibe Dir nur kurz: Alles geht gut. Morgen. werde ich in Potsdam sein, am 25. in Berlin. Ich befinde mich sehr wohl; die Strapazen thun mir gut. Sehr erfreut bin ich, Dich mit Hortense und Stephanie inmitten einer zahlreichen Gesellschaft zu wissen. Bis jetzt war das Wetter schön.

Mit vielen freundlichen Worten für Stephanie und Grüßen an alle Welt, nicht zu vergessen den Monsieur Napoleon!

Abieu, meine Liebe. Der Deinige
Napoleon.

Feldzuges in der Champagne. Sehr interessant ist auch das, was Mirabeau in seinem soeben erschienenen, in deutscher Uebertragung, vorliegenden Werke: „Mirabeau in Berlin" (1786—87) (Schmidt & Günther, Leipzig, 1900) über die drei Herren zu erzählen weiß.

Daß die Mitglieder der damaligen preußischen Kriegsparthei mit allen Blüthen des Bulletin-Styls bestreut wurden, ist selbstverständlich. Da lesen wir u. A.

„Es liegen über die Ursachen dieses „sonderbaren" Krieges folgende Nachrichten vor: General Schmettau (auch von ihm ist in dem Buch Mirabeau's Bemerkenswerthes zu lesen) hatte eine in den heftigsten Ausdrücken verfaßte Denkschrift überreicht, unterschrieben von den Prinzen: Heinrich, Wilhelm, Louis, dem Minister von Stein, dem General von Rüchel u. A., worin behauptet wird, Preußen sei sehr wohl in der Lage, die Franzosen zu schlagen, man solle deshalb den Krieg erklären. Die Flamme der Kriegslust ergriff alle Köpfe. Die Königin nahm das Schriftstück an und suchte den König im Sinne desselben zu bereden. Sie stellte ihm vor, daß man an seinem Muthe zweifle und seine Abneigung gegen den Krieg nur seiner Scheu zuschreibe, sich an die Spitze des Heeres zu stellen. Der König, der ohne Zweifel ebenso tapfer ist, wie irgend ein preußischer Prinz, ließ sich fortreißen, wobei er sich zugleich klar war, einen großen Fehler zu begehen."

Soweit dieses Bulletin.

Es steht fest (v. Lettow I. 109), daß der König über die Denkschrift, deren Spitze sich gegen Haugwitz richtete, in heftigen Zorn gerieth. Er schickte die Prinzen sofort zum Heere und sah in der Betheiligung der Generäle eine meuterische Auflehnung.

Wir sind noch nicht zu Ende mit den Bulletins: Aus Wittenberg unter dem 23. October stammt ein anderes, in welchem in Bezug auf den bei Saalfeld gefallenen Prinzen Louis Ferdinand folgende Artigkeiten der Welt zum Besten gegeben werden: „In Berlin nennt man diesen Prinzen allgemein den „kleinen Herzog von Orleans". Dieser junge Mann mißbrauchte die Güte des Königs. An der Spitze eines Schwarmes junger Officiere verfügte er sich eines Nachts vor das Haus des von Paris zurückgekehrten Herrn von Haugwitz und warf diesem Minister die Fenster ein."

Bezugnehmend hierauf sagte der Kaiser beim Empfange des Magistrats von Berlin: „Wie ich vernehme, wirft man hier Niemandem mehr die Fenster ein. Mein Vetter, der König von Preußen, hörte an dem Tage auf, König zu sein, an dem er den Prinzen Louis Ferdinand nicht dafür hängen ließ, daß er sich unterstanden hatte, den Ministern die Fenster einzuwerfen."

LXII.
An die Kaiserin in Mainz.

Potsdam, 24. October 1806.

Ich bin in Potsdam, seit gestern. Heute werde ich hier bleiben. Ich bin noch immer durchaus zufrieden mit den Vorgängen. Meine Gesundheit läßt Nichts zu wünschen übrig; das Wetter ist sehr schön. Mir gefällt Sanssouci sehr.

Adieu, Liebe. Viele Grüße an Hortense und Monsieur Napoleon.

Napoleon.

Anmerkung des Übersetzers. Aus Potsdam, 25. October 1806, stammt ein Bulletin, welches dem weiter oben mitgetheilten noch hinzugefügt sein mag; es ist ein Gemisch von Wahrheit, Flausen, Verleumdungen und Hochmuth. Man darf übrigens diesen Kundgebungen des Siegers keine seinen Charakter allzusehr herabsetzenden Motive unterschieben. Napoleon dachte sich für seine Bulletins ein Auditorium, bestehend aus seinen alten Grognards, aus schneidigen Voltigeurs und Chasseurs, die in den eroberten Städten die „höllischen Kerle" spielten, er dachte sich die Volksmassen auf dem Pariser Pflaster. Zu ihrem Wohlgefallen wurde diese Art von Nachrichten-Schwindel betrieben — der übrigens durchaus nicht aus der Welt geschafft zu sein scheint — wer weiß, vielleicht gehört dergleichen zum Kriegshandwerk! Dem in Potsdam von Napoleon erlassenen Bulletin ging ein anderes vom 22. October voraus; es besagt:

„In Berlin herrscht eine ungeheure Verwirrung! Die „wackeren Bürger" klagen über die falsche Richtung in der Politik ihrer Regierung, sie schieben mit Recht englischen Hetzern die traurigen Folgen zu. Über die Königin hört man im ganzen Lande nur einen Schrei des Unwillens.."

LXIII.
An die Kaiserin in Mainz.
? 1. November 1806, 2 Uhr Morgens.

Talleyrand traf soeben ein, er sagte mir, Du weintest fortwährend. Was fehlt Dir denn? Du hast Deine Tochter, Deine Enkel um Dich, empfängst Nichts wie angenehme Nachrichten. Das sind doch Gründe zu Zufriedenheit und Glück.

Das Wetter hier ist prachtvoll; während des ganzen Feldzuges hat es noch nie geregnet. Ich befinde mich sehr wohl; ich erhielt einen Brief von Mons. Napoleon, ich glaube, er ist wohl eher von Hortense, als von ihm.

Viele Grüße an Alle.

Napoleon.

Ferner:

„Seit dem Besuch des Kaisers von Rußland in Berlin verzichtete die Königin auf die Sorge um ihren Haushalt, ihre Toilette. Sie begann, sich in die Staatsangelegenheiten zu mischen, den König zu beeinflussen .. Der vernünftige Theil des Volkes erblickte in dem Besuche des Zaren ein großes Unglück für Preußen. Man macht sich keine Vorstellung von der Thätigkeit der „preußischen Partei", die den König gegen seinen Willen zum Kriege drängte. Die Folge des Gelübdes — 4. November 1805 — am Grabe Friedrich des Großen, war die Schlacht von Austerlitz und der Abzug der Russen aus Deutschland in Eilmärschen. Es wurde alsbald ein Bild der Scene am Grabe veröffentlicht, welches man in allen Ladenfenstern sieht, und über das selbst Bauern lachen! Man sieht auf demselben den schönen Kaiser von Rußland, neben ihm auf einer Seite die Königin, auf der andern den König, welcher eine Hand über dem Grabe Friedrich des Großen emporhält. Die Königin ist in einen

LXIV.

Berlin, 2. November 1806.

Ich bin im Besitz Deines Briefes vom 26. Oktober. Wir haben hier prachtvolles Wetter. Du wirst aus dem Bulletin ersehen haben, daß wir Stettin genommen haben,

Shawl gehüllt, etwa wie Lady Hamilton auf dem Londoner Kupferstich; sie hat die Hand auf's Herz gelegt und sieht den Kaiser von Rußland an .." —

Diese Lady Hamilton hatte früher der Bühne angehört und war als Shawltänzerin besonders bewundert worden. Napoleon fügte sich selbst mit seiner Anspielung einen Schimpf zu — die Königin Luise trifft er nicht.

Um mit den Bulletins aufzuräumen, möge noch ein unter dem 26. von Potsdam ausgehendes — das 18. — in Kürze verzeichnet sein. Abgesandte der Berliner Bürgerschaft hatten die Schlüssel Berlins überbracht.

„Sie erklärten", besagt das Bulletin, „die Gerüchte über den in Berlin herrschenden Geist für falsch; die Bürger und die große Masse des Volkes hätten den Krieg verwünscht; der kriegerische Lärm wäre von einer Anzahl Frauen und jungen Officieren ausgegangen; die vernünftigen Leute hätten wohl große Befürchtungen, aber nur geringe Hoffnungen gehabt. Sie schoben das Unglück Preußens, wie überall geschieht, auf die Reise des Kaisers Alexander. Es hätte sich seitdem in Bezug auf die Königin eine völlige Umwandlung vollzogen; bisher schüchtern bescheiden und nur mit häuslichen Dingen beschäftigt, wäre sie mit einem Male ungestüm und kriegliebend geworden; sie habe ein Regiment verlangt und dem Staatsrath beiwohnen wollen, sie trage die Schuld, in wenigen Tagen die Monarchie bis an den Rand des Abgrundes gebracht zu haben."

in sehr stark befestigten Platz.*) Alles geht vortrefflich, und ich bin sehr zufrieden. Nur das Vergnügen, Dich zu sehen, fehlt mir, aber ich hoffe, daß ich es bald haben werde.

Grüße an Hortense, Stephanie und den kleinen Napoleon.

Adieu, der Deinige.

Napoleon.

LXV.
An die Kaiserin in Mainz.
Am 6. November 1806, 9 Uhr Abends.

Ich bin im Besitz Deines Briefes, aus welchem ich ersehe, daß Du über das Schlechte, was ich von den Frauen sage, ärgerlich bist**); es ist wohl wahr, daß ich ränkesüchtige Frauen über Alles hasse. Ich bin an gute Frauen gewöhnt, an Frauen, die sanft und verträglich sind, solche habe ich gern. Wenn sie mich verdorben haben, so ist das nicht mein Fehler, sondern der Deinige. Übrigens wirst Du gewahr werden, daß ich sehr gut zu Einer war, die sich als eine verständige und gute Frau erwies; Frau von Haßfeld. Als ich ihr den Brief ihres Mannes

---

*) Anmerkung des Übersetzers. Stettin, Commandant von Romberg, wurde mit 5000 Mann Besatzung und 160 Kanonen am 29. Oktober übergeben. Spandau, Commandant Major von Beneckendorf war vorangegangen (25. Oktober).

**) Die Kaiserin hatte in dem Briefe, auf welchen Napoleon sich bezieht, gesagt, wie sehr sie darüber bekümmert wäre, daß die Königin von Preußen in den Bulletins mit so wenig Schonung behandelt werde.

zeigte, stieß sie unter Thränen die tiefempfundenen und naiven Worte hervor: „Ja, das ist wirklich seine Handschrift." Sie las, der Ton ihrer Stimme traf in's Herz; sie that mir leid. Ich sagte: „Wohlan, Madame, werfen Sie den Brief in's Feuer; ich kann es nicht mehr über mich bringen, Ihren Mann bestrafen zu lassen." Sie verbrannte den Brief, und schien mir überglücklich zu sein. Ihr Mann verhält sich seitdem ganz still — zwei Stunden später war er verloren.

Du siehst also, daß ich guten Frauen, Frauen, die natürlich und sanft sind, zugethan bin, aber diese allein sind es, die Dir ähnlich sehen.

Adieu, meine Liebe, ich bin wohl.

Napoleon.

Anmerkung des Übersetzers. Über den Vorfall mit der Fürstin Hatzfeld findet man bei dem bekannten französischen Historiker Baron de Barante („Souvenirs I 187", eine andere Lesart: Napoleon zeigte der Fürstin Hatzfeld einen Brief, welchen ihr Gemahl an Hohenlohe, den bei Jena auf's Haupt geschlagenen preußischen Generalissimus, gesandt hatte. Dieser Brief war, wie die Fürstin den Kaiser zu beherzigen ersuchte, zwei Tage vor dem feindlichen Einfall der Franzosen in's Land geschrieben — es konnte also von einem Verrath des Fürsten, von einer Begnadigung desselben gar keine Rede sein; Napoleon hat den Brief eigenhändig am Schluß der Audienz in das Kaminfeuer geworfen.

Historisch festgestellt ist Folgendes: Unmittelbar nach dem Einzuge Napoleons in Berlin, am 27. Oktober Nachmittags stellten sich ihm im Schloß Deputationen der Regierung und der Bürgerschaft vor. An ihrer Spitze der General Fürst Hatzfeld welcher, auf wiederholtes Ersuchen des Magistrats, das Amt eines Civilgouverneurs übernommen hatte, nachdem sein Schwieger-

LXVI.
An die Kaiserin in Mainz.

? den 9. November 1806.

Gute Nachrichten, meine Liebe: Magdeburg ist in unsern Händen, am 7. November habe ich in Lübeck 20,000 Mann, die vor 8 Tagen entkommen waren, eingefangen. So ist denn die gesammte Armee in unsern Händen. Es bleiben den Preußen jenseits der Weichsel kaum noch 20,000 Mann. Mehrere kleinere Corps sind

---

vater, der bisherige Gouverneur Graf Schulenburg, mit einigen Ministern 2c., schon am 19. in aller Eile nach Stettin aufgebrochen war.

Der Kaiser fuhr den Fürsten Hatzfeld an: „Lassen Sie sich nicht wieder vor mir sehen, ich bedarf Ihrer Dienste nicht, ziehen Sie sich auf Ihre Güter zurück."

Kaum hatte sich der Fürst entfernt, so wurde er ergriffen und gefangen gesetzt.

Eine Verfügung Napoleon's vom 28. Oktober besagt:

„Fürst Hatzfeld, welcher sich als Civilgouverneur der Hauptstadt vorgestellt und welcher die ihm Kraft seines Amtes zugänglichen Nachrichten über Vorfälle bei dem französischen Heer benutzt hat, um dem Feinde Mittheilung zu machen, wird vor ein Kriegsgericht gestellt 2c. 2c.

War Napoleon so vorsichtig gewesen, Hatzfeld's von den französischen Vorposten abgefangenen Bericht durch die Fürstin selbst verbrennen zu lassen, so befindet sich doch zum Glück ein Douplicat im Archiv des preußischen Generalstabes (veröffentlicht im Militärwochenblatt von 1829) danach hat Hatzfeld jenen Bericht bereits am 24. Oktober geschrieben, d. h. zu einer Zeit, als Berlin noch gar nicht von den Franzosen besetzt war; die ersten Franzosen unter Davout rückten am 25. gegen Mittag in Berlin ein (Foucart: Prenzlow-Lübeck).

in Polen; ich bin noch in Berlin und befinde mich
ziemlich wohl.

Adieu, meine Liebe; tausend Grüße an Hortense,
an Stephanie und die kleinen Napoleons.

Der Deinige Napoleon.

LXVII.
An die Kaiserin in Mainz.

? den 16. November 1806.

Ich erhielt Deinen Brief vom 11. November; ich
sehe mit Vergnügen, daß meine Anschauungen Dir ge=
fallen. Du hast Unrecht, wenn Du denkst, es wären
Schmeicheleien, ich habe von Dir zu Dir so gesprochen,
wie ich Dich auffasse. Ich bin betrübt zu denken, daß
Du Dich in Mainz langweilst. Wäre die Reise nicht so
weit, so könntest Du bis hierher kommen, denn es giebt
keinen Feind mehr, es sei denn jenseits der Weichsel,
d. h. in einer Entfernung von mehr als 120 Lieues.
Ich will abwarten, wie Du darüber denkst; sehr freuen
würde es mich, auch den kleinen Napoleon zu sehen.

Adieu, meine Liebe.

Der Deinige Napoleon.

P. S. Ich habe hier noch zu viel zu thun, sodaß ich
vor der Hand nicht nach Paris zurück kann.

Anmerkung des Uebersetzers. Nach kurzer Berennung
durch Ney fiel am 8. November auch Magdeburg. — Commandant
General von Kleist, mit 24,000 Mann und 600 Kanonen, Küstrin,
Commandant Oberst von Ingersleben, war am 1. November mit
einer Besatzung von 3000 Mann und mit 90 Kanonen den
Franzosen ausgeliefert worden — einem Infanterie=Regiment!

LXVIII.
An die Kaiserin in Mainz.
? den 22. November 1806, 10 Uhr Abends.

Soeben trifft Dein Brief ein; es thut mir leid, daß Du traurig bist, Du hätteſt doch eigentlich allen Grund, vergnügt zu ſein. Es ist nicht recht von Dir, Leuten, die es nicht verdienen, ſo gütig zu begegnen. Madame L.... ist eine Närrin und dumm, Du ſollteſt ſie doch kennen und ſie gar nicht beachten. Sei zufrieden, ſei glücklich in meiner Freundſchaft, zufrieden mit Deinem Einfluß auf mich. In einigen Tagen werde ich mich entſcheiden, ob ich Dich hierher rufe oder Dich nach Paris ſchicke.

Adieu, meine Liebe, Du kannſt ja, wenn Du willſt, nach Darmſtadt oder nach Frankfurt gehen, wenn Dich das zerſtreut.

Viele Grüße an Hortenſe   Napoleon.

LXIX.
An die Kaiserin in Mainz.
Cüſtrin, den 26. November 1806.

Ich bin in Cüſtrin, um mich im Lande etwas umzuſehen. In zwei Tagen wird es ſich entſcheiden, ob Du kommen kannſt. Du kannſt Dich immer bereit halten. Sehr freuen würde es mich, wenn die Königin von Holland Dich auf der Reiſe begleitete. Die Großherzogin von Baden müßte zuvor an ihren Gemahl ſchreiben.

Es iſt 2 Uhr Morgens, ich bin eben aufgeſtanden: das iſt ſo Kriegsbrauch!

Ich grüße Dich und alle Welt tauſendmal.

Napoleon.

LXX.
An die Kaiserin in Mainz.
Meseritz, am 27. um 2 Uhr Morgens.

Ich werde eine Reise nach Polen machen, dies ist die erste Stadt. Am Abend treffe ich in Posen ein, hernach werde ich Dich nach Berlin rufen, sodaß Du an demselben Tage, wie ich, dort eintriffst. Meine Gesundheit ist gut, das Wetter aber nicht, es regnet seit drei Tagen. Es geht Alles gut, die Russen sind auf der Flucht.

Adieu, Liebe, tausend Grüße an Hortense, Stephanie und die kleinen Napoleons.

Napoleon.

LXXI.
An die Kaiserin in Mainz.
Posen den 29., Mittags.

Ich bin in Posen, der Hauptstadt von Groß-Polen, es fängt an kalt zu werden; ich befinde mich wohl. Ich werde eine Tournee durch Polen machen. Meine Truppen stehen vor den Thoren Warschau's.

Adieu, meine Liebe, viele herzliche Grüße, ich umarme Dich zärtlich.

Napoleon.

LXXII.
An die Kaiserin in Mainz.
Posen, den 2. December 1806.

Heut ist der Jahrestag von Austerlitz. Ich war auf einem Ball, den die Stadt gab. Es regnet. Ich befinde mich wohl. Ich liebe Dich und verlange nach Dir. Meine Truppen sind in Warschau. Noch ist es nicht besonders kalt. Alle die Polinnen hier sind Französinnen, aber es giebt für mich nur eine Frau. Kennst Du sie vielleicht? Ich möchte wohl ihr Porträt malen, aber ich müßte es so schön machen, daß Du Dich gleich erkennst, — mein Herz, um die Wahrheit zu sagen, hätte Nichts wie Gutes zu berichten. Die Nächte sind jetzt lang — so ganz allein!

Stets der Deinige.

Napoleon.

LXXIII.
An die Kaiserin in Mainz.
? den 3. December 1806, Mittags.

Ich erhalte soeben Deinen Brief vom 26. November; ich entnehme demselben zweierlei: Du sagst, daß ich Deine Briefe nicht lese, das ist ein falscher Gedanke. Ich bin Dir nicht dankbar für eine so schlechte Meinung. Du sagst, es könne vielleicht die Folge eines Traumes sein, und fügst hinzu, Du wärest nicht eifersüchtig. Ich habe seit langer Zeit schon bemerkt, daß Leute von colerischem Temperament stets behaupten, sie wären nicht colerisch — daß Diejenigen, die Furcht haben, sehr oft behaupten, sie hätten keine. Du bist also offenbar eifersüchtig, das ist ja schön. Übrigens hast Du Unrecht; ich denke an Nichts weniger, als an die Damen — in den Einöden Polens erklärlich! . . . . Gestern war Ball, den mir der Adel der Provinz gab, es waren leidlich hübsche Frauen da, sie waren in ziemlich schlechter Toilette, obwohl nach Pariser Mode.

Adieu, meine Liebe, ich befinde mich wohl.

Ganz der Deinige.

Napoleon.

LXXIV.
An die Kaiserin in Mainz.

Posen, den 3. December, 6 Uhr Abends.

Ich bin im Besitz Deines Briefes vom 27. November, aus dem ich ersehe, daß Dein Kopf benommen ist und ich habe mich des Verses erinnert:

„Das Verlangen einer Frau ist einem verzehrenden Feuer gleich."

Du wirst Dich aber doch beruhigen müssen. Ich habe Dir geschrieben, daß ich in Polen wäre und daß, wenn die Winterquartiere gemacht sind, Du kommen könntest. Du mußt also einige Tage warten. Je höher man steht, desto weniger Willen darf man haben: man hängt von den Ereignissen, von den Umständen ab. Du kannst nach Frankfurt, Du kannst nach Darmstadt gehen. Ich hoffe, daß ich Dich in einigen Tagen rufen kann, aber Bedingung ist: daß die Ereignisse es zulassen. Der warme Ton Deines Briefes läßt mich erkennen, daß Ihr hübschen Frauen keine Barrièren kennt. Was ihr wollt, muß sein. Ich aber, ich erkläre mich für den größten Sclaven: Mein Gebieter hat keine Eingeweide, mein Gebieter ist die Natur der Dinge.

Adieu, Liebe, bleibe gesund. Die Person, von der ich Dir sprechen wollte, ist Madame L... von der alle Welt Böses sagt. Man versichert mir, sie wäre mehr preußisch als französisch. Ich glaube das nicht; ich halte sie für eine Närrin, die nur dummes Zeug schwatzt.

Napoleon.

LXXV.
An die Kaiserin in Mainz.

? den 9. December 1806.

Ich erhielt Deinen Brief vom 1. December. Ich entnehme demselben mit Vergnügen, daß Du heiterer gestimmt bist, daß die Königin von Holland mit Dir kommen möchte. Ich wünschte, ich könnte sofort den Befehl dazu ertheilen, aber es muß noch einige Tage gewartet werden. Meine Angelegenheiten stehen gut.

Adieu, meine Liebe; ich liebe Dich, ich möchte Dich glücklich wissen.

Napoleon.

LXXVI.
An die Kaiserin in Mainz.
? den 10. December 1806, 5 Uhr Abends.

Ein Offizier überbringt mir einen Teppich von Dir, er ist etwas kurz und schmal, ich danke Dir nichts desto weniger bestens. Ich befinde mich ziemlich wohl. Das Wetter ist sehr veränderlich. Es geht Alles gut. Ich liebe Dich und sehne mich sehr nach Dir.

Adieu, Liebe, wenn ich Dir schreibe Du möchtest kommen, so werde ich dabei ein größeres Vergnügen haben, als Du, zu kommen.
kommen möchtest.
Ganz der Deinige!
Napoleon.

P. S. Einen Kuß an Hortense, an Stephanie und an Napoleon.

LXXVII.
An die Kaiserin in Mainz.
? 12. December 1806, 7 Uhr Abends.

Ich habe keinen Brief von Dir, meine Liebe, weiß aber, daß Du Dich wohl befindest. Meine Gesundheit ist gut, das Wetter milde; die schlechte Jahreszeit hat noch nicht begonnen, aber die Wege sind in einem Lande, welches keine Chausseen hat, sehr schlecht. Hortense wird also mit Napoleon kommen? Ich bin hocherfreut. Ich wünschte sehr, die Verhältnisse setzten mich in den Stand,

Dich kommen zu lassen. Ich habe meine Angelegenheiten mit Sachsen geordnet. Der Kurfürst ist jetzt König und Mitglied des Rheinbundes.

Adieu, vielgeliebte Josephine.

Ganz der Deine!

Napoleon.

P. S. Einen Kuß an Hortense, an Napoleon und Stephanie.

Paër, seine Frau, eine Virtuosin, die Du vor zwölf Jahren in Mailand gesehen hast und Brizzi sind hier. Sie machen mir alle Abend ein wenig Musik.

LXXVIII.
An die Kaiserin in Mainz.

?, den 15. December 1806, 3 Uhr Nachmittags.

Meine Liebe, ich bin im Begriff, nach Warschau zu gehen. In etwa vierzehn Tagen bin ich zurück. Ich hoffe, daß ich Dich dann werde herbeirufen können. Wenn das noch lange dauern sollte, so würde ich es übrigens gern sehen, wenn Du nach Paris zurück gingest, wo man nach Dir verlangt. Du weißt ja recht gut, daß ich von Ereignissen abhänge. Meine Angelegenheiten stehen vortrefflich. Meine Gesundheit ist eine sehr gute, ich befinde mich vortrefflich.

Adieu, meine Beste. Ich habe Frieden mit Sachsen geschlossen.

Der Deine

Napoleon.

LXXIX.
An die Kaiserin in Mainz.
Warschau, den 20. December 1806, 3 Uhr Nachmittags.

Ich habe keine Nachrichten von Dir, Liebe. Ich bin wohl. Seit zwei Tagen bin ich hier. Alles geht gut. Das Wetter ist sehr milde, etwas feucht. Starken Frost haben wir noch gar nicht gehabt. Es ist ein Wetter, wie im October.

Adieu, meine Liebe, Gute; ich hätte großes Verlangen, Dich zu sehen, und hoffe, daß ich in 5 oder 6 Tagen Dich benachrichtigen kann.

Viele Grüße an die Königin von Holland und an ihre kleinen Napoleons.

Der Deinige

Napoleon.

LXXX.
An die Kaiserin in Mainz.
Golimin, den 29. December 1806, 5 Uhr Morgens.

Ich schreibe Dir nur ein Wort, meine Liebe, ich bin in einer elenden Scheune. Ich habe die Russen geschlagen; ihnen dreißig Kanonen und ihr ganzes Gepäck abgenommen und sechstausend Gefangene gemacht. Das Wetter ist fürchterlich. Es regnet, wir waten im Schmutz bis an die Knie.

In zwei Tagen bin ich in Warschau, von wo ich Dir wieder schreiben werde.

Der Deinige

Napoleon.

LXXXI.
An die Kaiserin in Mainz.
Pultusk, den 31. December 1806.

Ich habe herzlich gelacht beim Empfange Deiner letzten Briefe. Du machst Dir von den schönen Polinnen eine Vorstellung, die sie nicht verdienen. Ich hatte zwei oder drei Tage hindurch das Vergnügen, Paër und zwei Sängerinnen zu hören, die mich mit trefflicher Musik unterhalten haben. Ich empfing Deinen Brief in einer Scheune voller Schmutz, voller Wind, und Stroh als Nachtlager. Ich werde morgen in Warschau sein. Ich glaube, daß es für dieses Jahr zu Ende ist. Die Armee bezieht Winterquartiere. Ich belächle die Thorheit der Madame de L........

Dir aber muß sie lästig fallen! Du solltest ihr rathen, nicht so albern zu sein. Das bringt in's Publikum, zum Mißfallen vieler Leute.

Was mich betrifft, für mich ist Undankbarkeit der häßlichste Fehler des menschlichen Herzens. Ich weiß, daß sie anstatt Dich zu trösten, Dir Kummer bereitet hat.

Adieu, Liebe, ich befinde mich wohl. Ich meine, Du solltest nicht nach Cassel gehen, es ist nicht passend. Du kannst aber nach Darmstadt gehen.

Napoleon.

Anmerkung des Übersetzers. Als Napoleon am 1. Januar 1807 von Pultusk nach Warschau fuhr, passirte er das polnische Städtchen Bronie, woselbst er des Pferdewechsels wegen einen kurzen Aufenthalt hatte. Damals in Bronie traf

LXXXII.
An die Kaiserin in Mainz.

Warschau, den 3. Januar 1807.

Dein Brief ist zu Handen. Dein Kummer geht mir zu Herzen; man muß sich wohl den Ereignissen unterordnen. Der Weg von Mainz nach Warschau ist zu weit, es sind viele Länder zu passiren. Die Ereignisse müssen mir also gestatten, nach Berlin zu gehen, damit ich Dir schreiben kann, dorthin zu kommen. Der geschlagene Feind zieht sich inzwischen zurück; aber hier giebt es viel zu ordnen. Ich wäre sehr dafür, daß Du nach Paris zurückkehrtest, wo Du nothwendig bist. Schicke die Damen fort, die ihre Geschäfte für sich haben. Es wird vortheilhaft für Dich sein, wenn Du Leute los bist, die Dich gewiß sehr gelangweilt haben.

Ich befinde mich wohl; es ist schlechtes Wetter. Ich liebe Dich von Herzen.

Napoleon.

---

er zum ersten Male mit Mad. Walewska zusammen; Duroc, der sich stets liebenswürdig beim Kaiser zu machen suchte, fädelte das später soviel Aufsehen erregende Verhältniß mit der schönen Polin ein, deren lichtblondes, liebliches Haupt in der den Wagen umringenden Menge „wie eine Sonne leuchtete". Sehr eingehende Mittheilungen macht Fried. Masson in seinem schon wiederholt angeführten Buch „Napoleon und die Frauen" (Schmidt & Günther, Leipzig) S. 158—197.

LXXXIII.

An die Kaiserin in Mainz.

Warschau, den 7. Januar 1807.

Ich bin gerührt, meine Liebe, über Alles, was Du mir sagst, aber die kalte Jahreszeit, die sehr schlechten und wenig sicheren Wege — ich kann mich nicht dazu entscheiden, Dich so vielen Mühseligkeiten und Gefahren auszusetzen. Gehe nach Paris zurück und verlebe dort den Winter. Wohne in den Tuilerien, führe dasselbe Leben, welches Du zu führen gewohnt bist, wenn ich dort bin. Das ist mein Wille. Vielleicht werde ich mich bald mit Dir dort wieder vereinigen; aber es ist unerläßlich, daß Du darauf verzichtest, 3000 Lieues in dieser Jahreszeit quer durch feindliches Land und im Rücken der Armee zu machen. Glaube mir, es kostet mir mehr Ueberwindung als Dir, das Glück, Dich zu sehen, um einige Wochen hinauszuschieben, allein so fordern es die Ereignisse und der gute Ausgang unserer Angelegenheiten.

Abieu, Liebe; sei vergnügt und zeige Character.

Napoleon.

LXXXIV.
An die Kaiserin in Mainz.

Warschau, den 8. Januar 1807.

Ich empfing, meine Liebe, Deinen Brief vom 27., zugleich mit denen von Hortense und Napoleon. Ich hatte Dich gebeten, nach Paris zurückzukehren. Die Jahreszeit ist in der That zu schlecht, die Wege sind wenig sicher und in abscheulichem Zustande; die Entfernung eine zu bedeutende, um zu erlauben, daß Du hierher kämst, wo mich Geschäfte zurückhalten. Du würdest wenigstens einen Monat zur Reise brauchen. Du würdest krank ankommen und daher möglicherweise gleich wieder abreisen müssen. Die Reise wäre also eine Thorheit. Dein Aufenthalt zu Mainz ist zu traurig, Paris reclamirt Dich. Gehe hin, es ist mein Wunsch. Ich bin darüber ärgerlicher, als Du. Ich hätte gern die langen Nächte der Jahreszeit mit Dir verbracht, aber — man muß den Umständen gehorchen!

Adieu, Liebe.

Der Deinige

Napoleon.

LXXXV.
An die Kaiserin in Mainz.

Warschau, 11. Januar 1807.

Aus Deinem letzten Brief erfahre ich, daß Du ein wenig beunruhigt warst über die militärischen Ereignisse. Alles ist, wie ich Dir schon schrieb, zu meiner Zufriedenheit erledigt. Alles geht gut. Die Entfernung ist zu bedeutend, als daß ich Dir erlauben könnte, in dieser Jahreszeit so weit zu reisen. Ich befinde mich recht wohl, bin nur zuweilen durch die Länge der Nächte ein wenig gelangweilt.

Ich sah bisher nur wenig Leute.

Adieu, Liebe; ich wünsche, daß Du vergnügt bist und einiges Leben in die Gesellschaft brächtest. Ich wünschte sehr, ich wäre dort.

Der Deinige

Napoleon.

P. S. Ich hoffe, die Königin von Holland ist mit M. Napoleon nach dem Haag gegangen.

LXXXVI.
An die Kaiserin in Mainz.
? den 16. Januar 1807.

Ich bin im Besitz Deines Briefes vom 5. Januar. Was Du mir über Deinen Kummer sagst, schmerzt mich. Warum die Thränen? Warum der Jammer? Hast Du denn keinen Muth mehr? Ich werde Dich bald wiedersehen. Zweifele nicht an meiner Zuneigung, und wenn Du mir noch theurer sein willst, so zeige Charakter und Seelenstärke. Ich fühle mich erniedrigt, zu denken, daß meine Frau meinem Geschick mißtrauen könnte.

Adieu Liebe, ich liebe Dich. Ich wünschte sehr, Dich zu sehen, und will Dich zufrieden und glücklich wissen.

Napoleon.

LXXXVII.
An die Kaiserin in Mainz.
Warschau, den 18. Januar 1807.

Ich befürchte, Du machst Dir viel Kummer darüber, daß unsere Trennung sich noch um einige Wochen verlängert, ebenso wie um Deine Rückkehr nach Paris. Ich fordere von Dir mehr Stärke. Man sagt mir, Du weintest fortwährend. Fi! wie häßlich das ist. Dein Brief vom 7. Januar bekümmert mich. Sei meiner würdig und lege mehr Charakter an den Tag. Repräsentire in Paris in passender Weise und vor Allem — sei guter Dinge.

Ich befinde mich sehr wohl und liebe Dich sehr. Aber wenn Du immer weinst, so müßte ich ja glauben, Du hättest keinen Muth, keinen Charakter: „die feigen Menschen liebe ich nicht." Eine Kaiserin muß starkherzig sein.

Napoleon.

LXXXVIII.
An die Kaiserin in Mainz.
Warschau, den 19. Januar 1807.

Meine Liebe! Ich habe Deinen Brief in der Hand, ich muß lachen über Deine Furcht, und bin zugleich außer mir, über den Ton Deiner Briefe, soweit er mich betrifft. Ich verbiete Dir allen Ernstes, zu weinen, beunruhigt und bekümmert zu sein. Ich will, daß Du vergnügt, liebenswürdig und glücklich bist.

Napoleon.

LXXXIX.
An die Kaiserin in Mainz.
Warschau, den 23. Januar 1807.

Auf Deinen Brief vom 15. Januar muß ich Dir antworten: es ist unmöglich, Frauen eine solche Reise zu erlauben; schlechte Wege, unsichere und unfahrbare Wege. Geh' zurück nach Paris, sei dort vergnügt und zufrieden; vielleicht bin ich selbst bald dort. Ich habe lachen müssen, über Das, was Du mir sagst: daß Du einen Mann genommen hättest, um mit ihm zu leben. Ich dachte in meiner Unwissenheit, daß die Frau für ihren Mann da ist, der Mann für das Vaterland, für die Familie und den Ruhm. Verzeih meine Unwissenheit, man lernt immer etwas von schönen Damen.

Adieu, meine Liebe. Es kostet mir viel, glaube mir, Dich nicht kommen zu lassen. Sage Dir, das ist ein deutlicher Beweis, wie hoch der Werth ist, den ich für ihn habe.

Napoleon.

XC.
An die Kaiserin in Paris.*)

?   25. Januar 1807.

Ich erfahre zu meiner Bekümmerniß, daß Du leidend bist. Ich hoffe, Du bist jetzt in Paris, dort wirst Du Dich erholen. Ich theile Deinen Kummer, klage aber nicht. Ich möchte Dich doch nicht verlieren, indem ich Dich Anstrengungen und Gefahren preisgebe, welche Deinem Range, Deinem Geschlecht erspart sein sollen.

Ich wünsche, daß Du den T... niemals in Paris empfängst, er ist ein Taugenichts; es wäre mir sehr unangenehm, wenn Du es doch thätest.

Adieu, meine Liebe, liebe mich und fasse Muth.

Napoleon.

XCI.
An die Kaiserin in Paris.

Den 26. Mittags.

Liebe Beste, ich sehe aus Deinem Brief zu meinem Schmerz, wie sehr Du Dich grämst. Die Brücke von Mainz verkürzt weder, noch verlängert sie die Entfernung, die uns trennt. Kehre doch nach Paris zurück; es würde mich verstimmen und beunruhigen, wenn ich Dich in Mainz unglücklich und vereinsamt wissen müßte. Du begreifst, daß ich nur die Interessen des Staates in Erwägung ziehen darf und kann. Dürfte ich bei meinem Herzen anfragen, ich wäre sogleich bei Dir oder Du bei mir. Du würdest eine große Ungerechtigkeit begehen, wenn Du an meiner Liebe und meinen Gesinnungen für Dich zweifeltest.

Napoleon.

---

*) Napoleon nimmt, wie man sieht, an, die Kaiserin wäre bereits in Paris, während sie noch in Mainz ist.

XCII.
An die Kaiserin in Paris.
Wittenberg, den 1. Februar 1807, zu Mittag.

Über Deinen Brief vom 11. aus Mainz muß ich lachen. Ich bin heute 40 Lieues von Warschau entfernt. Das Wetter ist kalt, aber schön.

Adieu, Liebe. Sei glücklich; habe ein wenig Charakter.

Napoleon.

XCIII.
An die Kaiserin in Paris.
(Kein Datum.)

Meine Liebe, Dein Brief vom 20. Januar hat mich schmerzlich berührt; er ist zu traurig! Du sagst mir, Dein Glück wäre Dein Ruhm. Das ist nicht edelmüthig, es sollte heißen: „Das Glück Anderer ist mein Ruhm." Es ist nicht schön, von einer Gattin so zu sprechen, Du solltest sagen: „Das Glück meines Mannes ist mein Ruhm." Es ist auch nicht mütterlich gesprochen, Du müßtest sagen: „Das Glück meiner Kinder ist mein Ruhm." Ohne ein wenig Ruhm kann das Volk, Dein Gemahl, Deine Nachkommenschaft nicht glücklich sein. Fi! Josephine, wie kommen Sie mir vor? Ihr Herz ist ausgezeichnet, aber Ihr Verstand schwach. Sie haben ein feines Gefühl, aber Sie sprechen nicht so fein.

Nun genug des Zankes. Ich will, daß Du vergnügt, zufrieden mit Deinem Schicksal bist, daß Du gehorchst, ohne zu schelten und zu weinen, sondern freudigen Herzens und bereitwillig.

Adieu, meine Liebe; ich gehe in dieser Nacht zu den Vorposten.

Napoleon.

XCIV.
An die Kaiserin in Paris.

Eilau, den 9. Februar 1807 3 Uhr Morgens.

Meine Liebe! Gestern hatten wir eine große Schlacht; der Sieg ist mir geblieben, allein ich habe viel Leute verloren. Der Verlust des Feindes, der noch bedeutender ist, tröstet mich nicht. So geht es! Ich schreibe Dir diese wenige Zeilen, obwohl ich sehr ermüdet bin, um Dir zu sagen, daß ich wohl bin und daß ich Dich liebe.

Napoleon.

XCV.
An die Kaiserin in Paris.

Eilau, den 9. Februar 1807, 6 Uhr Abends.

Nur ein Wort, meine Liebe, damit Du Dich nicht beunruhigst. Der Feind hat die Schlacht verloren; vierzig Kanonen, zehn Fahnen, zwölftausend Gefangene! Er hat in schrecklicher Weise gelitten. Auch ich habe Verluste zu verzeichnen. Sechzehnhundert Tote, 3—4000 Verwundete.

Dein Vetter Tascher ist wohl auf; ich habe ihn in meinen Stab als Ordonanzoffizier aufgenommen; Corbineau wurde von einer Kanonenkugel getötet; ich war diesem Offizier besonders zugethan, er war sehr tüchtig, mich schmerzt sein Tod. Meine berittene Garde hat sich mit Ruhm bedeckt. D'Allemagne ist gefährlich verwundet.

Adieu, meine Liebe.

Der Deinige.

Napoleon.

Anmerkung des Uebersetzers. Ein deutlicher Beweis dafür, daß Napoleon bei Eilau in Wahrheit keinen Sieg errungen

XCVI.
An die Kaiserin in Paris.

Eilau, den 11. Februar 1807, 3 Uhr Morgens.

Nur ein Wort, meine Liebe, Du warst gewiß sehr in Unruhe. Ich habe den Feind geschlagen, es war ein denkwürdiger Tag, allein er hat mir viel Tapfere gekostet. Das schlechte Wetter zwingt mich, Cantonnements zu beziehen.

Tröste Dich, ich bitte Dich, das wird bald ein Ende haben und das Glück, Dich zu sehen, wird mich bald meine Strapazen vergessen machen. Uebrigens habe ich mich nie wohler befunden.

Der kleine Tascher, vom vierten Regiment, hat sich gut benommen, er ist auf eine harte Probe gestellt worden. Ich habe ihn zu mir berufen und zum Ordonanzoffizier gemacht; seine Plagen sind damit zu Ende. Der junge Mann interessirt mich.

Adieu, meine Liebe, Gute! Tausend Küsse.

Napoleon.

---

zu haben glaubte, ist der, daß er gleich nach der Schlacht den General Bertrand an Friedrich Wilhelm III nach Memel mit Friedensvorschlägen abschickte. Wie man auch in Paris über den „Sieg des Kaisers" dachte, zeigt das Weichen der Course an der Börse. Man kann sich in der That nicht wundern, wenn Josephine in Mainz zeitweise den Muth verlor und recht viel weinte.

XCVII.
An die Kaiserin in Paris.
Eilau, den 12. Februar 1807.

Ich schicke Dir einen Brief des General Darmagnac, er ist ein sehr tüchtiger Soldat, er kommandirte das 32. Regiment. Er hängt sehr an mir.

Wenn diese Madame de Richemont reich ist und eine gute Parthie in Aussicht steht, werde ich die Heirath gern sehen. Sage das den Betheiligten.
Napoleon.

XCVIII.
An die Kaiserin in Paris.
Eilau, den 14. Februar 1807.

Ich bin immer noch in Eilau, die Gegend ist ganz voll von Todten und Verwundeten. Da zeigt sich der Krieg von keiner schönen Seite. Man leidet — die Seele fühlt sich bedrückt im Angesicht so vieler Opfer. Ich befinde mich wohl. Ich habe gethan, was ich wollte: ich habe den Feind zurückgeworfen, indem ich seine Pläne zum Scheitern brachte.

Du mußt Dich beängstigt fühlen: der Gedanke ist mir schrecklich. Mein Liebe, beruhige Dich doch und sei vergnügt.

Der Deinige! Napoleon.

P. S. Sage Caroline und Pauline, daß der Großherzog und der Prinz sich wohl befinden.*)

Anmerkung des Übersetzers: Der Eine ist der Großherzog von Toscana, der Andere der Fürst Borghese. Man findet Näheres über diese Herrn bei Joseph Turquan „Die Prinzessin Caroline" und „Die Prinzessin Pauline" (Schmidt & Günther, Leipzig).

XCIX.
An die Kaiserin in Paris.

Eilau, den 17. Februar 1807, 3 Uhr Morgens.

Deinem Brief entnehme ich, daß Du in Paris eingetroffen bist. Es freut mich sehr, Dich dort zu wissen. Ich befinde mich wohl.

Die Schlacht von Eilau war eine sehr blutige, der Sieg vielumstritten. Corbineau ist gefallen, er war ein sehr tapferer Mann und ich ihm sehr zugethan.

Adieu! Liebe. Es ist so warm hier wie im Monat April. Großes Thauwetter.

Ich befinde mich wohl.

Napoleon.

C.
An die Kaiserin in Paris.

Landsberg, den 18. Februar 1807, 3 Uhr Morgens.

Nur ein paar Worte! Ich befinde mich wohl, ich bin unterwegs, um für Winterquartiere zu sorgen.

Es regnet und thaut, wie im Monat April. Wir haben noch keinen einzigen kalten Tag gehabt.

Adieu! Liebe.

Der Deinige!

Napoleon.

CI.
An die Kaiserin in Paris.
Liebstadt, den 20. Februar 1807, 2 Uhr Morgens.

Nur ein paar Worte, damit Du Dich nicht ängstigst. Meine Gesundheit ist eine sehr gute, Alles geht vortrefflich.

Ich habe meine Armee in Cantonnements untergebracht.

Hier ist sonderbares Wetter, es friert und es thaut, es ist feucht und veränderlich.

Adieu! Liebe.
Der Deinige!
Napoleon.

CII.
An die Kaiserin in Paris.
Liebstadt, den 21. Februar 1807, 2 Uhr Morgens.

Deinen Brief vom 4. Februar habe ich bekommen. Ich entnehme demselben mit Freude, daß Du gesund bist. Paris wird das Seinige thun, Dir Munterkeit und Ruhe wieder zu geben; Du kehrst zu Deinen alten Gewohnheiten zurück und wirst wieder ganz gesund werden.

Ich befinde mich ganz vorzüglich. Das Wetter ist schlecht, die Gegend hier auch. Meine Angelegenheiten stehen gut; es thaut und friert innerhalb 24 Stunden: man kann sich keinen sonderbareren Winter denken.

Adieu! meine Liebe, ich liebe Dich, ich denke an Dich, ich möchte Dich zufrieden, fröhlich und glücklich wissen.

Ganz der Deine!
Napoleon.

CIII.
An die Kaiserin in Paris.
Liebstadt, den 21. Februar 1807, zu Mittag.

Ich erhielt Deinen Brief vom 8. Ich höre mit Vergnügen, daß Du in der Oper warst und daß Du beabsichtigst, in jeder Woche einen Empfangsabend abzuhalten. Gehe zuweilen in's Theater, aber stets in die große Loge. Ich freue mich auch über die Feste, die Dir gegeben werden.

Ich bin sehr wohl. Das Wetter ist immer noch unbeständig; bald friert es, bald thaut es. Ich habe die Armee Cantonnements beziehen lassen, damit sie sich ausruhe.

Sei niemals betrübt, liebe mich und glaube an meine zärtlichen Empfindungen.

Napoleon.

CIV.
An die Kaiserin in Paris.
Osterode, den 23. Februar, 2 Uhr Nachmittags.

Meine Liebe, ich bin im Besitz Deines Briefes vom 10. Es thut mir leid, zu hören, daß Du ein wenig unpäßlich bist.

Ich bin nun seit einem Monat im Felde bei abscheulichem Wetter, denn es ist unbeständig und es wechselt fortwährend Kälte mit Wärme. Dabei befinde ich mich aber sehr wohl.

Siehe zu, daß Du Deine Zeit angenehm verbringst, mache Dir keine Sorgen und zweifele nicht an meiner Liebe.

Napoleon.

CV.
An die Kaiserin in Paris.
Osterode, den 2. März 1807.

Meine Liebe, es sind zwei oder drei Tage, seit ich Dir nicht geschrieben habe, ich mache mir Vorwürfe darüber, denn ich kenne Deine Besorgniß. Ich befinde mich sehr wohl, meine Geschäfte gehen gut. Ich bin hier in einem jämmerlichen Dorfe, in welchem ich wohl noch geraume Zeit bleiben werde. Ich wiederhole Dir, ich habe mich nie so wohl befunden: Du wirst Dich wundern, wie dick ich geworden bin.

Hier ist das reine Frühlingswetter, der Schnee schmilzt, das Eis in den Flüssen thaut auf, das macht mir Vergnügen.

Ich habe bestellt, was Du für Malmaison wünschst. Sei vergnügt und glücklich, das ist so mein Wille.

Abieu, meine Liebe, ich umarme Dich zärtlich.

Der Deinige   Napoleon.

CVI.
An die Kaiserin in Paris.
Osterode, den 10. März 1807, 4 Uhr Nachmittags.

Meine Liebe, ich bin im Besitz Deines Briefes vom 25. v. M. Ich sehe mit Vergnügen, daß Du wohl bist und daß Du manchmal nach Malmaison fährst.

Meine Gesundheit ist gut, Alles geht gut. Es ist wieder etwas kälter geworden. Ich höre, daß der diesjährige Winter überall veränderlich war.

Abieu, meine Liebe, bleibe gesund, sei vergnügt und zweifele nie an meiner Freundschaft.

Der Deinige   Napoleon.

CVII.

An die Kaiserin in Paris.

Osterode, den 11. März 1807.

Deinen Brief vom 27. habe ich. Recht traurig bin ich, zu hören, daß Du krank bist. Fasse Muth, meine Liebe; meine Gesundheit ist gut. Meine Angelegenheiten sind in gutem Gange. Ich warte auf die schöne Jahreszeit, die bald eintreten wird. Ich liebe Dich und will wissen, daß Du zufrieden und guter Dinge bist.

Man wird viel Dummheiten über die Schlacht von Eilau sagen; das Bulletin giebt Alles an, die Verluste sind eher übertrieben, als zu gering angegeben.

Der Deinige

Napoleon.

CVIII.

An die Kaiserin in Paris.

Osterode, den 13. März 1807, 2 Uhr Nachmittags.

Ich erfahre, meine Liebe, daß das übele Gerede, welches in Deinem Salon zu Mainz umging, sich erneuert. Bringe es doch zum Schweigen. Ich würde Dir sehr böse sein, wenn Du da nicht eine Abhülfe schafftest. Du läßt Dich durch die Reden von Leuten,

---

Anmerkung des Übersetzers. In diesem Bulletin befindet sich auch ein merkwürdiger Passus über die Schrecken des Schlachtfeldes. „Dieser Anblick", sagt das Bulletin, „ist wie geschaffen dazu, den Fürsten Liebe zum Frieden und Abscheu vor dem Kriege beizubringen."

welche Dich trösten sollten, beunruhigen. Ich empfehle Dir bringend mehr Charakterstärke. Du mußt wissen, Jeden auf seinen richtigen Platz zu stellen.

Ich befinde mich sehr wohl, mit meinen Angelegenheiten hier steht es gut. Wir ruhen uns ein wenig aus und sind mit der Organisation der Zufuhren beschäftigt.

Abieu, meine Liebe, bleibe gesund.

Napoleon

CIX.
An die Kaiserin in Paris.

Osterode, den 15. März 1807.

Deinem Brief vom 1. März, entnehme ich, daß Du durch das Unglück in der Oper sehr erschreckt bist. Sehr freut es mich aber, zu hören, daß Du ausgehst und Dich zerstreust. Meine Gesundheit ist sehr gut, Alles geht gut.

Schenke den böswilligen Gerüchten, welche man in Cours setzen könnte, keinerlei Glauben.

Zweifele nie an meiner aufrichtigen Zuneigung und sei ganz unbesorgt.

Der Deine.

Napoleon.

CX.
An die Kaiserin in Paris.
Osterode, den 17. März 1807.

Meine Liebe, Sie sollten nicht in die kleinen Logen der kleinen Theater gehen, daß paßt nicht zu Ihrem Range. Sie dürfen nur in die vier großen Theater gehen und stets nur in die große Loge. Leben Sie gerade so, wie Sie lebten, als ich in Paris war.

Meine Gesundheit ist vortrefflich; das Wetter ist kalt geworden, wir haben 8 Grad Kälte gehabt.

Der Ihrige.

Napoleon.

CXI.
An die Kaiserin in Paris.
Osterode, den 17. März 1807, 10 Uhr Abends.

Aus Deinem Briefe vom 5. März, ersehe ich zu meiner Freude, daß Du wohl bist. Meine Gesundheit ist vortrefflich. Seit zwei Tagen ist es hier kalt geworden, das Thermometer zeigte in vergangener Nacht 10 Grad unter Null, den Tag über aber hatten wir schönen Sonnenschein.

Adieu, meine Liebe, viele Grüße an Alle.

Erzähle mir doch etwas vom Tode des armen Dupuis. Laß seinem Bruder sagen, daß ich Etwas für ihn thun will.

Meine Angelegenheiten hier stehen vortrefflich.

Der Deinige.

Napoleon.

CXII.
An die Kaiserin in Paris.
Osterode, den 25. März 1807.

Ich erhielt Deinen Brief vom 13. März; wenn Du mir einen Gefallen thun willst, so mußt Du durchaus so leben, wie Du lebtest, als ich in Paris war. Da gingst Du nicht aus, um die kleinen Theater und andere Locale zu besuchen. Du sollst nur in die große Loge gehen! Was Dein Leben zu Hause anbetrifft, so solltest Du regelmäßige Gesellschaften geben. Das, meine Liebe, wäre das einzige Mittel, um meinen Beifall zu verdienen. Die Hochstehenden haben mancherlei Unbequemlichkeiten: eine Kaiserin kann nicht überall hin.

Tausend und abertausend freundliche Grüße; meine Gesundheit ist gut, Alles geht gut.

Napoleon.

CXIII.
An die Kaiserin in Paris.
Osterode, den 27. März 1807, 7 Uhr Abends.

Meine Liebe, Dein letzter Brief beunruhigt mich, sterben darfst Du nicht! Dir geht es gut, Du kannst keinen vernünftigen Grund zur Bekümmerniß haben.

Ich denke, Du solltest im Mai nach St. Cloud gehen, den ganzen Monat April aber mußt Du in Paris bleiben.

Meine Gesundheit ist gut, meine Geschäfte gehen gut.

Du darfst nicht daran denken, in diesem Sommer eine Reise zu machen, das Alles ist nicht möglich. Du

kannst nicht in allen Gasthäusern herumziehen. Ich
wünsche ebenso wie Du mich, Dich zu sehen und ebenso
wie Du, in Frieden zu leben.

Ich weiß auch noch etwas Anderes zu thun, als
Krieg zu führen, aber die Pflicht hat den Vortritt. Mein
ganzes Leben, meine Ruhe, mein Vortheil, mein Glück
habe ich meinem Schicksal zum Opfer gebracht.

Adieu meine Liebe, gieb Dich wenig mit dieser
Madame de P.... ab, sie gehört nicht zur guten Ge=
sellschaft, sie ist zu gemein, zu niedrig!

Napoleon.

P. S. Ich hatte Veranlassung mit Herrn T....
unzufrieden zu sein, ich habe ihn auf sein Gut nach
Burgund geschickt, ich will Nichts mehr von ihm wissen.

CXIV.
An die Kaiserin in Paris.

Osterode, den 1. April 1807.

Aus Deinem Briefe vom 20., meine Liebe, erfahre
ich zu meinem Bedauern, daß Du krank bist. Ich hatte
Dir geschrieben, den ganzen April über in Paris zu
bleiben und am 1. Mai nach St. Cloud zu gehen. Nach
Malmaison kannst Du Dich ja alle Sonntag, oder zwei
Mal in der Woche verfügen. In St. Cloud kannst Du
ja Deine gewöhnlichen Gesellschaften abhalten.

Meine Gesundheit ist gut; es ist noch ziemlich kalt
hier. Alles ist still.

Ich habe der kleinen Prinzessin, Eugen's Tochter, den Namen Josephine*) gegeben; Eugen scheint recht glücklich zu sein.

Der Deinige.

Napoleon.

CXV.
An die Kaiserin in Paris.

Finckenstein, den 2. April 1807.

Nur ein Wort, Liebe! Ich habe eben mein Hauptquartier nach einem sehr schönen Schloß, ähnlich dem Bessières'schen, verlegt, in welchem ich sehr viele Kamine habe, was mir deshalb sehr angenehm ist, weil ich oft des Nachts aufstehe; ich liebe es, in das Feuer zu sehen. Meine Gesundheit ist vortrefflich.

Das Wetter ist schön, aber noch kalt; wir haben 4 bis 5 Grad Kälte.

Abieu, meine Liebe.

Der Deinige.

Napoleon.

---

*) Die Prinzessin Josephine, Maximiliane, Auguste, war am 14. März 1807 geboren als die älteste Tochter des Prinzen Eugen und wurde am 18. Juni 1827 mit dem Kronprinzen von Schweden, Joseph Franz Oscar, vermählt.

Anmerkung des Übersetzers. Als Napoleon sein Hauptquartier nach Finckenstein verlegte, mußte seine Freundin Marie Walewska ihm dorthin folgen. Das Leben dort war einsam, die Zerstreuungen der schönen Polin bestanden darin, daß sie durch die geschlossenen Jalousien den Paraden vor dem Schloß

XCVI.
An die Kaiserin in Paris.

Finckenstein, 6. April 1807, 3 Uhr Nachmittags.

Aus Deinem Brief, meine Liebe, ersehe ich, daß Du die Charwoche in Malmaison zugebracht hast und Du Dich wohler fühlst. Ich wünsche sehnlichst, zu hören, daß Du vollständig wiederhergestellt bist.

Du wirst erfahren haben, daß gute Nachrichten aus Constantinopel eingetroffen sind.

Meine Gesundheit ist gut. Hier giebt es nichts Neues.

Der Deine.

Napoleon.

CXVII.
An die Kaiserin in Paris.

Finckenstein, den 10. April 1807, 6 Uhr Abends.

Meine Liebe, ich befinde mich sehr wohl. Das Frühjahr beginnt, aber noch ist Alles erstarrt. Ich wünsche, daß Du munter und zufrieden bist und daß Du nie an meiner Zuneigung zweifelst. Es geht alles gut.

Napoleon.

Zusatz. Sie war völlig abgesperrt von der Außenwelt, nur ihre Mahlzeiten theilte sie mit dem Kaiser, dieser fühlte sich immer inniger zu Marie Walewska hingezogen. In den stillen einsamen Tagen auf Finkenstein, wurde der Knoten immer fester geschürzt. Man sehe Alles Weitere bei Friedrich Masson, „Napoleon und die Frauen", S. 190 u. s. w. (Verlag von Schmidt & Günther in Leipzig. 8. Aufl.).

CXVIII.

An die Kaiserin in Paris.

Finckenstein, den 14. April 1807, 7 Uhr Abends.

Deinem Brief vom 3. April entnehme ich, daß Du wohl bist und daß es sehr kalt in Paris ist. Das Wetter hier ist sehr veränderlich. Ich glaube jedoch, daß das Frühjahr endlich da ist; auf den Gewässern ist keine Spur von Eis mehr. Mein Gesundheitszustand ist vortrefflich.

Adieu, meine Liebe, ich habe schon vor längerer Zeit Alles für Malmaison bestellt, was Du wünschtest.

Der Deinige.

Napoleon.

CXIX.

An die Kaiserin in Paris.

Finckenstein, den 18. April 1807.

Leider entnehme ich Deinem Briefe vom 5. April, daß Du Dich über Das, was ich Dir sagte, grämst. Natürlich. Dir steigt gleich Alles in Deinen kleinen creolischen Kopf und Du bist verstimmt; sprechen wir nicht weiter davon! Ich befinde mich sehr gut. Leider regnet es sehr viel. Savary ist vor Danzig an einem hitzigen Fieber erkrankt, hoffentlich ist es nicht schlimm.

Adieu, meine Liebe, tausend Grüße.

Napoleon.

CXX.

An die Kaiserin in Paris.

Finckenstein, den 24. April 1807, 7 Uhr Abends.

Dein Brief vom 12. besagt, daß Du wohl bist und daß es Dir viel Vergnügen macht, Malmaison zu besuchen.

Hier ist das Wetter schön geworden, ich hoffe, daß es so bleiben wird.

Nichts Neues. Ich befinde mich sehr wohl.

Adieu, meine Liebe.

Der Deinige.

Napoleon.

CXXI.

An die Kaiserin in Paris.

Finckenstein, den 2. Mai 1807, 4 Uhr Nachmittags.

Ich freue mich, zu hören, meine Liebe, daß Du, wie Du mir unter dem 23. schreibst, wohl bist und daß Dir Malmaison immer noch lieb ist. Man sagt, der Erz= kanzler wäre verliebt. Das ist ein Scherz — oder sollte es wirklich wahr sein? Mich hat die Sache amüsirt. Du hättest mir aber doch ein Wort davon geschrieben!

Ich bin sehr wohl; das Wetter wird immer schöner, der Frühling ist da, es fängt an, grün zu werden.

Adieu, meine Liebe, tausend Grüße

Der Deinige.

Napoleon.

CXXII.
An die Kaiserin in Paris.

Finckenstein, den 10. Mai 1807.

Ich bin im Besitz Deines Briefes. Ich weiß gar nicht, was Du mir da über Damen sagst, mit denen ich in Correspondenz stehen soll? Ich liebe nur meine kleine Josephine, die Gute, die Schmollende, die Launische, die einen Zank mit derselben Grazie vom Zaune bricht, mit der sie Alles thut; denn sie ist immer liebenswürdig, ausgenommen, wenn sie eifersüchtig ist: dann wird sie ein wahrer Teufel. Aber zurück zu jenen Damen! Wenn ich mich mit irgend einer von ihnen beschäftigen sollte, so kann ich Dir nur versichern, daß ich wünsche, sie wären hübsche Rosenknospen. Sind die, von denen Du sprichst, derartig?

Ich wünsche, daß Du nur mit solchen Personen dinirst, welche mit mir zu Tische waren, daß auch für Deine Gesellschaften die Liste dieselbe bleibe; daß Du in Malmaison niemals Gesandte oder Fremde in Deine intimen Circle aufnimmst. Würdest Du anders handeln, so würde es mir sehr mißfallen. Mit einem Wort, laß Dich nicht zu sehr mit Leuten ein, die ich nicht kenne, und die nicht zu Dir kämen, wenn ich da wäre.

Adieu, meine Liebe.
Der Deinige.

Napoleon.

CXXIII.
An die Kaiserin in Paris.
Finckenstein, den 12. Mai 1807.

Ich entnehme Deinem Brief vom 2. Mai, daß Du Dich anschickst, nach St. Cloud zu gehen. Mir hat die schlechte Aufführung der Madame... Verdruß bereitet. Könntest Du ihr nicht rathen, ordentlicher zu leben, da sie sonst viel Verdruß mit ihrem Mann haben würde.

Napoleon ist, wie man mir mittheilt, wieder hergestellt; ich kann mir denken, in welcher Angst seine Mutter um ihn war: aber die Masern sind eine Krankheit, von der Alle befallen werden. Ich hoffe, daß er geimpft ist, und daß er wenigstens von den Pocken verschont bleibt.

Abieu, meine Liebe. Hier ist schon recht warm, aber es wird immer noch einige Zeit dauern, bis die Vegetation heraus ist.

Napoleon.

CXXIV.
An die Kaiserin in St. Cloud.
Finckenstein, den 14. Mai 1807.

Ich theile den Schmerz, den Dir der Tod des armen kleinen Napoleon*) verursacht. Du kannst Dir denken, wie mir zu Muthe ist; ich möchte bei Dir sein, damit Du in Deinem Schmerz Maaß hältst und vernünftig bist.

---

*) Carl Napoleon, Kronprinz von Holland, verstarb am 5. Mai 1807 im Haag.

Du hattest das Glück, nie Kinder zu verlieren, es ist eine der Nothwendigkeiten und Kümmernisse, die zum menschlichen Elend gehören. Laß mich wissen, daß Du vernünftig warst, und daß Dein Befinden ein Gutes ist. Würdest Du meinen Schmerz noch steigern wollen?

Adieu, meine Liebe.

Napoleon.

CXXV.
An die Kaiserin in St. Cloud.

Finckenstein, den 16. Mai 1807.

Ich bin im Besitz Deines Briefes vom 6. Mai; ich befürchte, Du bist nicht vernünftig, und giebst Dich zu sehr dem Schmerz hin, von dem wir betroffen sind.

Adieu, meine Liebe.

Ganz der Deinige

Napoleon.

Anmerkung des Übersetzers. Die Rémusat bemerkt in ihren Memoiren, die übrigens in Bezug auf historische Zuverlässigkeit zu wünschen übrig lassen, Folgendes: „Talleyrand erzählte mir, eines Tages: als in Berlin die Todesnachricht eingetroffen wäre und er dem Kaiser sein Beileid aussprach, habe dieser ihn mit den kurzen Worten abgewiesen: „Ich finde keine Unterhaltung dabei, an Todte zu denken." Es steht unzweifelhaft fest, daß Napoleon mit großer Zärtlichkeit an seinem Neffen hing. Sollten obige Worte wirklich gefallen sein — auch Talleyrand liebte die Anecdote — so sind sie eine Maske, hinter der Napoleon seine schmerzliche Empfindung zu verstecken suchte. Man begegnet bei ihm einem solchen Manöver nicht selten. Wäre dieser Carl Napoleon am Leben geblieben, so wäre derselbe — eine ruhige Ent-

CXXVI.
An die Kaiserin in Laeken.

Finckenstein, den 20. Mai 1807.

Ich habe Deinen Brief vom 10. Mai. Ich sehe, daß Du nach Laeken gegangen bist; ich meine, Du könntest dort etwa 14 Tage bleiben: es wird den Belgiern Freude machen, und Dir als Zerstreuung dienen. Ich bin schmerzlich berührt von der Wahrnehmung, daß Du nicht klug handelst. Der Kummer hat seine Grenzen, die man nicht überschreiten darf.

Erhalte Dich für Deinen Freund und glaube an die Aufrichtigkeit meiner Zuneigung.*)

Napoleon.

---

wicklung der Dinge vorausgesetzt — unzweifelhaft der Nachfolger Napoleons geworden. Mit dem Tode des Kleinen trat das Project der Scheidung immer mehr in den Vordergrund, und die Niedergeschlagenheit Josephines ist ebenso sehr aus ihrer Trauer über den Verlust, als aus ihren Befürchtungen vor der Zukunft zu erklären.

*) Anmerkung. Es möge hier auch das Beileidschreiben Napoleons an die Königin von Holland Platz finden:

Meine Tochter! Nach allem, was mir aus dem Haag berichtet wird, habe ich zu entnehmen, daß Du unvernünftig handelst: so gerechtfertigt Dein Schmerz ist, er sollte doch seine Grenzen haben. Schädige Deine Gesundheit nicht, suche Zerstreuungen auf, und wisse, daß das Leben so sehr mit Widerwärtigkeiten besäet und die Quelle so vieler Leiden ist, daß der Tod nicht zu den größten Übeln zählt.

Dein Dich liebender Vater

Napoleon.

CXXVII.
An die Kaiserin in Laeken.
Finckenstein, den 24. Mai 1807.

Ich bin im Besitz Deines Briefes aus Laeken. Noch ist, wie ich sehe, Dein Schmerz derselbe. Also Hortense ist noch nicht eingetroffen? Das ist unvernünftig; sie verdient nicht, daß man ihr gut ist, da sie ja nur ihre Kinder lieb hat.

Suche Dich zu beruhigen, und bereite mir keine Sorgen. Für Übel, gegen die es keine Mittel giebt, muß man Trost suchen.

Adieu, meine Liebe.
Der Deinige.

Napoleon.

CXXVIII.
An die Kaiserin in Laeken.
Finckenstein, den 26. Mai 1807.

Aus Deinem Brief vom 16. erfahre ich zu meiner Freude, daß Hortense eingetroffen ist. Traurig ist es, daß sie, wie Du mir mittheilst, sich in einem Zustande von Erstarrung befindet. Sie muß durchaus mehr Muth entwickeln, sie muß sich Gewalt anthun. Ich begreife nicht, weshalb sie in's Bad soll. Sie wäre weit besser in Paris aufgehoben und würde dort mehr Trost finden. Auch Du sollst Dich zusammennehmen und vergnügt sein. Laß es Dir gut gehen. Meine Gesundheit ist recht gut

Adieu, meine Liebe. Ich leide mit Dir. Es thut mir leid, daß ich nicht bei Dir bin.

Napoleon.

CXXIX.
An die Kaiserin in Malmaison.

Danzig, den 2. Juni 1807.

Meine Liebe, ich höre, daß Du in Malmaison eingetroffen bist. Ich habe keinen Brief von Dir. Ich bin böse auf Hortense; sie hat mir kein Wort geschrieben. Alles was Du mir von ihr schreibst, geht mir nah; konntest Du sie denn gar nicht ein wenig zerstreuen? Weinst Du denn immerfort? Ich hoffe, daß Du Dich zusammennehmen wirst, sonst kommst Du mir gar zu kläglich vor.

Ich bin seit zwei Tagen in Danzig; das Wetter ist wunderschön; ich befinde mich wohl. Ich denke mehr an Dich, als Du an mich.

Abieu, meine Liebe, herzliche Grüße. Laß den inliegenden Brief an Hortense gelangen.

Napoleon.

Anmerkung: Wir lassen hier den Brief folgen, ebenso wie einen zweiten vom 16. Juni, in welchem der Kaiser nochmals über den Tod des Prinzen Carl Napoleon spricht und die Königin Hortense ermahnt und tröstet.

Den 2. Juni.

Meine Tochter, Du hast mir kein Wort geschrieben in Deinem gerechten und großen Kummer. Du hast Alles vergessen, als könnten Dich nicht noch andere Verluste treffen. Man sagt, daß Dir alles gleichgültig ist, Du Dich um nichts mehr kümmerst — das sehe ich aus Deinem Schweigen. Hortense! das ist nicht recht. Das haben wir von Dir nicht erwartet. War denn Dein Sohn alles für Dich? Sind Deine Mutter und ich benn gar nichts für Dich! Wenn ich in Malmaison wäre, so würde ich Deinen Schmerz theilen, allein ich hätte auch verlangt, daß Du Deiner besten Freunde gedächtest.

CXXX.
An die Kaiserin in St. Cloud.

Marienburg, den 3. Juni 1807.

Ich habe heut hier übernachtet, nachdem ich gestern Danzig verlassen hatte. Meine Gesundheit ist vortrefflich. Alle Briefe, die aus St. Cloud eintreffen, sagen, daß Du fortwährend in Thränen bist. Das ist nicht gut, Du sollst wohlauf sein und zufrieden.

Hortense befindet sich immer noch schlecht; was Du von ihr schreibst, ist kläglich.

Abieu, meine Liebe, glaube an meine aufrichtige Zuneigung. Napoleon.

Abieu, meine Tochter, Du mußt Dich fügen, sei vergnügt, erhalte Deine Gesundheit, um allen Deinen Pflichten nachzukommen. Meine Frau ist überaus traurig über Deinen Zustand, mache ihr keine Sorge mehr!

Dein Dir wohlgewogener Vater! Napoleon.

Den 16. Juni 1807.

Meine Tochter, ich erhielt Deinen Brief aus Orleans. Dein Kummer berührt mich schmerzlich, aber ich wünschte, Du zeigtest mehr Courage. Leben heißt leiden und ein ehrenwerther Mensch hat fortwährend zu kämpfen, um Herr seiner selbst zu bleiben. Ich finde es nicht recht, daß Du ungerecht gegen den kleinen Napoleon Louis*) und gegen alle Deine Freunde bist. Deine Mutter und ich erwarteten, Deinem Herzen theuerer zu sein.

Ich habe am 14. Juni**) einen großen Sieg erfochten.

Ich befinde mich wohl und liebe Dich aufrichtig.

Abieu, meine Tochter, ich umarme Dich zärtlich.

Napoleon.

*) Der zweite Sohn der Königin von Holland.
**) Schlacht von Friedland.

CXXXI.
An die Kaiserin in St. Cloud.

? den 6. Juni 1807.

Ich befinde mich wohl, meine Liebe; Dein gestriger Brief hat mich recht bekümmert; es scheint, daß Du Dich immerfort grämst und daß Du keine Vernunft annimmst. Das Wetter ist sehr schön.

Abieu, meine Liebe, ich liebe Dich und wünschte, Du wärst froh und zufrieden.

Napoleon.

CXXXII.
An die Kaiserin in St. Cloud.

Friedland, den 15. Juni 1807.

Ich kann Dir nur eine Zeile schreiben, meine Liebe, denn ich bin ganz erschöpft. Ich bin schon so viele Tage im Biwak. Meine Kinder haben in würdiger Weise den Jahrestag der Schlacht von Marengo begangen.

Die Schlacht von Friedland wird ebenso berühmt, ebenso ruhmvoll dastehen für mein Volk, wie jene. Mit der russischen Armee ist es aus, 80 Kanonen genommen, 30000 Mann gefangen oder getödtet! Es sind unter den Getödteten, Verwundeten und Gefangenen 25 russische Generäle. Die russische Garde ist vernichtet. Die Schlacht ist eine würdige Schwester von Marengo, Austerlitz und Jena. Dem Bulletin wirst Du alles Übrige entnehmen.

Meine Verluste sind nicht bedeutend. Meine Manöver, dem Feinde gegenüber hatten Erfolg.

Sei ohne Sorge und zufrieden.

Abieu, meine Liebe, ich steige zu Pferde.

Napoleon.

P. S. Man kann diese Nachricht, falls sie vor dem Bulletin eintrifft, als Notiz benutzen; man kann auch Kanonenschüsse abfeuern, Cambacérès wird die Notiz machen.

CXXXIII.
An die Kaiserin in St. Cloud.

Königsberg, den 16. Juni 1807, 4 Uhr Nachmittags.

Meine Liebe, ich habe gestern Moustache an Dich abgeschickt, mit der Nachricht von der Schlacht bei Friedland. Ich bin seitdem mit der Verfolgung des Feindes beschäftigt. Königsberg ist eine Stadt von 80000 Einwohnern. Ich habe sie in meiner Gewalt. Ich habe viele Kanonen, viele Vorräthe, darunter 60000 aus England stammende Gewehre, gefunden.

Abieu, meine Liebe. Meine Gesundheit läßt nichts zu wünschen übrig, obwohl ich etwas den Schnupfen habe, infolge des Regens und des vielen Biwakirens. Sei zufrieden und vergnügt.

Der Deinige.

Napoleon.

CXXXIV.
An die Kaiserin in St. Cloud.

Tilsit, den 19. Juni 1807.

Ich habe heute morgen Tascher an Dich abgeschickt, um Dich zu beruhigen; hier geht Alles auf's Beste. Die Schlacht von Friedland war entscheidend. Der Feind ist zerschmettert und sehr geschwächt.

Meine Gesundheit ist gut, meine Armee vortrefflich. Adieu, meine Liebe. Sei froh und vergnügt.

Napoleon.

CXXXV.
An die Kaiserin in St. Cloud.

Tilsit, den 22. Juni 1807.

Ich erhielt, meine Liebe, Deinen Brief vom 10. Juni. Wie leid thut es mir, zu wissen, daß Du traurig bist. Du wirst dem Bulletin entnommen haben, daß ich einen Waffenstillstand abgeschlossen habe und daß man über den Frieden verhandelt. Sei zufrieden und munter.

Ich habe Borghese an Dich abgeschickt und zwölf Stunden später Moustache. Du mußt daher frühzeitig die Nachrichten von dem glorreichen Tage von Friedland erhalten haben.

Ich befinde mich sehr wohl und wünschte sehr, Dich glücklich zu wissen.

Der Deinige.

Napoleon.

CXXXVI.
An die Kaiserin in St. Cloud.
Tilsit, den 25. Juni 1807.

Meine Liebe, ich traf soeben mit dem Kaiser Alexander zusammen, ich bin sehr von ihm eingenommen, es ist ein sehr hübscher Kaiser, gut und jung; er hat mehr Geist, als man im allgemeinen denkt, er wird morgen eintreffen, um in Tilsit zu wohnen.

Adieu, meine Liebe, ich hoffe, Du bist wohl und zufrieden. Meine Gesundheit ist vortrefflich.

Napoleon.

CXXXVII.
An die Kaiserin in St. Cloud.
Tilsit, den 3. Juli 1807.

Meine Liebe! Herr de Türenne wird Dir über Alles, was hier passirt, genaue Auskunft geben; Alles geht vortrefflich. Ich meine, ich hätte Dir schon gesagt, daß der Kaiser von Rußland Deine Gesundheit mit großer Liebenswürdigkeit ausgebracht hat. Er dinirt, ebenso wie der König von Preußen, alle Tage bei mir; ich wünsche sehr, daß Du zufrieden bist.

Adieu, meine Liebe. Tausend Grüße

Napoleon.

Anmerkung des Uebersetzers. Man hatte sich in der Umgebung Friedrich Wilhelm III, der die schrecklichen Unglücksfälle des Heeres darin zu sehen glaubte, daß „die Capitäne zu viel Einkommen hätten" (Von Schladen, „Denkwürdigkeiten" 246, 255 2c.), dahin geeinigt, eine große Rührscene aufzuführen, in der die unglückliche Königin Luise, die sich mit schwerem Herzen bereit

CXXXVIII.
An die Kaiserin in St. Cloud.

Tilsit, den 6. Juli 1807.

Ich erhielt Deinen Brief vom 25. Juni. Ich habe leider bemerkt, daß Du egoistisch bist und daß die Erfolge meiner Waffen Dich nicht interessiren.

Die schöne Königin von Preußen wird heut mit mir diniren.

Ich befinde mich wohl und wünsche sehnlich, Dich wiederzusehen, sobald das Schicksal es bestimmt. Möglich ist es, daß dies bald eintritt.

Abieu, meine Liebe, viele Grüße.

Napoleon.

---

finden ließ, die Hauptrolle spielen sollte. Sie fuhr in einem achtspännigen Galawagen am 6. Juli unter der Escorte einer französischen Dragoner-Schwadron von Piktupöhnen nach Tilsit. Sie wurde vom Kaiser, der eine Reitpeitsche in der Hand hatte, dabei aber den „élégant" herausbiß, höflichst empfangen. Obwohl sie mit allerhand unbestimmten Hoffnungen nach Piktupöhnen zurückkehrte, hatte sie trotz Allem keine Erfolge gehabt. Sie und ihr Gemahl waren die Tischgäste Napoleons gewesen. Mit den Worten: „Wie konnten Sie nur mit mir einen Krieg anfangen" begann die Unterhaltung. — „Sir, dem Ruhme Friedrichs ist es zuzuschreiben, daß wir uns über unsere Kräfte täuschten." — Napoleon zu Friedrich Wilhelm gewendet, der König möge sich über den Verlust seiner Provinzen trösten; das wären eben die Wechselfälle des Kriegsglückes. — Der König: „Sir, Sie wissen nicht, was es heißt, Länder zu verlieren, an denen die theuersten Erinnerungen haften. Man kann sie so wenig vergessen, wie eine Wiege." — Napoleon: „Ah, bah! Wiege! Ist das Kind ein Mann geworden, hat es keine Zeit mehr, an seine Wiege zu denken." — Die Königin hatte den Phrasen Napoleons zu viel Gewicht beigelegt. Aus der Zurückgabe Magdeburgs wurde nichts!

CXXXIX.
An die Kaiserin in St. Cloud.

Tilsit, am 7. Juli 1807.

Die Königin von Preußen, meine Liebe, hat gestern mit mir dinirt; ich mußte mich gegen ihre Zumuthungen, ihrem Gemahl noch weitere Concessionen zu machen, wehren; ich war galant, habe aber an meiner Politik festgehalten. Sie ist sehr liebenswürdig. Ich würde Dir Einzelheiten mittheilen, allein dies würde mich zu weit führen.

Wenn Du diese Zeilen liest, ist der Friede mit Preußen und Rußland geschlossen und Jérome als König von Westfalen (3 000 000 Bevölkerung) anerkannt. Diese Nachrichten sind nur für Dich bestimmt.

Adieu, meine Liebe, ich liebe Dich und wünsche, daß Du froh und zufrieden bist.

Napoleon.

Anmerkung des Übersetzers. Die berühmte „Entrevue in Tilsit" hat auch einen geheimen Vertrag zwischen Napoleon und dem Zaren gezeitigt, der nur wenig bekannt ist, jedenfalls birgt er Vieles in sich, was für seine Authencität spricht. Er ist merkwürdiger Weise in Madrid und zwar erst im Jahre 1812 veröffentlicht worden und enthält zehn Paragraphen. Die Hauptpunkte sind folgende: Rußland besetzt die europäische Türkei; es dehnt seine Grenzen über Asien hin aus. Die Bourbons in Spanien und das Haus Braganza in Portugal hören auf zu regieren; die Kronen derselben gehen auf die Prinzen der Familie Bonaparte über. Die weltliche Herrschaft des Papstes hört auf. Rußland stellt seine Flotte zur Eroberung Gibraltar's dem Kaiser zur Verfügung. Die Franzosen ergreifen Besitz von den Städten

CXL.
An die Kaiserin in St. Cloud.
Dresden, den 18. Juli 1807, zu Mittag.

Gestern um 5 Uhr Nachmittags, meine Liebe, traf ich in Dresden ein, in bestem Wohlsein, obwohl ich hundert Stunden im Wagen gesessen hatte, ohne auszusteigen. Ich bin hier beim König von Sachsen, mit dem ich sehr zufrieden bin. Ich bin Dir also um die Hälfte Weges näher gerückt.

Es kann wohl sein, daß ich in einer schönen Nacht plötzlich in St. Cloud, wie ein Eifersüchtiger erscheine, ich mache Dich im Voraus aufmerksam.

Abieu, meine Liebe, es wird mir viel Vergnügen machen, Dich wiederzusehen.

Napoleon.

---

der Nordküste Afrikas: es können diese Erwerbungen zu Entschädigungen der Könige von Sardinien und Sizilien verwendet werden. Malta wird französisch; willigt England nicht ein, so wird kein Friede mit ihm geschlossen. Die Franzosen besetzen Aegypten. Die Schiffahrt auf dem Mittelländischen Meer steht nur französischen, russischen, italienischen und spanischen Handels- und Kriegsschiffen zu; die übrigen Nationen sind ausgeschlossen. Dänemark erhält die Hansastädte in Norddeutschland: es hat seine Flotte an Frankreich auszuliefern. Endlich soll es keinem Staat, welcher nicht eine gewisse Anzahl von Kriegsschiffen hält, gestattet sein, Handelsfahrzeuge zu haben.

Briefe

des

Kaisers Napoleon
an die Kaiserin Josephine

während

seiner Reise in Italien 1807.

CXLI.
An die Kaiserin in Paris.
Mailand, den 25. November 1807.

Seit zwei Tagen bin ich hier, meine Liebe. Sehr lieb ist es mir, daß ich Dich nicht mitgenommen habe, Du hättest beim Übergang über den Mont Cenis schrecklich ausgestanden. Ein Orkan hat mich 24 Stunden aufgehalten.

Ich habe Eugen in bestem Wohlsein angetroffen, ich bin sehr zufrieden mit ihm. Die Prinzessin ist krank, ich habe sie in Monza besucht. Sie hat eine Fehlgeburt gehabt, jetzt geht es besser.

Adieu, meine Liebe.

Napoleon.

CXLII.
An die Kaiserin in Paris.
Venedig, den 30. November 1807.

Deinen Brief vom 22. November habe ich. Seit zwei Tagen bin ich hier. Das Wetter ist sehr schlecht, hat mich aber nicht verhindert, die Lagunen zu passiren, um die Befestigungswerke in Augenschein zu nehmen.

Es freut mich, zu hören, daß Du Dich in Paris amüsirst.

Der König von Bayern mit seiner Familie und die Prinzeß Elisa sind hier.

Nach dem 2. December, den ich noch hier verlebe, trete ich die Rückreise an und freue mich, Dich wiederzusehen.

Napoleon.

CXLIII.
An die Kaiserin in Paris.

Udine, den 11. December 1807.

Aus Deinem Briefe vom 3. December ersehe ich, daß Du mit dem Jardin des plantes zufrieden bist. Jetzt befinde ich mich am äußersten Ziel meiner Reise. Es ist möglich, daß ich bald in Paris bin, wo ich, Dich wiederzusehen, mich freuen werde. Kalt ist es hier noch nicht, allein es regnet viel. Ich habe noch das Ende der Jahreszeit benutzt, denn zu Weihnachten wird sich wohl der Winter fühlbar machen.

Adieu, meine Liebe.

Der Deinige.

Napoleon.

Briefe

des

Kaisers Napoleon
an die Kaiserin Josephine

während

seines Aufenthaltes in Bayonne 1808.

CXLIV.
An die Kaiserin in Bordeaux.
Bayonne, den 16. April 1808.

Ich bin wohlbehalten hier angekommen. Ein wenig ermüdet durch den schlechten Weg.

Sehr froh bin ich, daß Du zurückgeblieben bist, denn die Häuser sind hier sehr schlecht und nur sehr klein.

Ich gehe heute, um mir ein kleines Landhaus, eine halbe Lieue von hier entfernt, anzusehen.

Abieu, meine Liebe, bleibe gesund.

Napoleon.

CXLV.
An die Kaiserin in Bordeaux.
Bayonne, den 17. April 1808.

Eben trifft Dein Brief vom 15. April ein. Was Du mir über den Besitzer des Landhauses sagst, ist mir angenehm; verbringe doch manchmal dort einen Tag.

Ich habe Befehl gegeben, daß ein monatlicher Zuschuß von 20,000 Francs, während Deiner Reise, vom 1. April an gerechnet, in Deine Kasse gezahlt wird.

Ich wohne schrecklich; ich werde in einer Stunde einen Wechsel vornehmen und nach einem eine halbe Lieue entfernten Landhäuschen, ziehen. Der Infant Don Carlos und fünf oder sechs spanische Granden sind hier. Der Prinz von Asturien wohnt 20 Lieues von hier. Der König Carl und die Königin kommen auch. Ich weiß noch gar nicht, wie ich all' die Leute unterbringen soll. Alle wohnen noch in Wirthshäusern. Meinen Truppen geht es gut in Spanien.

Ich konnte nicht sogleich Deine Scherze verstehen; Deine Erinnerungen haben mir Spaß gemacht. Ihr Frauen, Ihr habt wirklich ein gutes Gedächtniß!

Meine Gesundheit ist ziemlich gut und ich bin Dir in Freundschaft zugethan. Ich wünsche, daß Du Jedermann in Bordeaux freundlich begegnest. Meine Beschäftigung ließ dies nicht zu.

Napoleon.

CXLVI.
An die Kaiserin in Bordeaux.

Bayonne, den 21. April 1808.

Ich bekomme eben Deinen Brief vom 19. Gestern hat der Prinz von Asturien mit seinem Hofe bei mir zu Mittag gespeist. Das hat mir manche Verlegenheit bereitet. Ich erwarte Carl IV. und die Königin.

Meine Gesundheit ist gut; ich bin jetzt so leidlich untergebracht.

Adieu, meine Liebe. Ich freue mich immer, wenn ich Nachricht von Dir bekomme.

Napoleon.

CXLVII.
An die Kaiserin in Bordeaux.
Bayonne, den 23. April 1808.

Meine Liebe! Hortense hat wieder einen Sohn. Das macht mir große Freude. Ich bin weiter nicht erstaunt, daß Du mir nichts davon schreibst, da Dein Brief vom 21. ist, und Hortense erst am 20. in der Nacht niedergekommen ist.

Du kannst am 26. abreisen, in Mont=de=Marsan nächtigen, dann bist Du am 27. hier. Laß denjenigen Theil Deines Hofes, der den Dienst hat, am 25. Abends abreisen. Ich lasse Dir hier dicht bei dem meinigen ein kleines Landhaus einrichten.

Ich erwarte König Carl IV und seine Gemahlin. Adieu, meine Liebe.

Napoleon.

Anmerkung des Uebersetzers. Ueber den Aufenthalt des Kaiserpaares in Marrac (Bayonne) berichtet in sehr ergötzlicher Weise Joseph Turquan in seinem Buch „Die Kaiserin Josephine (Schmidt & Günther, Leipzig), S. 165, 166—167. Auch Fr. Masson spricht von dem Aufenthalt in dem kleinen Schlosse zu Marrac und der großen Rolle, welche dort ein Fräulein Guillebeau, ihres Zeichens eine Vorleserin, spielte. (Fr. Masson: „Napoleons Liebesleben" (Schmidt & Günther, Leipzig).

Der Kaiser.
(Nach David.)

Briefe

des

Kaisers Napoleon an die Kaiserin Josephine

während

seines Aufenthaltes zu Erfurt 1808.

CXLVIII.
An die Kaiserin in St. Cloud.

Erfurt, den 29. September 1808.

Ich habe mir eine kleine Erkältung zugezogen. Dein Brief aus Malmaison ist eingetroffen. Ich bin sehr zufrieden mit dem Kaiser*) und mit aller Welt.

Es ist ein Uhr Nachts, ich bin sehr müde.

Adieu, meine Liebe, bleibe gesund.

Napoleon.

CXLIX.
An die Kaiserin in St. Cloud.

Erfurt, den 9. Oktober 1808.

Ich erhielt Deinen Brief, meine Liebe. Es freut mich, daß Du wohl bist. Ich komme soeben von einer Jagd auf dem Schlachtfelde von Jena. Wir haben das Frühstück an der Stelle eingenommen, an der ich Nachts biwakirt habe.

Ich habe einem Balle in Weimar beigewohnt. Der Kaiser Alexander tanzt. Ich? Nein. Vierzig Jahre sind vierzig Jahre.

Meine Gesundheit ist im Ganzen gut, kleine Leiden ausgenommen.

Adieu, meine Liebe.

Ganz der Deinige, ich hoffe, Dich bald zu sehen.

Napoleon.

---

*) Der Zar Alexander.

CL.
An die Kaiserin in St. Cloud.

?

Meine Liebe! Ich schreibe Dir wenig, weil ich viel zu arbeiten habe. Diese tagelangen Beschäftigungen — das bekommt mir nicht besonders. Übrigens geht alles gut. Ich bin zufrieden mit Alexander, er muß es auch mit mir sein. Wäre er eine Frau, ich glaube, ich würde aus ihm meine Liebste machen.

Ich werde in Kürze bei Dir sein. Möge es Dir gut gehen, ich wünsche Dich frisch und dick wiederzusehen. Adieu, meine Liebe.

Napoleon.

Anmerkung des Uebersetzers: Der Congreß zu Erfurt bezeichnet den Höhepunkt der napoleonischen Macht: "Sie werden," schrieb der Kaiser an Talma, der mit einer ausgesuchten Truppe von Schauspielern nach Erfurt berufen wurde, "vor einem Parterre von Königen spielen!" — »Taisez vous (höre auf zu wirbeln) ce n'est qu'un roi« schrie der wachhabende Offizier den Tambour an, der dem König von Württemberg einen Wirbel darbringen wollte, wie er sich nur für den Kaiser geziemte. Das waren Tage des Glanzes, des Übermuthes — Josephine bekommt nur wenig davon zu kosten.

»En avant les braves«, ruft bei einer Parade zu Ehren des Zaren der Kaiser, um einem seiner Regimenter, das sich bei Friedland durch die Prügel, die es den Russen gab, ausgezeichnet hatte, Kreuze zu verleihen.

Voltaire's Oedipe wird aufgeführt, die Mimen auf der Bühne leisten in ihrer Kunst Bewunderungswürdiges, die beiden hohen Mimen unter den Zuschauern fallen sich in die Arme bei den

Worten des Philoctet: L'amitié d'un grand homme est un bienfait des dieux!

Auch „Monsieur Goeth" wird aus Weimar herbeigeholt, und ist ganz entzückt vom Kaiser; nur ärgert es ihn, daß Napoleon an Werthers Leiden" etwas auszusetzen hat — Goethe vergleicht den „Großen" nebenher mit einem „kunstverständigen Schneider", der an einem angeblich ohne Naht hergestellten Rock die versteckte Naht entdeckt.

Und dann — die Hasenjagd auf dem Schlachtfelde von Jena! Von dem „General Vandémiaire" aus dem ersten italienischen Feldzuge steckte nicht mehr viel in dem vom „Kaiserwahnsinn" Befallenen.

Der lesende Napoleon.
(Zeichnung nach der Natur von Strobet.)
Sammlung von Herrn Théramy.

Briefe

des

Kaisers Napoleon an die Kaiserin Josephine

während des

Feldzuges in Spanien 1808 und 1809.

CLI.

An die Kaiserin in Paris.

? den 3. November 1808.

Ich bin diese Nacht mit einigen Schwierigkeiten hier angekommen; einige Meilen habe ich zu Pferde zurückgelegt, ich befinde mich aber dabei sehr wohl.

Morgen gehe ich nach Spanien. Meine Truppen treffen in Masse ein.

Adieu, meine Liebe.
    Der Deinige!
            Napoleon.

CLII.

An die Kaiserin in Paris.

? den 5. November 1808.

Ich bin in Tolosa und werde in einigen Stunden in Vittoria sein. Ich bin ganz wohl, und hoffe, daß bald Alles zu Ende sein wird.

            Napoleon.

CLIII.
An die Kaiserin in Paris.
> ? den 7. November 1808.

Meine Liebe! Seit zwei Tagen in Vittoria — und befinde mich wohl. Täglich treffen Truppen ein. Heute ist die Garde angekommen.

Der König befindet sich sehr wohl, ich bin viel in Anspruch genommen.

Ich weiß Dich in Paris wohl aufgehoben, zweifele nicht an meiner Zuneigung.

Napoleon.

CLIV.
An die Kaiserin in Paris.
> Burgos, den 14. November 1808.

Hier geht alles einer raschen Entwicklung entgegen. Das Wetter ist sehr schön. Wir haben Erfolge zu verzeichnen. Mein Befinden ist vortrefflich.

Napoleon.

CLV.
An die Kaiserin in Paris.
> ? den 26. November 1808.

Ich erhielt Deinen Brief. Möchte Dein Befinden ebenso gut sein, als das meinige; dabei bin ich sehr beschäftigt. Hier geht Alles gut.

Du solltest, wie ich meine, am 21. in die Tuilerien zurückkehren und von da an jede Woche ein Concert veranstalten.

Der Deinige.

Napoleon.

P. S. Viele Grüße an Hortense und Napoleon.

CLVI.
An die Kaiserin in Paris.
? den 7. December 1808.

Ich habe Deinen Brief vom 28. v. M. erhalten. Es freut mich, daß Du wohl bist. Du hast gesehen, daß der junge Tascher sich gut benimmt, das freut mich. Meine Gesundheit ist gut.

Das Wetter ist hier gerade so, wie es in Paris zu Ende Mai ist, nur des Nachts bedürfen wir des Feuers, die Nächte sind frisch.

Madrid ist ganz still; meine Angelegenheiten stehen gut.

Adieu, meine Liebe.

Der Deinige.

Napoleon.

P. S. Viele Grüße an Hortense und Napoleon.

CLVII.
An die Kaiserin in Paris.
? den 10. December 1808.

Ich bin im Besitz Deines Briefes, meine Liebe. Du schreibst mir, es wäre in Paris schlechtes Wetter: hier ist es so schön wie möglich. Sage mir doch, was will denn eigentlich Hortense mit ihren Reformen? Man sagt, daß Sie ihre Dienerschaft fortschickt. Man verweigert ihr doch nicht etwa Das, was sie nothwendig braucht. Theile mir doch, bitte, etwas darüber mit: diese Reformen sind unpassend.

Adieu, meine Liebe. Hier ist sehr schönes Wetter. Alles geht vortrefflich. Sorge dafür, daß Du Dich wohl befindest.

Napoleon.

CLVIII.
An die Kaiserin in Paris.
? den 21. December 1808.

Du mußt seit dem 12. in den Tuilerien sein. Hoffentlich bist Du zufrieden mit Deinen Gemächern.

Ich habe meine Genehmigung dazu ertheilt, daß Kurakin Dir und der Familie vorgestellt werde. Empfange ihn gut und lade ihn zum Spiel mit Dir ein.

Abieu, meine Liebe, ich bin wohl. Es regnet und ist etwas kalt.

Napoleon.

CLIX.
An die Kaiserin in Paris.
? den 22. December 1808.

Ich bin im Begriff abzureisen, um gegen die Engländer zu operiren. Sie scheinen Verstärkungen bekommen zu haben und sich in der That etwas einzubilden. Das Wetter ist schön, meine Gesundheit vortrefflich, sei ohne Sorgen.

Napoleon.

CLX.
An die Kaiserin in Paris.
Benavente, den 31. December 1808.

Meine Liebe! Ich bin seit einigen Tagen dabei, die Engländer zu verfolgen, sie fliehen Hals über Kopf. Sie haben feige die Trümmer der Armee der Romana im Stich gelassen, um ihren Rückzug nur ja nicht um einen halben Tag aufzuschieben. Schon sind ihnen 100 Gepäckwagen abgenommen. Das Wetter ist sehr schlecht.

Lefévre ist gefangen genommen, er hat mit 300 Chasseurs einen unglücklichen Streifzug gemacht. Seine Leute haben einen Fluß durchschwommen und sich mitten in die englische Cavalerie hineingestürzt. Sie haben viele Leute getötet. Bei der Rückkehr aber, wurde Lefévre's Pferd verwundet; er wäre ertrunken, der Strom aber trieb ihn an das Ufer, an welchem die Engländer standen. So wurde er gefangen. Tröste seine Frau.

Adieu, meine Liebe. Bessières ist mit 10,000 Pferden nach Astorga.

Napoleon.

P. S. Ein glückliches neues Jahr für Euch Alle.

CLXI.

An die Kaiserin in Paris.

? den 3. Januar 1809.

Ich bin im Besitz, meine Liebe, von Deinem letzten Briefchen. Ich verfolge die Engländer mit dem Degen in den Rippen.

Das Wetter ist rauh, aber alles geht gut.

Abieu, meine Liebe.

Ganz der Deinige.

Recht glückliches neues Jahr für meine Josephine.

Napoleon.

CLXII.

An die Kaiserin in Paris.

Benavente, den 5. Januar 1809.

Nur ein Zeilchen, meine Liebe. Die Engländer sind in wilder Flucht; ich habe den Herzog von Dalmatien*) mit der Verfolgung beauftragt — immer mit dem Degen in den Rippen! Ich befinde mich wohl, es ist schlechtes Wetter.

Abieu, meine Liebe.

Napoleon.

---

*) Der Marschall Soult.

CLXIII.
An die Kaiserin in Paris.
? den 8. Januar 1809.

Ich entnehme leider Deinen Briefen vom 23. und 26. v. M., daß Du Zahnschmerzen hast; ich bin hier seit zwei Tagen. Das Wetter entspricht der Jahreszeit; die Engländer schiffen sich ein. Ich befinde mich wohl.

Adieu, meine Freundin. Ich schreibe an Hortense; Eugen hat eine Tochter.

Der Deinige.

Napoleon.

CLXIV.
An die Kaiserin in Paris.
? den 9. Februar 1809.

Moustache bringt mir eben Deinen Brief vom 31. December. Du bist traurig, meine Liebe, Du siehst schwarz in die Zukunft. Oesterreich wird nicht Krieg mit mir führen. Wenn Oesterreich es thut — ich habe 150,000 Mann in Deutschland, ebenso viel am Rhein und 400,000 Deutsche, um zu antworten. Rußland wird sich nicht von mir lossagen: man ist verrückt in Paris, alles geht gut.

Ich werde in Paris sein, sobald ich es für möglich halte. Ich rathe Dir, nimm Dich in Acht vor dem Heimkehrenden: eines schönen Tages um 2 Uhr morgens...

Doch Adieu, Liebe. Ich bin wohl.

Ganz der Deinige.

Napoleon.

Anmerkung des Uebersetzers. Am 3. November war Napoleon in Bayonne, am 7. in Vistoria, am 2. — er liebte die historischen Daten, dem Jahrestag der Schlacht von Austerlitz und dem der Krönung stand er vor Madrid. Da erreichten ihn beunruhigende Nachrichten über österreichische Rüstungen, es trafen Berichte ein über Murat's zweifelhafte Haltung auf dem Throne von Neapel, über Intriguen Carolines, der Königin von Neapel — Napoleon verließ Spanien. Caroline hatte Nichts Geringeres beabsichtigt, als mit Hülfe ihres Freundes Talleyrand das Kaiserreich zu stürzen und ihren Gemahl auf den französischen Thron zu erheben. Ueber die Königin von Neapel findet man interessante Details in „Die Schwestern Napoleons" von Joh. Turquan. Schmidt & Günther, Leipzig.

Briefe

des

Kaisers Napoleon
an die Kaiserin Josephine

während des

Feldzuges 1809.

CLXV.
An die Kaiserin in Straßburg.
Donauwörth, den 13. April 1809.

Ich bin gestern um 4 Uhr Morgens hier angekommen und gehe sogleich weiter. Wir sind in voller Bewegung.

Bis jetzt giebt es nichts Neues. Meine Gesundheit ist gut.

Der Deinige!
Napoleon.

CLXVI.
An die Kaiserin in Straßburg.
? am 6. Mai 1809, zu Mittag.

Ich bin im Besitz Deines Briefes. Die Kugel streifte mich, hat mich aber nicht verwundet; sie hat kaum die Achillessehne gestreift. Meine Gesundheit ist sehr gut.

Wozu beunruhigst Du Dich? Meine Angelegenheiten hier stehen ausgezeichnet.

Der Deinige!
Napoleon.

P. S. Viele Grüße an Hortense und an den Herzog von Berg.*)

---

*) Der älteste Sohn des Königs von Holland, Prinz Napoleon wurde Großherzog von Berg, z. Zt., als Murat König von Neapel wurde.

CLXVII.
An die Kaiserin in Straßburg.

St. Poelten, den 9. Mai 1809.

Morgen, meine Liebe, werde ich vor Wien anlangen, d. h. genau an demselben Tage, an welchem vor einem Monat die Österreicher über den Inn gingen und den Frieden brachen.

Meine Gesundheit ist gut; das Wetter prachtvoll. Die Soldaten sind in ausgezeichneter Stimmung. Hier giebt es Wein.

Bleibe gesund.

   Der Deinige!

       Napoleon.

CLXVIII.
An die Kaiserin in Straßburg.

Schönbrunn, den 12. Mai 1809.

Ich schicke Dir den Bruder der Herzogin von Montebello,*) um Dich zu benachrichtigen, daß ich Herr von Wien bin und daß hier alles vortrefflich geht. Auch meine Gesundheit ist sehr gut.

       Napoleon.

---

*) Die Herzogin von Montebello, die Gemahlin des Marschalls Lannes, war eine geborene Gueheneuc, erzogen im Institut der Campan; eine ebenso schöne, wie tugendhafte Dame; sie wurde später Ehrendame bei Marie Louise. Man sehe Turquan: „Welt und Halbwelt". (Schmidt & Günther, Leipzig.)

CLXIX.
An die Kaiserin in Straßburg.
? den 27. Mai 1809.

Ich schicke einen Pagen an Dich ab, um Dich zu benachrichtigen, daß Eugen mit seiner ganzen Armee zu mir gestoßen ist, daß er die ihm gewordene Aufgabe vortrefflich gelöst hat, daß er die feindliche Armee, die sich ihm entgegenstellte, fast völlig vernichtet hat.

Ich schicke Dir meine Proclamation an die Armee von Italien, aus der Du alles Nähere ersehen wirst.

Ich befinde mich sehr wohl.

Der Deinige.

Napoleon.

P. S. Du kannst die Proclamation in Straßburg drucken lassen und sie in's Französische und in's Deutsche übersetzen lassen, damit man sie in ganz Deutschland verbreite. Händige dem Pagen, der nach Paris geht, eine Abschrift der Proclamation ein.

CLXX.
An die Kaiserin in Straßburg.
? den 29. Mai, um 7 Uhr Abends.

Meine Liebe, ich bin seit gestern hier und durch den Fluß aufgehalten. Die Brücke ist abgebrannt worden. Ich werde um Mitternacht übersetzen.

Hier geht alles nach Wunsch, d. h. vortrefflich.

Die Österrreicher sind wie vom Blitz getroffen. Adieu, meine Liebe.

Der Deinige!

Napoleon.

CLXXI.
An die Kaiserin in Straßburg.
? den 31. Mai 1809.

Ich habe Deinen Brief vom 26. erhalten. Ich habe Dir geschrieben, Du könntest nach Plombières; daß Du nach Baden gingest, wäre mir nicht angenehm. Du solltest nicht aus Frankreich hinaus. Ich habe den beiden Prinzen*) befohlen, nach Frankreich zurückzukehren.

Der Tod des Herzogs von Montebello, welcher heut Morgen erfolgt ist, hat mich tief betrübt. Das ist das Ende von Allem!

Abieu, meine Liebe. Kannst Du dazu beitragen, die arme Marschallin zu trösten, so thue es ja.

Der Deinige.

Napoleon.

---

*) Die Königin von Holland hatte ihre beiden Söhne mit nach Baden-Baden genommen.

Anmerkung des Übersetzers. Am 14. August 1808 war Napoleon aus Spanien in Paris zurück: — gewitterschwere Wolken hingen um seine Stirn. „Was will denn eigentlich Ihr Kaiser", schrie er auf der Audienz am 15. den neuen österreichischen Gesandten, Grafen Clemens von Metternich, an, „es ist ja richtig, daß meine Armeen jenseits der Pyrenäen einige Verluste erlitten haben — aber noch bevor das Jahr zu Ende ist, wird dieser infame englische Leopard, wo immer er das Festland besudelte, ins Meer geworfen sein. Drei Conscriptionen rufe ich zugleich unter die Waffen — Österreich mag sich in Acht nehmen." Das die Ouverture für den Feldzug von 1809! In Deutschland erwartete der Erzherzog Karl mit ca. 150000 Mann die heranrückenden Franzosen; in Galizien war eine Armee von 33 000 Mann unter dem Erzherzog Ferdinand zu einem gegen Warschau

CLXXII.
An die Kaiserin in Straßburg.
? den 9. Juni 1809.

Ich entnehme Deinem Brief mit Vergnügen, daß Du nach Plombières gehst; die Bäder werden Dir wohl thun.

Eugen ist mit seiner Armee in Ungarn.

Ich befinde mich wohl, das Wetter ist wunderschön. Es ist mir lieb, zu hören, daß Hortense und der Herzog von Berg in Frankreich sind.

Abieu, meine Liebe.

Der Deinige.

Napoleon.

---

gerichteten Angriff bereit; in Inner-Österreich waren unter Erzherzog Johann 50—60000 Mann concentrirt, um durch Steiermark und Kärnthen gegen Italien zu operiren. Am 13. April verließ Napoleon Paris. Am 17. war er in Donauwörth: „avec la rapidité de l'éclair" sagte er seinen Soldaten, „bin ich hier". Vom 19.—23. April verzeichneten die Österreicher bei Tann, Ravensburg, Rohr, Landshut, Eckmühl, Regensburg, wo Napoleon einen allerdings unbedeutenden Streifschuß erhielt, (Brief 166) kleinere und größere Niederlagen. Erzherzog Johann hatte zunächst glücklich am Tagliamento gegen Eugen gefochten, bei Sacile am 16. April aber wandte sich das Blatt und er mußte nach Ungarn zurückweichen. Am 13. Mai übergab der in Wien commandirende Erzherzog Maximilian die Hauptstadt, Napoleon ließ sich in Schönbrunn nieder. Es folgte bei Aspern und Eßling, am 21. und 22. Mai, eine furchtbar blutige Schlacht. Die Franzosen mußten auf die Insel Lobau, von wannen sie gekommen waren, zurück — das heißt, sie waren geschlagen! Ganz unerklärlich ist es, weshalb der Erzherzog Karl seinen Sieg nicht verfolgte.

CLXXIII.

An die Kaiserin in Plombières.

Schönbrunn, den 16. Juni 1809.

Ich schicke Dir einen Pagen mit der Nachricht, daß am 14., dem Jahrestage der Schlacht von Marengo, Eugen eine Schlacht gegen den Erzherzog Johann, bei Raab in Ungarn, gewonnen hat; daß er dem Feinde 3000 Mann, mehrere Kanonen und 4 Fahnen abgenommen hat, daß er ihn auf dem Wege nach Budapest verfolgt.

Napoleon.

Jedenfalls konnte sich auf diese Art Napoleon auf der Insel Lobau wieder erholen. Am 30. Juni begann er seine Truppen von Neuem über die Donau vorzuschieben. In der Nacht vom 4. auf den 5. Juli begannen die Präludien zu einem neuen Concerte von Kanonen und Flinten. Am 5., die Sonne näherte sich bereits dem Horizont, ging es heiß her vor Wagram, dem Hauptquartier des Erzherzogs Karl, der seinem Bruder Johann den Befehl hatte zugehen lassen, mit der Armee von Inner-Österreich zu ihm zu stoßen. Die blutigen Kämpfe bis in die Nacht zum 6. hinein, waren unentschieden. Am 6. begann sich das Glück der Schlachten seinem Liebling zuzuwenden; vergebens erwartete auf seinem stark erschütterten linken Flügel Erzherzog Karl das Eingreifen Johanns — Johann kam nicht und Karl ertheilte den Befehl zum Rückzuge. Bei Znaim kam es am 10. und 11. Juli nochmals zum Kampf, der jedoch mit dem Abschluß des Waffenstillstandes, den die Österreicher erbaten, endete. — Das war der Feldzug von 1809, während dessen Josephine in Straßburg war und langweilige, angstvolle Tage verlebte — mußte sie, daß in Wien bei dem Sieger die schöne Marie Walewska eingetroffen war?

CLXXIV.
An die Kaiserin in Plombières.
? den 19. Juni 1809, zu Mittag.

Ich erhielt Deinen Brief mit der Anzeige, daß Du nach Plombières abgereist bist. Ich sehe diese Reise sehr gern, weil ich hoffe, daß sie Dir gut sein wird.

Eugen ist in Ungarn und befindet sich wohl. Meine Gesundheit ist sehr gut, die Armee in gutem Zustande.

Es ist mir sehr angenehm, zu erfahren, daß der Großherzog von Berg bei Dir ist.

Adieu, meine Liebe. Du kennst meine Gefühle für Josephine, sie sind unwandelbar.

Der Deinige.

Napoleon.

CXXV.
An die Kaiserin in Plombières.
Ebersdorf, den 7. Juli 1809, 5 Uhr Morgens.

Ich schicke Dir einen Pagen mit der Nachricht von unserem Siege bei Ebersdorf am 5. und unserem Siege bei Wagram am 6.

Die feindliche Armee flieht in Unordnung; Alles geht nach Wunsch.

Eugen ist wohl. Der Fürst Albobrandini ist verwundet, aber nur leicht.

Bessières ist von einer Kugel in den Schenkel getroffen; es ist nur eine leichte Fleischwunde.

Lasalle ist gefallen. Meine Verluste sind ziemlich bedeutend, allein der Sieg ein entscheidender. Wir haben mehr als 100 Kanonen und 12 Fahnen erbeutet, und viele Gefangene gemacht.

Ich bin stark von der Sonne verbrannt.

Adieu, meine Liebe. Ich umarme Dich, grüße Hortense.

Napoleon.

CLXXVI.
An die Kaiserin in Plombières.

? den 9., um 2 Uhr Morgens.

Hier geht Alles so, wie ich es nur wünschen kann, meine Liebe. Der Feind ist vernichtet, in völliger Auflösung. Er war numerisch sehr stark, ich habe ihn zerschmettert. Heute befinde ich mich wohl, gestern war ich ein wenig leidend, in Folge der großen Strapazen; das schadet mir nichts, bekommt mir im Gegentheil recht gut.

Adieu, meine Liebe, ich bin wirklich ganz wohl.

Napoleon.

CLXXVII.
An die Kaiserin in Plombières.

Im Lager vor Znaim, den 13. Juli 1809.

Ich schicke Dir den Waffenstillstandsvertrag, welcher gestern mit dem österreichischen General abgeschlossen wurde. Eugen steht in Ungarn und befindet sich wohl. Schicke eine Abschrift des Waffenstillstandsvertrages an Cambacérès für den Fall, daß er noch kein Document hat.

Ich umarme Dich, ich bin ganz wohl.

Napoleon.

P. S. Du kannst in Nancy den Waffenstillstandsvertrag drucken lassen.

CLXXVIII.
An die Kaiserin in Plombières.

? den 17. Juli 1809.

Ich habe Dir, Liebe, einen Pagen geschickt. Du wirst unterrichtet sein vom Ausgange der Schlacht bei Wagram und von dem hernach in Znaïm abgeschlossenen Waffenstillstandsvertrag.

Meine Gesundheit ist gut, auch Eugen befindet sich wohl. Auch Du bist hoffentlich gesund, ebenso wie Hortense. Gieb dem Großherzog von Berg in meinem Namen einen Kuß.

Napoleon.

CLXXIX.
An die Kaiserin in Plombières.

? 24. Juli 1809.

Aus Deinem Briefe vom 18. Juli, ersehe ich zu meiner großen Freude, daß Dir die Bäder gut bekommen. Ich finde nichts unpassendes dabei, wenn Du nach Beendigung Deiner Bäder nach Malmaison gehst.

Hier ist es ziemlich heiß; ich befinde mich aber sehr wohl.

Adieu, meine Liebe. Eugen ist in Wien und befindet sich vortrefflich.

Der Deinige.

Napoleon.

CLXXX.
An die Kaiserin in Plombières.
Schönbrunn, den 7. August 1809.

Ich entnehme Deinem Brief, daß Du noch in Plombières bist und auch dort zu bleiben gedenkst; daran thust Du recht, da die Bäder und das schöne Klima nur vortheilhaft für Deine Gesundheit sein können.

Ich bleibe hier, meine Gesundheit ist ganz nach Wunsch, auch meine Angelegenheiten stehen gut.

Viele freundliche Grüße an Hortense und Napoleon. Der Deinige.

Napoleon.

CLXXXI.
An die Kaiserin in Paris.
Schönbrunn, den 21. August 1809.

Ich habe Deinen Brief vom 14. August aus Plombières: Du mußt am 18. August in Paris oder Malmaison angekommen sein. Du mußt viel von der Hitze gelitten haben, die hier fast unerträglich ist. Malmaison muß jetzt ganz vertrocknet sein.

Meine Gesundheit ist gut, nur greift mich die Hitze etwas an.

Adieu, meine Liebe.

Napoleon.

CLXXXII.
An die Kaiserin in Malmaison.

Schönbrunn, den 26. August 1809.

Ich danke Dir für Deinen Brief aus Malmaison. Man hat mir berichtet, daß Du stark geworden bist, frisch und wohl aussiehst. Ich versichere Dir, Wien ist keine amüsante Stadt. Ich wünschte, ich wäre in Paris.

Adieu, meine Liebe; zweimal in der Woche höre ich die Volkssänger; sie sind nur mittelmäßig, aber man bringt die Abende hin.

Napoleon.

CLXXXIII.
An die Kaiserin in Malmaison.

? den 31. August 1809.

Seit mehreren Tagen habe ich keinen Brief von Dir; die Vergnügungen in Malmaison, die schönen Treibhäuser, die schönen Anlagen sind schuld, daß die Abwesenden vergessen werden. Das ist nun einmal so Euere Art! Von allen Seiten höre ich, daß Deine Gesundheit vortrefflich ist. Ob es wahr ist, weiß ich nicht.

Ich gehe morgen auf zwei Tage nach Ungarn zu Eugen. Ich befinde mich ziemlich wohl.

Adieu, meine Liebe.
Der Deinige.

Napoleon.

CLXXXIV.
An die Kaiserin in Malmaison.

Krems, den 9. September 1809.

Meine Liebe! Gestern um 2 Uhr morgens traf ich hier ein, zu einer Inspicirung meiner Truppen; noch nie war meine Gesundheit so gut. Daß auch Du wohl bist, weiß ich.

Ich werde in Paris in einem Augenblick, wo mich Niemand erwartet, eintreffen.

Hier geht Alles zu meiner vollen Zufriedenheit.

Adieu, meine Liebe.

Napoleon.

CLXXXV.
An die Kaiserin in Malmaison.

? den 23. September 1809.

Aus Deinem Brief vom 16. ersehe ich, daß Du Dich wohl befindest. Das Landhaus der alten Jungfer*) ist nicht mehr Werth als 120000 Francs, die Erben werden nie mehr dafür bekommen. Ich gebe Dir aber Vollmacht, zu thun, wie Du willst, da Dir das doch Spaß macht, aber wenn Du es einmal gekauft hast, laß es nicht einreißen, um Felsparthien daraus zu machen!

Adieu, meine Liebe.

Napoleon.

---

*) Haus des Fräulein Julien (Boispréau).

CLXXXVI.
An die Kaiserin in Malmaison.
? den 25. September 1809.

Ich bin im Besitz Deines Briefes. Passe auf, ich rathe Dir, Dich des Nachts gut zu verwahren. Denn in einer der nächsten Nächte wirst Du ungeheuern Lärm hören.

Meine Gesundheit ist gut; ich weiß nicht, was man erzählt, ich habe mich niemals seit Jahren besser befunden; Corvisart ist für mich überflüssig.

Abieu, meine Liebe, hier geht alles sehr gut.
Der Deinige.
Napoleon.

CLXXXVII.
An die Kaiserin in Malmaison.
? den 14. Oktober 1809.

Ich schreibe Dir, meine Liebe, in Eile, um Dir den Abschluß des Friedens mitzutheilen. Vor zwei Stunden traten Champagny und der Fürst Metternich bei mir ein.

Abieu, meine Liebe.
Napoleon.

CLXXXVIII.
An die Kaiserin in Malmaison.
Nymphenburg bei München, den 29. October 1809.

Seit gestern bin ich hier und befinde mich wohl und gehe erst morgen von hier fort. Einen Tag will ich mich in Stuttgart aufhalten. Du wirst vierundzwanzig Stunden im Voraus von meiner Ankunft in Fontainebleau unterrichtet werden. Der Tag, an welchem ich Dich wiedersehe, soll für mich ein Festtag sein. Ich erwarte ihn mit Ungeduld.

Ich umarme Dich.
Der Deinige.
Napoleon.

CLXXXIX.
An die Kaiserin in Malmaison.
München ?.

In einer Stunde, meine Liebe, reise ich ab, ich werde in Fontainebleau zwischen dem 26. und 27. eintreffen. Du kannst Dich ja mit einigen Deiner Damen dorthin verfügen.

Napoleon.

Anmerkung des Uebersetzers. Napoleon, dem schon oft — vor Jahren schon — der Gedanke an eine Scheidung von Josephine gekommen war, der sich aber immer wieder von diesem ihm unzweifelhaft schmerzlichen Gedanken losgemacht hatte, war nach seiner Rückkehr aus dem Feldzuge von 1809 fest entschlossen, die Scheidung vollziehen zu lassen; eine Veranlassung im Betragen Josephines lag direct nicht vor. Die Abrantes in ihrer "Geschichte der Pariser Salons", weiß von einem merkwürdigen Zwiegespräch zwischen Kaiser und Kaiserin zu berichten, welches man füglich als die Einleitung zu dem so lange beanstandeten Schritte auffassen kann.

Josephine, von bangen Ahnungen gequält, stellte eines Tages im November 1809 nach dem Diner, beim Caffee ihrem Gemahl die überraschende Frage, warum er sie verlassen wolle, ob er denn nicht glücklich mit ihr wäre.

„Glücklich", rief voll Hohn und Zorn Napoleon, „Du scheinst mich foppen zu wollen ... Glücklich? Ja, ich war es, wäre es vielleicht für immer geblieben, aber, als die Hölle an Stelle des Friedens trat ... da mußte ich nach einem andern Leben suchen .. Ich habe der Stimme meiner Völker, die von mir eine Garantie des Fortbestehens von Dem fordert, was ich geschaffen habe, mein Ohr geliehen. Ich habe eingesehen, daß ich mächtige, heilige Interessen einer Chimäre opferte und habe nachgegeben". (Man sehe über den weiteren Verlauf der pikanten Scene: Jos. Turquan, „Die Kaiserin Josephine", S. 210 2c.). Am 15. December fand die feierliche Ceremonie der Scheidung (Ebenda S. 216 2c.) statt. In der Armee war man mit der Scheidung nichts weniger als einverstanden. Im „Tagebuch des Capitän Coignet" findet sich Näheres.

Am 16. December verließ Josephine für immer die Tuilerien und siedelte zunächst nach Malmaison über; dort stellten sich alsbald auch ihre Kinder ein. Auch Napoleon verließ für einige Zeit die Tuilerien, er bezog das Schloß Trianon. Anfang des Jahres 1810 verscheuchte die Langeweile Josephine von Malmaison und sie bezog für einige Monate das Elysee. Währenddem fanden die Unterhandlungen betreffs der Heirath Napoleons mit Marie Louise statt; und da die Ankunft der zweiten Gemahlin in baldiger Aussicht stand, verlegte Josephine ihren Aufenthalt nach Navarra.

Portrait der Madame Bonaparte.
(Nach einem kolorierten Stich von Bonneville.)

Portrait Bonapartes.
(Nach einem kolorierten Stich von Bonneville.)

Briefe

des

Kaisers Napoleon
an die Kaiserin Josephine

nach der

Scheidung 1809, 1810, 1811, 1812, 1813.

CXC.
An die Kaiserin in Malmaison.
? im December 1809.

Meine Liebe! Ich habe Dich heut schwächer angetroffen, als Du sein solltest. Du hast ja Muth gezeigt, Du mußt nun auch Muth finden, Dich aufrecht zu erhalten. Du darfst Dich keiner verhängnißvollen Melancholie hingeben. Du mußt versuchen, zufrieden zu sein. Vor allen Dingen aber pflege Deine Gesundheit, die mir so theuer ist. Wenn Du mir zugethan, wenn Du mir gut bist, so zeige Stärke und ringe nach Zufriedenheit. Du kannst unmöglich an meiner beständigen und zärtlichen Freundschaft zweifeln. Du würdest die Empfindungen, welche ich Dir entgegenbringe, schlecht kennen, wenn Du annehmen würdest: ich könnte glücklich sein, wenn Du es nicht bist, ich könnte zufrieden sein, während Du keine Ruhe findest.

Adieu, meine Liebe. Schlafe gut — denke, daß ich es so will.

Napoleon.

CXCI.
An die Kaiserin in Malmaison.
? am Dienstag um 6 Uhr Abends.

Die Königin von Neapel, mit welcher ich während der Jagd im Gehölz von Boulogne zusammentraf — ich habe einen Hirsch erlegt — hat mir gesagt, daß sie Dich gestern um 1 Uhr Nachmittags wohl verlassen habe. Schreibe mir doch, was Du heut gethan hast. Ich? — Ich befinde mich wohl! Gestern, als ich Dich sah, war ich unwohl. Ich hoffe, Du hast eine kleine Promenade gemacht.

Adieu, meine Liebe.

Napoleon.

CXCII.
An die Kaiserin in Malmaison.
? 7 Uhr Abends.

Ich erhielt Deinen Brief, meine Liebe. Savary sagt mir, daß Du immerfort weinst; das ist nicht recht. Ich hoffe, Du bist heute ausgewesen. Ich habe Dir einen Theil meiner Jagdbeute geschickt. Ich werde Dich besuchen, wenn Du mir versprichst, vernünftig zu sein und ich sicher bin, daß der Muth bei Dir die Oberhand gewinnt.

Morgen den ganzen Tag über habe ich die Minister bei mir.

Adieu, meine Liebe; auch ich bin heut traurig. Ich muß wissen, daß Du zufriedengestellt bist und hören, daß Du ruhiger wirst.

Schlafe wohl.

Napoleon.

CXCIII.
An die Kaiserin in Malmaison.
? am Donnerstag zu Mittag.

Ich wollte Dich heut besuchen, meine Liebe, allein ich bin zu sehr beschäftigt und ein wenig unwohl. Ich will trotzdem dem Ministerrath beiwohnen.

Ich bitte, benachrichtige mich von Deinem Befinden. Das Wetter ist feucht und ungesund.

Napoleon.

CXCIV.
An die Kaiserin in Malmaison.
Trianon am Dienstag.

Ich bin gestern gleich zu Bett gegangen, nachdem Du fort warst, meine Liebe*). Ich gehe nach Paris. Ich wünsche sehnlichst, daß Du guter Dinge bist. Ich werde Dich im Laufe der Woche besuchen.

Ich habe Deine Briefe bekommen und will sie im Wagen lesen.

Napoleon.

---

*) Die Kaiserin hatte mit ihrer Tochter in Trianon dinirt.

CXCV.
An die Kaiserin in Malmaison.
Am Mittwoch, zu Mittag.

Eugen sagte mir, Du wärst gestern ganz traurig gewesen. Das ist nicht recht, meine Liebe. Es widerspricht Dem, was Du mir versprochen hast.

Es war mir recht fatal, die Tuilerien wiederzusehen. Das große Palais schien mir so öde, und ich kam mir vereinsamt vor.

Adieu, meine Liebe. Laß es Dir gut gehen.

Napoleon.

CXCVI.
An die Kaiserin in Malmaison.
Paris, am Freitag.

Meine Liebe! Ich bin im Besitz Deines Briefes. Ich höre zu meinem Kummer, daß Du krank gewesen bist: ich befürchte, es ist eine Folge des schlechten Wetters. Madame de la T..... ist eine der Tollsten im Faubourg. Ich habe lange Zeit durch ihre Klatschereien gelitten; zuletzt hat es mich so gelangweilt, daß ich ihr verboten habe, nach Paris zu kommen. Es sind noch 5 oder 6 alte Frauenzimmer da, die ich auch aus Paris fortschicken will. Sie verderben mir mit ihrem Gewäsch die jungen. Ich werde die Baronin de Makau, da Du es wünschst, ernennen, auch Deine übrigen Aufträge besorgen.

Meine Gesundheit ist ganz leidlich. B.....'s Betragen scheint mir durchaus lächerlich. Hoffentlich bist Du wohl.

Adieu, meine Liebe. Napoleon.

CXCVII.
An die Kaiserin in Malmaison.
Am Sonntag, um 10 Uhr Morgens.

Ich halte heute eine große Parade ab, meine Liebe. Die alte Garde und 60 Artilleriezüge werden vorbeimarschieren.

Der König von Westphalen geht fort, um in seinem Lande zu residiren, dadurch wird in Paris ein Haus frei. Ich bin betrübt, daß ich Dich nicht sehe. Ist die Parade vor 3 Uhr vorbei, so werde ich kommen, sonst erst morgen.

Adieu, meine Liebe.

Napoleon.

CXCVIII.
An die Kaiserin in Malmaison.
Am Donnerstag Abend.

Hortense, welche ich heut Nachmittag gesprochen habe, hat mir Nachricht von Dir, meine Liebe, gebracht. Hoffentlich hast Du heut, da das Wetter schön war, Deine neuen Pflanzen in Augenschein genommen. Ich bin nur einen Augenblick ausgewesen, um 3 Uhr, um einige Hasen zu schießen.

Adieu, meine Liebe. Schlafe wohl.

Napoleon.

CXCIX.
An die Kaiserin in Malmaison.
Am Freitag, um 8 Uhr. (1810.)

Ich wollte Dich heut besuchen, allein ich konnte nicht, also hoffentlich morgen. Es ist lange her, daß Du mir keine Nachricht gegeben hast.

Ich habe zu meiner Freude gehört, daß Du Dich trotz dieser kalten Tage im Park ergangen hast.

Adieu, meine Liebe; bleibe gesund und zweifele nicht an meinen Gesinnungen.

Napoleon.

CC.
An die Kaiserin in Malmaison.
Sonntag, um 8 Uhr Abends. (1810.)

Ich bin so zufrieden, daß ich Dich gestern gesehen habe. Ich merke es deutlich, welchen Reiz Deine Gesellschaft für mich hat. Ich habe heut mit Estève gearbeitet, ich habe 100 000 Francs für das Jahr 1810 als Extraordinarium für Malmaison bewilligt. Du kannst also pflanzen lassen, soviel Du willst. Du wirst die Summe nach Gefallen verwenden. Ich habe Estève beauftragt, 200 000 Francs zu zahlen, sowie der Contract in Bezug auf das Julien'sche Haus perfect ist. Ich habe auch befohlen, daß Dein Rubinenschmuck bezahlt wird. Er soll von dem Intendanten abgeschätzt werden, weil ich keine Betrügereien seitens der Juweliere haben will. Ich habe also 400 000 Francs Unkosten.

Ich habe befohlen, daß die 1 Million Franken, welche die Civilliste für 1810 an Dich zu zahlen hat, zur Verfügung Deines Geschäftsführers gestellt wird, um Deine Schulden zu bezahlen.

Du wirst in dem Schrank zu Malmaison 5 bis 600 000 Francs finden; Du kannst sie für Dein Silbergeräth und Deine Wäsche nehmen. Ich habe befohlen, daß ein sehr schönes Porzellanservice für Dich angefertigt wird. Man wird Deine Befehle in Empfang nehmen, damit es recht schön werde.

Napoleon.

CCI.
An die Kaiserin in Malmaison.

am Dienstag, (1810).

Ich hätte Dich heut besucht, allein ich mußte den König von Bayern, der in Paris angekommen ist, empfangen. Ich werde diesen Abend um 8 Uhr zu ihm fahren und um 10 Uhr wieder zurück sein.

Ich hoffe, Dich morgen zu sehen und Dich vergnügt und zufrieden zu finden.

Adieu, meine Liebe.

Napoleon.

CCII.
An die Kaiserin in Malmaison.
Mittwoch, 6 Uhr abends, (1810).

Ich sehe, meine Liebe, nichts Unpassendes darin, daß Du den König von Württemberg empfängst, wann Du willst. Der König und die Königin von Bayern werden sich übermorgen bei Dir einstellen.

Ich möchte gern nach Malmaison kommen, aber Du mußt stark sein und ganz beruhigt. Der Page, der heute morgen kam, sagte, er habe Dich weinen sehen.

Ich gehe allein zu Tisch.

Adieu, meine Freundin. Zweifele nie an meinen Empfindungen für Dich; es wäre ungerecht, es wäre schlecht von Dir.

Napoleon.

CCIII.
An die Kaiserin in Malmaison.
Sonnabend, um 1 Uhr nachmittags, (1810).

Gestern habe ich Eugen gesehen, welcher mir sagte, Du würdest die Könige empfangen. Ich war bis um 8 Uhr im Concert; erst nachher habe ich zu Mittag gegessen.

Ich möchte Dich so gern sehen; wenn ich heut nicht komme, so komme ich morgen nach der Messe.

Adieu, Liebe, ich hoffe, daß ich Dich beruhigt und wohl wiedersehe. Die Zeit muß Dir jetzt recht lang werden.

Napoleon.

CCIV.
An die Kaiserin in Malmaison.
Trianon, den 17. Januar 1810.

Audenarde, den ich Dir heute morgen geschickt habe, sagt mir, Dir sei, seit Du in Malmaison bist, aller Muth abhanden gekommen. Dieser Ort ist doch ganz voll von Erinnerungen, welche niemals verwischt werden können und dürfen. Wenigstens, so weit ich in Frage komme.

Ich möchte Dich so gern sehen, aber Du mußt durchaus stark sein, meine Liebe, keine Schwäche! Ich bin selber ein wenig schwach, das macht mir unsägliche Schmerzen.

Adieu, Josephine, gute Nacht. Wenn Du an mir zweifeltest, so würdest Du sehr undankbar sein.

Napoleon.

CCV.
An die Kaiserin in Malmaison.
? den 20. Januar 1810.

Ich schicke Dir, meine Liebe, das Kästchen, welches ich Dir versprochen hatte, mit einer Darstellung der Insel Lobau. Ich war gestern etwas ermüdet. Ich arbeite viel und gehe nicht aus.

Adieu, meine Liebe.

Napoleon.

CCVI.
An die Kaiserin in Malmaison.
? den 30. Januar 1810.

Ich erhielt Deinen Brief, meine Liebe, und hoffe, daß die Promenade, die Du heut gemacht hast, um Deine Treibhäuser zu zeigen, Dir gut bekommen ist.

Ich werde es mit Vergnügen sehen, daß Du Dich nach dem Elysee verfügst und werde glücklich sein, Dich dort öfter zu sehen; Du weißt doch, wie sehr ich Dich liebe.

Napoleon.

CCVII.
An die Kaiserin in Malmaison.
Dienstag zu Mittag 1810.

Du bist bekümmert, wie ich höre; das ist mir nicht lieb. Du setzest kein Vertrauen in mich und alle Gerüchte, die man verbreitet, beunruhigen Dich. Kennst Du mich denn nicht, Josephine? Ich verlange nach Dir und wenn ich nicht bald erfahre, daß Du vergnügt und zufrieden bist, so werde ich Dich tüchtig ausschelten.

Adieu, meine Liebe.

Napoleon.

CCVIII.
An die Kaiserin in Malmaison.
Sonnabend, 6 Uhr Abends (1810).

Ich habe Eugen gesagt, daß Du es vorzögest, auf die Plappermäuler der großen Stadt zu hören, anstatt auf Das, was ich Dir sage: daß man nicht erlauben soll, Dir unsinnige Geschichten zu erzählen, die Dich bekümmern.

Ich habe Deine Effecten in's Elysee schaffen lassen. Du wirst also nach Paris kommen, aber Du mußt ruhig und zufrieden sein. Du mußt ein volles Zutrauen zu mir haben.

Napoleon.

CCIX.
An die Kaiserin in Malmaison.
Sonntag um 9 Uhr (1810).

Ich bin so froh, daß ich Dich gestern gesehen habe!

Ich hoffe, in der nächsten Woche nach Malmaison zu kommen.

Ich habe hier all Deine Geschäfte in Ordnung bringen lassen und befohlen, daß man all Deine Sachen in das Elysee Napoleon schaffe.

Ich bitte Dich, sei guter Dinge.

Adieu, meine Liebe.

Napoleon.

CCX.
An die Kaiserin im Elysee Napoleon.
Freitag, 6 Uhr Abends (1810).

Savary übergab mir bei seiner Ankunft Deinen Brief. Leider bist Du wieder traurig. Ich bin froh, daß Du nichts von dem Feuer gemerkt hast.

Ich hatte schönes Wetter in Rambouillet. Hortense hat mir gesagt, daß Du die Absicht gehabt hättest, bei Bessières zu diniren und in Paris zu übernachten. Ich bedaure, daß Du Deinen Vorsatz nicht hast ausführen können.

Adieu, meine Liebe; sei munter; denke daran, daß das ein Mittel ist, mir zu gefallen.

Napoleon.

CCXI.
An die Kaiserin im Elysee Napoleon.
am 19. Februar (1810).

Ich bin im Besitz Deines Briefes. Ich wünschte sehr, Dich zu sehen, meine Liebe, allein die Einwürfe, welche Du machst, könnten gerechtfertigt sein. Es liegt vielleicht etwas Unpassendes darin, daß wir uns unter demselben Dach befinden. Das Landhaus Bessières ist zu weit entfernt, um zurückkehren zu können; andererseits bin ich nicht sicher, ob ich mich einstellen kann, ich bin etwas erkältet.

Adieu, meine Liebe.

Napoleon.

CCXII.
An die Kaiserin in Malmaison.
am 12. März (1810).

Ich hoffe, meine Liebe, Du wirst zufrieden sein mit Dem, was ich für Navarra gethan habe. Möchtest Du darin einen neuen Beweis meines Verlangens, Dir zu gefallen, sehen.

Du könntest am 25. März dorthin gehen und den April über dort bleiben.

Abieu, meine Liebe.
Napoleon.

Anmerkung des Übersetzers. Am 11. März 1810 hatte zu Wien eine kirchliche Trauungsfeierlichkeit in der Augustinerkirche stattgehabt, bei welcher dem Fürsten von Wagram (Berthier) an Stelle Napoleons die Rolle des Bräutigams übertragen war. Am 14. verließ Marie Louise Wien. Am 2. April fand der feierliche Einzug in Paris und die kirchlich-officielle Trauung statt. In St. Cloud war am Tage zuvor den Gesetzen entsprechend, die Civil-Trauung vor sich gegangen. Méneval, der damalige Privatsekretär Napoleons berichtet, in seinem Buch „Napoleon und Marie Louise" mancherlei Einzelheiten.

Die
Kaiserin Josephine an den Kaiser Napoleon.

Navarra, den 19. April 1810.

Sire, ich erhalte durch meinen Sohn die Zusicherung, daß Ew. Majestät in meine Rückkehr nach Malmaison einwilligen und daß Sie geruhen wollen, die Auslagen zu bewilligen, um welche ich, für die Instandsetzung des Schlosses von Navarra gebeten habe.

Diese zweifache Gnade, Sire, nimmt einen großen Theil der Besorgnisse von mir, und befreit mich von Befürchtungen, welche das lange Schweigen Euerer Majestät in mir erweckte. Ich befürchtete bereits, ganz aus Ihren Erinnerungen verbannt zu sein: ich sehe, daß ich es nicht bin!

So fühle ich mich denn auch heute weniger unglücklich — glücklich zu sein, wird überhaupt kaum noch möglich sein!

Ende des Monats gehe ich wieder nach Malmaison, da Eure Majestät keinen Einspruch erheben. Aber ich muß es Ihnen doch sagen, Sire, ich hätte nicht so bald schon von der Freiheit, welche nach dieser Richtung hin Eure Majestät mir lassen, Gebrauch gemacht, wäre das Haus in Navarra nicht so sehr der Reparaturen bedürftig; diese sind für mein Wohlbefinden sowohl als für das der Personen meines Haushaltes dringend erforder=

lich. Meine Absicht ist, in Malmaison nur kurze Zeit zu bleiben; ich werde es bald wieder verlassen, um in ein Bad zu gehen. In Malmaison werde ich, darauf können Eure Majestät sich fest verlassen, mich so verhalten, als wäre ich tausend Meilen von Paris entfernt.

Ich brachte ein großes Opfer, Sire, dessen Umfang ich täglich mehr fühle; allein dieses Opfer soll meinerseits, so wie ich es auf mich genommen habe, ein umfassendes sein.

Eure Majestät werden in Ihrem Glück durch keinerlei Aeußerungen meines Kummers gestört werden!

Ohne Unterlaß werde ich beten, daß Ew. Majestät glücklich sein möchten, vielleicht auch, daß ich Ew. Majestät wiedersähe; allein Sie können ganz sicher sein, Sire, daß ich die neuen Verhältnisse stets respectiren, stillschweigend respectiren werde. Vertrauend in die Empfindungen, die Sie einst für mich hegten, werde ich neue Beweise nicht fordern. Alles, Sire, gebe ich Ihrer Gerechtigkeit, Ihrem Herzen anheim.

Ich beschränke mich darauf, um eine Gnade zu bitten: möchten Sie geruhen, selbst nach einem Mittel zu suchen, mich, und auch Diejenigen, die um mich sind, hin und wieder, zu überzeugen, daß ich noch einen kleinen Raum in Ihrer Erinnerung und einen großen in Ihrer Achtung, in Ihrer Freundschaft einnehme.

Dadurch, gleichviel auf welche Weise es geschieht, wird meinen Schmerzen Linderung werden, ohne daß, wie mir bedünkt, das Glück Ew. Majestät, auf welches es vor Allem ankommt, beeinträchtigt würde.

Josephine.

CCXIII.
Antwort
des Kaisers Napoleon an Josephine in Navarra.

Compiègne, 21. April 1810.

Meine Liebe! Ich erhielt Deinen Brief vom 19. April. Das ist nicht der richtige Ton! Ich bin immer derselbe; ich bleibe mir stets gleich. Ich weiß nicht, was Eugen Dir gesagt haben mag. Ich habe Dir deshalb nicht geschrieben, weil Du mir nicht geschrieben hast, und weil ich Alles thun wollte, was Dir angenehm sein könnte.

Ich sehe es gern, daß Du nach Malmaison gehst, und daß Du zufrieden bist; ich werde es sein, wenn ich Nachrichten von Dir habe, und Dir von mir Nachricht geben kann. Ich sage jetzt weiter Nichts, bis Du diesen Brief mit dem Deinigen verglichen hast. Du selbst magst Richterin darüber sein, welcher der bessere, der freundschaftlichere ist, der Deinige oder der meinige.

Abieu, meine Liebe, bleibe gesund; sei gerecht gegen Dich und mich.

Napoleon.

Anmerkung des Uebersetzers. Das Schloß Navarra liegt 2 Kilometer von Evreux; es stammt aus dem 14. Jahrhundert. Könige von Navarra haben vielfach dort gewohnt; es ist vielen Restaurirungen unterzogen worden. Vor der Revolution gehörte es dem, durch sein ausschweifendes Leben bekannten Herzog von Bouillon. 1834 ist das Schloß abgerissen worden. Der Hofhalt Josephinens in Navarra war nicht etwa klein. Haushofmeisterin war die Gräfin Arberg, die Mutter der späteren Gräfin von Lobau (Generalin Mouton), ferner waren dort

Antwort der Kaiserin Josephine.

Tausend, tausend, herzlichen Dank; so bin ich denn nicht vergessen! Mein Sohn überbrachte mir soeben Deinen Brief. Mit Spannung habe ich ihn gelesen! Viel Zeit war dabei erforderlich, denn bei jedem Worte mußte ich weinen — diese Thränen aber waren doch süß! Ich habe mein Herz wieder gefunden, ganz so wie es für immer bleiben wird. Es giebt Empfindungen, die das Leben selbst sind, und die nur mit dem Leben enden können.

Ich bin trostlos, daß mein Brief vom 19. Dir mißfallen hat, ich besinne mich nicht mehr genau auf meine Ausdrücke, das aber weiß ich, daß das Gefühl, welches sie dictirte, ein überaus schmerzliches war; ich grämte mich, weil ich keine Nachricht von Dir hatte.

Ich hatte Dir vor meiner Abreise aus Malmaison geschrieben — wie gern hätte ich Dir oft seitdem ge-

Madame de Rémusat, die sich nicht von ihrer früheren Gebieterin trennen wollte; Madame Octave de Ségur, Madame de Villecastel, Madame de Colbert, Madame de Türenne, Madame b'Audenarbe, Madame de Lastic 2c. 2c. Außerdem gehörten zwei junge Mädchen dazu: Fräulein be Mackau und Fräulein de Castellane. Madame Gazzani spielte die Vorleserin. Interessante Anecdoten aus dem Hof zu Navarra erzählt eine Nichte der Madame Genlis, Fräulein Georgette Ducrest (Erinnerungen an die Kaiserin Josephine I., S. 229), auch Graf Villecastel in seinen Memoiren, Ueber Carlotta Gazzani findet man Näheres bei Frd. Masson „Napoleon und die Frauen", S. 98, 99.

schrieben! Aber ich dachte an die Gründe Deines Schweigens, und glaubte, Dir mit einem Brief lästig zu fallen. Der Deine war ein Labsal für mich.

Sei glücklich! Sei so glücklich, wie Du es verdienst — dieser Wunsch kommt aus vollem Herzen! Du gegewährst mir ja auch meinen Antheil am Glück, einen Antheil, den ich lebhaft fühle; Nichts hat für mich einen solchen Werth, als ein Zeichen, daß Du Dich meiner erinnerst.

Adieu, mein Lieber, mein Dank ist so innig, als meine Liebe beständig, beständig für immer.

Josephine.

CCXIV.
An die Kaiserin Josephine in Navarra.
Compiègne, 28. April 1810.

Ich erhielt, meine Liebe, zwei Briefe von Dir. Ich habe angeordnet, daß die Verheirathung Tascher's mit der Prinzeß von der Leyen vollzogen wird.

Morgen gehe ich nach Antwerpen, um meine Flotte zu besichtigen und die Hafenarbeiten in Gang zu bringen; am 15. Mai bin ich zurück.

Eugen sagte mir, Du wolltest ins Bad gehn; ganz wie Du willst. Höre nicht auf Pariser Klatschereien, sie liegen weit ab von der Wahrheit. Meine Empfindungen für Dich sind keiner Änderung ausgesetzt. Ich wünsche so sehr, daß Du glücklich und zufrieden bist.

Napoleon.

CCXV.
An die Kaiserin Josephine in Malmaison.

Ich erhielt Deinen Brief, meine Liebe. Eugen wird Dir von meiner Reise und von der Kaiserin erzählen. Ich bin durchaus damit einverstanden, daß Du ein Bad aufsuchst; möge Dir die Kur gut bekommen.

Ich möchte Dich gern sehen. Wenn Du in Malmaison noch zu Ende des Monats bist, werde ich Dich besuchen. Ich gedenke, am 30. d. M. in St. Cloud zu sein.

Meine Gesundheit ist sehr gut; es fehlt mir nur Eins: zu wissen, daß Du zufrieden und wohl bist. Laß mich den Namen wissen, den Du auf Deiner Reise anzunehmen gedenkst.

Zweifele nie an der Aufrichtigkeit meiner Empfindungen für Dich. Sie werden so lange dauern, als ich lebe. Es wäre eine Ungerechtigkeit von Dir, daran zu zweifeln.

Napoleon.

CCXVI.
An die Kaiserin Josephine in Aix in Savoyen.
Rambouillet, den 8. Juli 1810.

Ich habe Deinen Brief vom 3. Juli erhalten. Du wirst Eugen gesehen haben und seine Anwesenheit wird Dir wohl gethan haben. Ich habe zu meiner Freude gehört, daß die Bäder Dir gut bekommen. Der König von Holland hat der Krone entsagt und, der Constitution entsprechend, die Regentschaft der Königin übertragen. Er hat Amsterdam verlassen und den Großherzog von Berg zurückgelassen.

Ich habe Holland mit Frankreich vereinigt. Dieser Akt hat das Gute, daß er die Königin ausschließt: die Unglückliche wird mit ihrem Sohne, dem Großherzog von Berg, nach Paris kommen: das wird sie zufriedenstellen.

Ich befinde mich wohl; ich bin zur Jagd auf einige Tage hier. Ich werde mich freuen, Dich im Herbst wiederzusehen.

Zweifele nie an meiner Freundschaft, ich werde mich niemals ändern.

Bleibe gesund, sei vergnügt und glaube an die Aufrichtigkeit meiner Empfindungen für Dich.
Napoleon.

CCXVII.

An die Kaiserin Josephine in Aix in Savoyen.
St. Cloud, den 20. Juli 1810.

Ich habe meine Liebe Deinen Brief vom 14. Juli erhalten. Ich ersehe mit Vergnügen, daß Dir die Bäder bekommen und Genf Dir gefällt. Ich finde es sehr recht, daß Du für einige Wochen dorthin gehst.

Meine Gesundheit ist zufriedenstellend. Das Benehmen des Königs von Holland macht mir Sorgen.

Hortense wird bald in Paris eintreffen. Der Großherzog von Berg ist schon unterwegs: ich erwarte ihn morgen.

Adieu, meine Liebe.

Napoleon.

Anmerkung des Übersetzers. Der König Louis von Holland hatte in Folge zunehmender Kränklichkeit und eines Zerwürfnisses mit seinem Bruder, dem Kaiser, im Sommer 1810, der Krone entsagt, Hortense zur Regentin eingesetzt und war nach Töplitz gegangen. Er hatte für sich den Namen „Graf von St. Leu" erfunden und ging von Töplitz nach Gratz, um einstweilen dort zu bleiben. Napoleon verfügte die Einverleibung Hollands mit Frankreich und die Trennung der Ehe seines Bruders mit Hortense. Die beiden Knaben sollten bei der Mutter bleiben, der älteste das Großherzogthum Berg als Apanage erhalten. Hortense wurde reich dotirt; sie erhielt zwei Millionen, von denen sie bis zur Großjährigkeit der Söhne den Nießbrauch haben sollte. Fouché erzählt in seinen Memoiren, Hortense habe sich auch jene zwei Millionen Rente, welche Napoleon für Louis bestimmt, dieser aber abgelehnt hätte, angeeignet.

CCXVIII.
An die Kaiserin Josephine in Aix in Savoyen.
Trianon ? 1810.

Ich bin im Besitz Deines Briefes. Zu meinem Leidwesen habe ich ihm entnommen, daß Du in Gefahr schwebtest. Für die Bewohnerin einer Insel des Oceans wäre es ein sonderbares Schicksal gewesen, in einem See zu ertrinken.

Die Königin befindet sich besser; ich hoffe, daß sie ganz wieder hergestellt werden wird. Ihr Gemahl ist, so viel ich weiß, in Böhmen, und weiß nicht, was er anfangen soll.

Ich befinde mich wohl; glaube an meine Zuneigung.
Napoleon.

CCXIX.
An die Kaiserin Josephine in Aix in Savoyen.
St. Cloud, den 14. September 1810.

Ich bin im Besitz Deines Briefes vom 9. September. Es freut mich, zu hören, daß Du wohl bist. Die Kaiserin ist in der That seit 4 Monaten guter Hoffnung; sie befindet sich wohl, und ist mir sehr zugethan. Die kleinen

---

Somit kosteten Mutter und Tochter Frankreich jährlich 5 Millionen!

Ich habe ja jetzt, sagte die Exkönigin, die ersehnte Muße, um zu musiciren und zu zeichnen. Ich werde nicht mehr von Unterthanen um Audienzgesuche gestört. Die Rolle einer Titularkönigin hat doch ihr Angenehmes.

F. Roquain in seinem Buch „Napoléon I et le roi Louis" giebt über alle Einzelheiten Aufschluß.

Prinzen Napoleon freuen sich ihres Lebens; sie sind im Pavillon d'Italie im Park von St. Cloud.

Ich befinde mich ganz wohl. Ich möchte Dich gerne glücklich und zufrieden wissen. Es wird erzählt, daß eine Dame aus Deiner Umgebung, sich bei einer Gletscherbesteigung das Bein gebrochen habe.

Abieu, meine Liebe. Zweifle nicht an der Theilnahme, die ich Dir entgegenbringe und der Aufrichtigkeit meiner Zuneigung.

Napoleon.

CCXX.
An die Kaiserin Josephine in Genf.
Fontainebleau, den 1. Oktober 1810.

Ich habe Deinen Brief. Hortense, die ich gesprochen habe, wird Dir gesagt haben, was ich denke. Besuche in diesem Winter Deinen Sohn und gehe im nächsten Jahr wieder nach Aix, oder bleibe das Frühjahr über in Navarra. Rathen würde ich Dir, sogleich nach Navarra zu gehen, wenn ich nicht befürchtete, Du würdest Dich dort sehr langweilen. Meine Meinung*) ist die, daß es passend wäre, den Winter in Mailand oder Navarra zu ver-

---

*) Man hatte gewünscht, daß die Kaiserin Josephine sich aus Frankreich entfernen sollte. Ein Brief der Madame Rémusat, der hier mitgetheilt ist, hatte in ihr die Befürchtung erweckt, sie solle für immer auf einen Aufenthalt in Frankreich verzichten. Dieser Gedanke war ihr überaus quälend. Ihre Tochter, die Königin Hortense, sprach darüber mit dem Kaiser, welcher die dem Briefe der Rémusat folgenden Zeilen an sie richtete.

bringen; hernach wird mir alles recht sein, was Du thust;
denn ich möchte Dir in nichts hinderlich sein.

Adieu, meine Liebe. Du weißt, daß die Kaiserin in
fünf Monaten ihrer Niederkunft entgegensieht. Ich er=
nannte Madame de Montesquiou zur Gouvernante der
„Kinder Frankreichs". Sei zufrieden und setze Dir nichts
in den Kopf. Zweifle nie an meiner Zuneigung.

Napoleon.

Brief der Madame de Rémusat an die Kaiserin Josephine.

Madame,

Ich habe es ein wenig hinausgeschoben, an Ihre
Majestät zu schreiben, weil Sie gewünscht hatten, ich
möchte Ihnen Nachrichten aus der großen Stadt geben.
Hätte ich meiner Ungeduld nachgegeben, so hätte ich gleich
am Tage meiner Ankunft Ihnen Worte des Dankes
übermittelt. Ihre Güte für mich bildet ja, seit ich in
das Privatleben zurückgetreten bin, das Thema unserer
täglichen Unterhaltung. Als ich zu meinem Gemahl und
meinen Kindern zurückkehrte, habe ich die Erinnerungen
an die schönen Stunden, welche ich Ihnen verdanke, den
Meinigen mitgebracht. Weder die Trennung, noch die
Zeit können, Madame, die Erinnerung an Sie aus den
Herzen Derer, die Sie zu würdigen verstehen, verwischen.
Geruhen Sie, Ihrer Güte für mich, den unwandelbaren
Glauben an die Erkenntlichkeit, welche Sie mir so viel=

fach einflößten, hinzuzufügen. Es ist mir Bedürfniß, ehe ich Ihnen heute schreibe, mir dies zu erbitten.

Wenn Ihre Majestät gesehen haben, um was es sich handelt, so werden Sie es erklärlich finden, daß ich mir Ihr Vertrauen in meine treue Ergebenheit zuvor ganz besonders zu sichern wünschte.

Ich fange damit an, Ihnen zu sagen, Madame, daß, als ich bei meiner Ankunft erfuhr, der Kaiser wäre sehr beschäftigt und ertheile nur ausnahmsweise Audienzen, ich eine solche, wie Sie mir gerathen hatten, nicht weiter erbeten habe. Ich habe mich also bis jetzt noch nicht bei Hofe gezeigt, aber bereits einige einflußreiche Personen gesprochen. Ich wurde vielfach um Auskunft über Ew. Majestät gebeten, namentlich über Ihre Gesundheit: man wollte wissen, womit Sie Ihre Zeit hinbrächten, ob Sie beruhigt, in Ihrer Zurückgezogenheit glücklich wären. Es war mir eine große Genugthuung, daß ich in der Lage war, nur Zufriedenstellendes zu berichten, und die Freude, mit der mein einfacher Bericht aufgenommen wurde, hat mir gezeigt, daß Diejenigen, welche mich befragten, sich freuen werden, diese Wahrheit weiter zu verbreiten.

Aber, Madame, ich habe auch meinerseits gefragt und beobachtet und erlaube mir, meine Wahrnehmungen in vollem Vertrauen Ihrer Einsicht zu unterbreiten.

Das Publikum ist voller Freude darüber, daß die jetzige Kaiserin ihrer Niederkunft entgegensieht: es knüpfen sich Hoffnungen daran, denen sich Jeder gern hingiebt. Ihre Majestät würden dies erklärlich finden, Sie, die Sie dieses Ereigniß vor Augen hatten, als den Lohn für Ihr hochherziges Opfer. Wohlan denn, Madame! Es scheint mir nach Allem, was ich bemerkt habe, daß Sie noch einen Schritt thun müßten, um Ihrem Werke die Krone aufzusetzen. Ich weiß nicht, ob ich mir die Kräfte zutrauen darf, mich auszusprechen; es scheint übrigens, als ob die letzte Entsagung, welche die Vernunft Ihnen auferlegt, nur eine zeitweise ist.

Sie werden sich unzweifelhaft erinnern, wie sehr wir es zuweilen bedauert haben, daß der Kaiser zur Zeit seiner Verheirathung die Annäherung zweier Personen, die er hoffte, leicht bewerkstelligen zu können, weil er sie Beide mit gleichen Neigungen umfaßte, nicht durchgesetzt hat. Sie sagten mir damals, der Kaiser habe gehofft, daß eine Schwangerschaft der Kaiserin Maria Louise diese über ihre Rechte vollkommen beruhigen und dem Kaiser die Gelegenheit bieten würde, den Wunsch seines Herzens zu erfüllen. Aber, Madame, ich glaube mich nicht getäuscht zu haben, daß die Zeit für eine solche Annäherung noch nicht gekommen ist.

Die Kaiserin scheint eine lebhafte und leicht erregbare Einbildung zu haben, sie liebt mit der Zärtlichkeit und der Hingebung des ersten Herzensdranges. Dieses Gefühl scheint ja stets eine gewisse Unruhe mit sich zu bringen und nur selten davon befreit zu sein. Davon lieferte mir wiederum eine kleine Annecdote den Beweis, welche der Großmarschall*) mir soeben erzählt hat und welche dem, was ich Ihnen zu sagen mir unterfange, zur Stütze dienen möge.

Eines Tages — es ist noch nicht lang her — als der Kaiser mit der Kaiserin in der Nähe von Malmaison

---

*) Duroc.

spazieren ging, schlug er ihr vor, da Sie abwesend wären, das reizende Schloß zu besichtigen; Thränen liefen sofort über das Antlitz der Kaiserin, sie wagte es nicht abzulehnen, aber die Anzeichen ihres Schmerzes waren so sichtbar, daß der Kaiser von seinem Vorschlag Abstand nahm.

Diese Anlage zur Eifersucht, welche die Zeit ohne Zweifel mildern wird, würde in diesem Augenblick durch die Gegenwart Ihrer Majestät nur gefördert werden.

Ihre Majestät werden sich vielleicht erinnern, daß in diesem Sommer, als ich Sie so stark geworden, so ruhig, ich möchte beinahe sagen, so verschönert durch die Ruhe des Lebens, welches wir führten, sah, ich Ihnen lachend sagte, man dürfe dies in Paris nicht bekannt werden lassen. Dieser Scherz, Madame, scheint mir heut zu einem Mahnruf der Vernunft geworden. Der Großmarschall, mit welchem ich längere Zeit geplaudert habe, hat Besorgnisse aller Art in mir erweckt. Es ist mir so vorgekommen, als wage Duroc nicht, den Kaiser über eine demselben schmerzliche Angelegenheit zu einer Erklärung zu veranlassen. Er sprach mir, offenbar in voller Aufrichtigkeit, von der großen Zuneigung, welche Sie beim Kaiser hinterließen, und daß diese selbstverständlich zu großer Umsicht auffordere. Die veränderten Umstände bringen neue Pflichten mit sich und ich bin fest überzeugt und spreche es offen aus, daß eine edle Seele wie die Ihrige alles vermeiden wird, was den Kaiser veranlassen könnte, seine Pflichten zu verleugnen.

Ich lege mir die ernste Frage vor, Madame: was hätten Sie hier, inmitten dieser allgemeinen freudigen

Bewegung über die bevorstehende Geburt eines Kindes, inmitten all' dieser Jubelfeste zu suchen? Was soll der Kaiser, der die Schonung der jungen Mutter im Auge haben müßte, und der durch die Ihnen treubewahrten Erinnerungen benommen ist, thun? Er würde, Sie würden leiden; Sie würden nicht ohne nachtheilige Folgen die Jubelrufe eines ganzen Volkes vernehmen. Sie würden gewahr werden, daß Sie momentan vergessen, daß Sie dem Mitleid anheimgefallen wären. Mit der Zeit könnte Ihre Lage eine so peinliche werden, daß Sie zu einer völligen Entfernung Ihre Zuflucht nehmen würden.

Da ich nun einmal angefangen habe, gestatten Sie mir, daß ich auch zu Ende komme: Sie sollten Paris verlassen. La Malmaison, Navarra selbst, lägen zu nahe dem Lärm einer müßigen und zuweilen schlecht aufgelegten Stadt. Würden Sie gezwungen sein, sich zurückzuziehen, so würden Sie alles Lob einbüßen, welches Ihnen eine muthvolle Initiative einbrächte.

Dies sind die Erörterungen, welche ich Ihnen unterbreiten wollte — dies ist das Ergebniß länger Unterhaltungen, welche ich mit meinem Manne und durch Zufall auch mit dem Großmarschall hatte. Ich habe ja nur mit Mühe einige Gedanken aus ihm herausgepreßt: Sie wissen ja, wie wenig er sich um andrer Leute Interessen kümmert, wie sehr er abgeneigt ist, seine Gedanken auf einen bestimmten Punkt zu concentriren, wenn er dazu nicht Befehl erhalten hat. Soweit ich seine Gedanken errieth, ist es mir klar geworden, daß Ihnen, Madame, noch ein Opfer vorbehalten bleibt und daß es Ihrer würdig wäre, die Ereigniſſe nicht erſt abzuwarten, ſondern dem Kaiſer Jhren muthvollen Entſchluß zu unter=breiten.

Indem Sie ihm eine Verlegenheit erſparen, aus welcher er aus Rückſicht für Sie keinen Ausweg findet, werden Sie ſich von Neuem Rechte an ſeine Dankbarkeit erwerben. Außer dem Lohne, der von ſelbſt einer ver=nünftigen, entſchloſſenen Handlungsweiſe folgt, würden Sie bei dem liebenswürdigen Charakter, der Sie aus=zeichnet, Jhrer Neigung zu gefallen und ſich beliebt zu machen, vielleicht in einer längeren Reiſe, Freuden finden, die Sie jetzt nicht vorausſehen. In Mailand erwarten Sie die angenehmſten Eindrücke, Sie werden Zeugin ſein der wohlverdienten Erfolge Jhres Sohnes. Florenz, auch Rom, würden Jhnen Genüſſe bereiten, welche dieſe einſtweilige Entfernung verſchönern würden. Sie würden auf jedem Schritt in Italien Erinnerungen finden, welche erneuert zu ſehen, dem Kaiſer nicht mißfallen würde, weil dieſelben ſich an die Zeiten ſeiner erſten Ruhmesthaten knüpfen.

Alles, was mir der Großmarſchall ſagte, iſt eine Beſtätigung dafür, daß Seine Majeſtät willens iſt, Jhnen den Rang zu bewahren, den Jhnen ſeine Erfolge und ſeine zärtliche Zuneigung eintrugen.

Und dann — der Winter wird vorübergehen, die Saiſon, in welcher Navarra bewohnbar iſt, würde Sie zu den Jhnen liebgewordenen Beſchäftigungen, der Ver=ſchönerung des Schloſſes zurückführen. Die Zeit, die Alles ausgleicht, würde in ihre Rechte treten, Sie, Madame, würden von Jhrem edelmüthigen Verhalten einen neuen Beweis liefern, der Ihnen den Dank eines ganzen Volkes eintragen würde.

Ich weiß nicht, Madame, ob ich recht habe, aber es scheint mir, daß in der Erfüllung solcher Pflichten auch Glück zu finden ist: das Herz einer Frau ist ja im Stande, sich der Opfer zu freuen, welche es dem Geliebten bringt. Wäre es nicht eine edelmüthige That, der Verlegenheit des Kaisers zu begegnen, die Besorgnisse einer jungen Frau zu beseitigen? Wenn Sie sich des Eindrucks voll bewußt wären, welchen Ihre liebenswürdige Persönlichkeit ausübt, so wäre Ihre Rolle vielleicht eine weniger schwierige. Gerade, weil Ihrer Majestät Vorzüge Sie zu einer Concurrentin machen, sollten Sie dem Verhältnisse mit rücksichtsvollem Zartgefühl begegnen.

Ich wage es, zu hoffen, daß Ihre Majestät meinen langen Brief und die Erörterungen, welche er enthält, entschuldigen werden. Wenn ich so sehr die gebieterische Nothwendigkeit Ihrer Entfernung für einige Zeit betone, so schmeichele ich mir mit der Hoffnung, daß Sie gewahr geworden sind, daß ich Ihnen nie einen so klaren Beweis meiner Anhänglichkeit gegeben habe.

Ich verharre in tiefer Ehrfurcht
    Madame
        Ihrer Majestät
unterthänige und gehorsame Dienerin
            Vergennes Rémusat.

Anmerkung des Übersetzers. Zwischen den Zeilen dieses Briefes, seinen geschraubten Wendungen und Ergebenheitsversicherungen ist unzweifelhaft eine Kundgebung des Kaisers

CCXXI.
An die Kaiserin Josephine in Navarra.
Fontainebleau, den 14. November 1810.

Meine Liebe! Ich bin im Besitz Deines Briefes. Hortense hat mir von Dir gesprochen. Ich höre mit Vergnügen, daß Du zufrieden bist. Ich hoffe, daß Du Dich nicht allzusehr in Navarra langweilst. Meine Gesundheit ist sehr gut. Der Zustand der Kaiserin ist normal. Ich werde die verschiedenen Aufträge für Dein Haus ausführen lassen. Sorge für Deine Gesundheit, sei zufrieden. Zweifele nie an meinen Gesinnungen für Dich.

Napoleon.

---

versteckt; Napoleon hielt es nicht für schicklich, daß seine geschiedene Gemahlin während der Niederkunft Marie Luises im Lande wäre. Der Brief enthält, wie man sah, den Vorschlag, Josephine möchte nach Mailand gehen: ihre Schönheit, ihre Liebenswürdigkeit könnten so leicht, wenn Josephine nahe bei Paris wäre, die eheliche Treue des Kaisers gefährden. Eine recht plumpe Schmeichelei! Josephine hatte, wie wir ihren eignen Worten entnahmen, bereits „genug Opfer" gebracht. Sie ging nicht nach Mailand — um sich dort überwachen zu lassen, sondern nach Aix-les-bains, in die „freien Berge" der Schweiz.

CCXXII.
An die Kaiserin Josephine in Navarra.
?.....

Ich habe Deinen Brief. Ich finde nichts Unpassendes in der Verheirathung der Madame de Mackau mit Vattier. Dieser General ist ein sehr tapferer Mann. Ich befinde mich wohl.

Ich hoffe, es wird ein Knabe sein; ich werde es Dich sogleich wissen lassen.

Adieu, meine Liebe. Ich freue mich sehr, zu hören, daß Madame d'Arberg Dich amüsirt. Wenn Du mich wiedersiehst, wirst Du noch dieselben Empfindungen bei mir finden, wie früher.

Napoleon.

CCXXIII.
An die Kaiserin Josephine in Navarra.
Paris, den 8. Januar 1811.

Ich bin im Besitz Deines Neujahrbriefes und danke Dir für die Wünsche, die er enthält. Ich sehe mit Vergnügen, daß Du zufrieden bist. Man sagte mir, es wären in Navarra mehr Frauen als Männer.

Meine Gesundheit ist sehr gut, obwohl ich seit 14 Tagen nicht ausgewesen bin. Eugen scheint um seine Frau nicht besorgt zu sein; er bescheert Dir einen kleinen Enkel.

Adieu, meine Liebe, bleibe gesund.

Napoleon.

CCXXIV.
An die Kaiserin Josephine in Navarra.

Paris, den 22. März 1811.

Meine Liebe! Ich bin im Besitz Deines Briefes, ich danke Dir. Mein Sohn ist kräftig und wohl. Ich hoffe, er wird gut gedeihen; er hat meine Brust, meinen Mund, meine Augen. Ich hoffe, er wird seinem Schicksal gerecht werden.

Ich bin stets sehr zufrieden mit Eugen, er hat mir nie Aerger bereitet.

Napoleon.

CCXXV.
An die Kaiserin Josephine in Malmaison.

Den 8. Juni 1812.

Ich werde stets, meine Liebe, mit großer Theilnahme von Dir hören.

Die Bäder werden Dir, wie ich hoffe, wohl thun. Ich werde mich sehr freuen, Dich bei Deiner Rückkehr wiederzusehen.

Zweifle nie an der Freundschaft, die ich Dir entgegenbringe. Ich werde all die Geschäfte, von denen Du mir sprichst, ordnen.

Napoleon.

CCXXVI.
An die Kaiserin Josephine in Malmaison.
Guben, den 20. Juni 1812.

Ich bin im Besitz Deines Briefes vom 10. Juni. Ich finde nichts dagegen einzuwenden, daß Du Dich nach Mailand zur Vicekönigin verfügst. Du wirst gut thun, incognito zu reisen. Du wirst viel von der Hitze auszustehen haben.

Ich befinde mich sehr wohl. Eugen ist ebenfalls wohl und benimmt sich gut. Zweifele nie an meiner Theilnahme und an meiner Freundschaft.

Napoleon.

CCXXVII.
An die Kaiserin Josephine in Malmaison.
Trianon, den 25. August 1813.

Ich bin im Besitz Deines Briefes. Ich sehe mit Vergnügen, daß Deine Gesundheit gut ist. Ich bin für einige Tage in Trianon. Ich gedenke, nach Compiègne zu gehen. Ich bin sehr wohl.

Bringe doch Ordnung in Deine Verhältnisse. Gieb nicht mehr als 1,500,000 Francs aus und lege jährlich ebenso viel bei Seite, dann hast Du innerhalb von zehn Jahren für Deine Enkel einen Reservefonds von 15 Millionen. Es wird Dir angenehm sein, ihnen etwas geben zu können, ihnen nützlich zu sein. Statt dessen hast Du, wie ich höre, Schulden. Das wäre sehr garstig! Achte auf Deine

Angelegenheiten, und gieb nicht einem Jeden, der etwas haben will. Wenn Du mir gefallen willst, dann mache es so, daß Du in Besitz eines großen Schatzes kommst. Denke doch nur daran, welche schlechte Meinung ich von Dir haben müßte, wenn ich Dich bei einer Einnahme von 3 Millionen verschuldet wüßte.

Adieu, meine Liebe, bleibe gesund.

Napoleon.

CCXXVIII.
An die Kaiserin Josephine in Malmaison.

? Freitag, 8 Uhr Morgens 1813.

Ich schicke, um zu hören, wie Du Dich befindest. Hortense sagte mir, Du wärst gestern zu Bett gewesen. Ich war böse auf Dich, Deiner Schulden wegen. Ich will nicht, daß Du Schulden hast. Im Gegentheil, ich hoffe, daß Du jährlich eine Million bei Seite legst, um Deinen Enkelinnen, wenn sie heirathen, etwas zu geben.

Zweifele darum nicht an meiner Freundschaft für Dich; mache Dir darüber keine Sorgen.

Adieu, meine Liebe. Theile mir mit, daß Du wohl bist; man sagt mir, du würdest dick, wie eine Bäuerin aus der Normandie.

Napoleon.

Briefe

der

Kaiserin Josephine

an ihre Tochter.

I.

Madame de Beauharnais an ihre Tochter, welche in Saint-Martin bei Saint-Pol (Artois) im Hause der Prinzessin von Hohenzollern war.*)

Dein Brief, meine liebe Hortense, hat mir große Freude gemacht. Ich kann mir denken, daß es Dir schmerzlich ist, von Deiner Mama getrennt zu sein: es ist ja nicht für lange; ich hoffe, daß die Prinzessin im Frühjahr zurückkommen wird, andernfalls werde ich Dich abholen. Wie vervollkommnet wirst Du zurückkehren! Die Prinzessin wird mir gewiß Gutes von meinen Kleinen sagen. Ich brauche Dir nicht noch besonders zu empfehlen, daß Du sie in Dein Herz schließt. Ich sehe ja aus Deinem Briefe, wie erkenntlich Du für all' die Dir und Deinem Bruder erwiesene Güte bist. Lege es ihr, liebes Kind, recht oft an den Tag: das ist ein Mittel, mir zu gefallen. Mir ist es überaus schmerzlich, von Dir getrennt zu sein; ich habe mich über diese Trennung noch

---

*) Anmerkung. Die Fürstin von Hohenzollern-Sigmaringen war eine Schwester des Fürsten Salm und sehr befreundet mit Madame de Beauharnais, welche ihr ihre Kinder anvertraut hatte, um dieselben nach England zu bringen und sie so den Gefahren, denen sie während der Revolution ausgesetzt waren, zu

immer nicht trösten können, liebe ich doch meine kleine Hortense von ganzem Herzen. Gieb in meinem Namen Eugen einen Kuß.

Adieu, mein Kind, meine Hortense! Ich schließe Dich an mein Herz, ich liebe Dich.
Deine zärtliche Mutter
Josephine de Beauharnais.

II.
Madame de Beauharnais an ihre Tochter in Paris.

Gefängniß des Carmes, den 9. Floréal des Jahres II (28. April 1794).

Meine liebe kleine Hortense! Es ist mir schrecklich, von Dir und meinem lieben Eugen getrennt zu sein. Ich denke unaufhörlich an meine theuern kleinen Kinder, die ich liebe und zärtlich umarme.
Josephine.

---

entrücken. Alexander de Beauharnais, der damals die Rheinarmee kommandirte und von der Abreise seiner Kinder hörte, schickte ihnen einen Courier nach und widersetzte sich ihrer Auswanderung. Die Prinzessin und ihr Bruder führten die Kinder also nach Paris zurück. Die Fürstin wurde guillotinirt.

Brief
des General Beauharnais, eingeschlossen in den
vorhergehenden Brief.

Meine liebe kleine Hortense, Du theilst also meinen Kummer, Dich nicht sehen zu können. Du hast mich lieb und ich kann Dich nicht an mein Herz schließen; denke an mich, liebes Kind, denke an Deine Mutter; gieb den Leuten, die sich Deiner annehmen, Veranlassung, mit Dir zufrieden zu sein. Sei recht fleißig und benütze Deine Zeit zum Lernen, wir werden dann noch mehr Zutrauen in Deine Versicherungen setzen, daß Du Dich um uns grämst und an uns denkst.

Lebewohl, mein Kind; Deine Mutter und ich sind unglücklich, Dich nicht sehen zu dürfen.

Die Hoffnung, Dich bald liebkosen zu können, erhält uns aufrecht, die Freude, davon zu sprechen, tröstet uns.

Alexander Beauharnais.

III.
Madame de Beauharnais an ihre Tochter
in Paris.

Im Gefängniß des Carmes, ? im Jahre II (1794).

Meine liebe kleine Hortense, sage der Bürgerin Lanoy,*) daß ich Deinen Papa erst in drei Stunden zu sehen bekomme und daß ich ihm Das zustellen werde, um was sie mich gestern gebeten hat.

---

*) Anmerkung. Es ist die Gouvernante der Kinder der Eingekerkerten.

Ich bin froh, mein liebes Kind, heut morgen ein Briefchen von Dir erhalten zu haben, auch eins von meinem lieben Eugen. Eure Briefe thun mir so wohl! Ich umarme Dich zärtlich; ich habe Dich so lieb, mein theures Kind.

Grüße recht freundlich die Bürgerin Lanoy von mir.

Josephine de Beauharnais.

Alexander Beauharnais an seine Frau.
Den 4. Thermidor des Jahres II.

Es hat heute eine Art von Verhör mit einer Anzahl von Gefangenen stattgefunden; allem Anscheine nach bin ich ein Opfer der verbrecherischen Verläumdungen verschiedener sogenannter Patrioten. Die Voraussetzung, daß diese nichtswürdigen Machenschaften mich vor das Revolutionstribunal zerren werden, nimmt mir jede Hoffnung, Dich wiederzusehen, und die lieben Kinder noch einmal zu umarmen. Ich will Dir von meinen Besorgnissen nicht weiter sprechen: meine zärtliche Zuneigung zu den Kindern, meine brüderliche Anhänglichkeit für Dich, können Dich nicht in Zweifel lassen über die Empfindungen, mit denen ich aus diesem Leben scheide.

Ich beklage es, daß ich mich von meinem Vaterlande, welches ich liebe, für welches ich bereitwillig mein Leben tausendmal hingegeben hätte, trennen muß, daß ich ihm nicht mehr dienen kann und daß es mich aus seinem Herzen stößt, als wäre ich ein schlechter Bürger.

Dieser mir schreckliche Gedanke veranlaßt mich, Dir mein Andenken ans Herz zu legen: arbeite daran, dieses

Andenken zu rehabilitiren, indem Du nachweist, daß mein ganzes Leben dem Dienste des Vaterlandes und dem Triumpfe von Freiheit und Gleichheit geweiht war. Dann wird das Volk die gehäſſigen Schmähungen abweisen, die gegen mich und Andere gerichtet ſind. Deine Bemühungen aber ſollten jetzt noch aufgeſchoben werden, denn während revolutionärer Stürme muß ein im Kampfe ſtehendes großes Volk ſich mit einem gerechtfertigten Mißtrauen umgeben; es muß mehr befürchten, einen Schuldigen zu vergeſſen, als einen Unſchuldigen zu treffen.

Ich werde mit voller Ruhe ſterben, mit jener Ruhe, die es geſtattet, ſich ſeinen theuerſten Empfindungen hinzugeben, zugleich aber werde ich mit jenem Muthe ſterben, welcher einem freien Mann, einem Manne zuſteht, der einen reinen Charakter hat, deſſen heißeſte Wünſche dem Gedeihen der Republik gelten.

Leb' wohl, meine Geliebte; finde Troſt durch Deine Kinder, bringe ihnen Troſt, indem Du ihre Seelen erleuchteſt und ihnen lehrſt, daß ſie durch Tugenden und Bürgerſinn das Andenken an meinen ſchimpflichen Tod verwiſchen, daß ſie auf meine Verdienſte und auf mein Anrecht an den Dank der Nation hinweiſen ſollen.

Gott befohlen! Du kennſt Die, die ich liebe, ſei ihnen eine Tröſterin und verlängere durch Deine Fürſorge in ihren Herzen das Andenken an mich. Adieu, ich ſchließe Dich, wie meine theueren Kinder, zum letzten Mal in dieſem Leben an mein Herz.

Alexander B.

IV.
Madame Bonaparte an ihre Tochter Hortense de Beauharnais, bei Madame Campan in Saint-Germain.

Mailand, den 20. Fructidor des Jahres IV. (6. September 1796).

Der Herzog von Serbelloni reist jetzt gleich nach Paris ab, er hat mir versprochen, meine liebe Hortense, Dich sogleich nach seiner Ankunft zu besuchen. Er wird Dir erzählen, daß ich fortwährend von Dir spreche, an Dich denke und wie sehr ich Dich liebe. Eugen theilt mit Dir diese Empfindungen, ich liebe euch Beide bis zur Anbetung.

Serbelloni wird in meinem und Bonaparte's Namen kleine Geschenke für Dich, Emilie*), Eugen und Jérome mitnehmen. Viele Grüße an Madame Campan; ich beabsichtige, ihr eine Sammlung schöner Kupferstiche und schöner Zeichnungen aus Italien zu schicken.

Umarme in meinem Namen meinen lieben Eugen, Emilie und Jérome. Adieu, liebe Hortense, meine vielgeliebte Tochter! Denke oft an Deine Mama, schreibe ihr oft; Deine Briefe und die Deines Bruders entschädigen sie für die Trennung von ihren lieben Kindern. Nochmals adieu, ich umarme Dich zärtlich.

Josephine Bonaparte.

---

*) Emilie de Beauharnais war eine Tochter des Marquis de Beauharnais, sie heirathete später den Herrn de Lavalette.

V.
Madame Bonaparte an ihre Tochter bei Madame Campan in Saint-Germain.

Mantua, am 16. Ventose des Jahres V. (6. März 1797).

Ich bin ganz wohl, meine liebe Hortense, seit sechs Tagen bin ich ohne Fieber. Ich war schon in Bologna etwas krank; übrigens fange ich an, mich in Italien zu langweilen, trotz der vielen Feste, die man mir giebt und der schmeichelhaften Aufnahme, welche ich bei den Bewohnern dieses schönen Landes fand. Ich kann mich nicht daran gewöhnen, so lange von meinen geliebten Kindern getrennt zu sein, ich habe das Bedürfniß, sie an mein Herz zu schließen, ich habe Grund, zu hoffen, daß dieser Augenblick nicht mehr fern ist und das trägt viel dazu bei, daß ich mich von meinem Unwohlsein wieder erhole.

Bei nächster Gelegenheit werde ich Dir ein reizendes, nach antiken Mustern gefertigtes Halsband und dazugehörige Ohrgehänge und Armbänder schicken.

Ich bitte Dich, zeichne recht fleißig, ich werde Dir sehr schöne Zeichnungen der berühmtesten Meister mitbringen. Schicke mir von Zeit zu Zeit Arbeiten von Dir. Ich hoffe, Madame Campan ist recht zufrieden mit Dir; sieh in ihr Deine zweite Mutter und befolge Alles, was sie Dir sagt; bestelle ihr viele Grüße von mir, mein geliebtes Kind.

Schreibe mir oft, es ist schon ziemlich lange her, daß ich keine Nachricht von Dir hatte; habe Deine Mama so lieb, wie sie Dich hat.

Adieu, meine gute kleine Hortense, Deine Mama umarmt Dich und liebt Dich von ganzem Herzen.

Josephine Bonaparte.

P. S. Ich umarme Emilie, liebe sie stets.

VI.
Madame Bonaparte an ihre Tochter bei Madame Campan in Saint-Germain.

Toulon, den 26. Floréal des Jahres VI (15. Mai 1798).

Ich bin seit fünf Tagen in Toulon, meine liebe Hortense; die Reise hat mich nicht ermüdet, aber es hat mir leid gethan, Dich so plötzlich verlassen zu müssen, ohne Dir und der lieben Caroline Adieu sagen zu können. Ich finde einigen Trost darin, daß ich Dich bald wiedersehen werde. Bonaparte will nicht, daß ich mich mit ihm einschiffe, er wünscht, daß ich, ehe ich die Reise nach Aegypten unternehme, ein Bad brauche, er wird mich in zwei Monaten holen lassen. Ich werde also, meine liebe Hortense, noch das Vergnügen haben, Dich an mein Herz zu schließen und Dir zu sagen, wie sehr ich Dich liebe.

Adieu, meine liebe Tochter.

Josephine Bonaparte.

P. S. Sage doch Caroline, daß ich sie lieb habe und sie an mein Herz schließe; viele herzliche, freundliche Grüße an Madame Campan.

VII.
Madame Bonaparte an ihre Tochter Madame Louis Bonaparte in Paris.

Lyon, den 4. Pluviose des Jahres XI (24. Januar 1803).

Endlich, meine theure Hortense, naht die Zeit, daß ich Dich in meine Arme schließen kann; ich werde, wenn ich Dich wiedersehe, all' die traurigen Eindrücke vergessen, die ich hier empfing. Unsere Abreise ist allem Anscheine nach innerhalb von drei Tagen zu erwarten. Ich hoffe, daß diesem willkommenen Entschluß Bonaparte's sich kein Hinderniß entgegenstellen wird.

Ich werde Dir Alles getreulich erzählen, was sich während meines Aufenthaltes in Lyon zugetragen hat, Dir die Feste beschreiben, die man uns gegeben, die Zerstreuungen, die man uns bereitet hat, allein es giebt für Deine Mutter kein Vergnügen, wenn Du es nicht theilst.

Viele Grüße an Deinen Gemahl*) sage ihm, daß ich anfange, ihn ganz toll zu lieben, daß ich ihm für seine kleinen Briefe, welche so reizend sind, vielen Dank weiß. Le Marois**) befindet sich besser, Rapp***) und Savary****) waren krank, allein sie sind wieder wohl, sie lassen Dich vielmals grüßen. Bourrienne aber ganz besonders.

Auch Bonaparte läßt Dich grüßen, Deine Mutter umarmt Dich zärtlich.

Josephine Bonaparte.

---

*) Am 2. Januar 1802 hatte Hortense Beauharnais Louis Bonaparte, den Bruder des ersten Consuls geheirathet.

, *, ****) Adjutanten des ersten Consuls.

VIII.

Madame Bonaparte an ihre Tochter in Malmaison.

Plombières, den 30. Prairial des Jahres XI (16. Juni 1803).

Ich bin so traurig, meine liebe Hortense, von Dir getrennt zu sein. Mein Herz ist ebenso leidend, wie mein Körper. Ich fühle, mein liebes Kind, daß ich für eine so hohe Stellung nicht geboren bin; ich wäre glücklicher in der Zurückgezogenheit, umringt von Denen, die ich liebe. Du weißt, meine geliebte Tochter, daß Du das Glück meines Lebens bist, ich weiß, daß Du alle meine Besorgnisse theilst! Mittlerweile muß ja Eugen bei Dir eingetroffen sein, daß ist für mich ein tröstender Gedanke. Mir ist Deine Anhänglichkeit an Bonaparte genugsam bekannt, sodaß ich überzeugt bin, Du bist ihm eine treue Gesellschafterin. Du bist ihm ja in so vieler Beziehung Freundschaft und Erkenntlichkeit schuldig.

Grüße ihn herzlich und empfange, mein theures Kind, die Versicherung meiner vollen Liebe.

Auch meinen lieben Eugen schließe ich an mein Herz, bringe mich in Erinnerung bei allen Herren und Damen in Malmaison. Gieb mir recht oft Nachricht; nimm das liebe kleine Kind recht in Acht!

Josephine Bonaparte.

IX.
Madame Bonaparte an ihre Tochter in Paris.
Rouen, im Jahre XI (1803).

Der Courier geht ab, ich habe nur so viel Zeit, Dir, Deinem Gemahl und meinem Enkelchen einen herzlichen Gruß zu senden. Wir befinden uns Alle sehr wohl. Große, allgemeine Freude herrscht hier in Rouen, alle Bewohner stehen vor den Fenstern Bonaparte's seit seiner Ankunft und wollen ihn jeden Augenblick sehen. Sie wissen gar nicht, was für einen schmückenden Namen sie ihm beilegen sollen; sie sind durch die Bank außer sich vor Freude. Ich schicke Dir ein Lied, welches in den Straßen gesungen wird. Deinen Brief erhielt ich, er machte mir große Freude.

Adieu, man verlangt nach meinem Brief. Bonaparte und Eugen grüßen herzlich. Ich schließe Dich an mein Herz.

Josephine.

X.
Madame Bonaparte an ihre Tochter in Paris.
Lille, den 20. Messidor des Jahres XI. (9. Juli 1803).

Ich hatte die Absicht, meine liebe Hortense, Dir durch Deinen Bruder oder durch meine Damen schreiben zu lassen, um Dir von Bonaparte und mir Nachricht zu geben. Seit meiner Abreise aus Paris war ich fortwährend damit beschäftigt, Artigkeiten in Empfang zu nehmen. Du kennst mich ja und wirst Dir vorstellen können, wie viel lieber mir ein ruhiges Leben wäre. Glücklicherweise entschädigt mich die Gesellschaft meiner Damen für das lärmende Leben, welches ich führe. Jeden Morgen, und oft auch noch des Abends, muß ich Leute empfangen, womöglich auch noch auf den Ball gehen. Dieses Vergnügen wäre mir ja sehr angenehm, wenn ich es mit Dir theilen könnte. Es ist für mein Herz die empfindlichste Entbehrung, daß ich von meiner Hortense und von meinem Enkelchen, den ich fast ebenso liebe, wie seine Mama, getrennt bin. Bonaparte und Eugen sind sehr wohl; sie sind heut morgen nach Ostende abgereist; morgen sind sie in Brügge, wo ich wieder mit ihnen zusammentreffe. Ich habe ihnen gesagt, daß ich Dir heut schreiben würde, sie beauftragen mich, Dich und den kleinen Napoleon, freundlich zu grüßen. Bonaparte fürchtet, daß Napoleon sich, wenn wir in Paris ankommen, seiner nicht mehr erinnern wird.

Du weißt ohne Zweifel, daß Madame Leclerc*) sich zum zweiten Mal verheirathet und zwar mit dem Fürsten Borghese. Sie hat vor zwei Tagen an Bonaparte geschrieben, um ihm zu sagen, daß sie diesen Fürsten zum Gatten wünsche und, daß sie fühle, sie würde sehr glücklich mit ihm sein. Sie bittet Bonaparte, dem Fürsten zu gestatten, daß er schriftlich bei ihm um ihre Hand anhalte. Es scheint beinahe, als hätten Joseph und Herr Angelini die Heirath eingefädelt. Für den Fall, daß

---

*) Pauline, Wittwe des General Leclerc, die Schwester des ersten Consuls.

Dir die Familie nicht davon gesprochen hat, erwähne
nichts.

Adieu! Immerfort Visiten! Adieu, meine liebe Hortense, ich schließe Dich an mein Herz mit der Versicherung, daß ich Dich liebe und daß Du meine vielgeliebte Tochter bist.

Josephine.

XI.
Madame Bonaparte an ihre Tochter in Compiègne.

Paris, den 17. Pluviose, des Jahres XII
(7. Februar 1804.)

Ich schreibe an Louis, meine liebe Hortense; ich fordere ihn auf, das Versprechen zu halten, welches er uns gegeben hat, mit uns den Carneval zu verleben und, da ich ihm glaube, so erwarte ich, Dich am Donnerstag vor Fastnacht zu sehen. Deiner Ankunft sieht man entgegen, um die Balltage zu bestimmen. Es wird Bonaparte nicht unangenehm sein, Louis zu sehen, er selbst wollte ihn auffordern zu kommen, allein ich habe es übernommen.

Mancherlei ist seit Deiner Abreise passirt: der Mann, der erschossen werden sollte und um Gnade gebeten hat, hat wichtige Enthüllungen gemacht: es gab in Paris achtzig Chouans, welche entschlossen waren, Bonaparte zu ermorden. Savary ist vorgestern mit 40 Gensdarmen abgegangen, um Georges und 17 andere Individuen, die nicht weit von Paris sich aufhalten, zu ergreifen. Denke

Dir nur, daß dieser Georges seit dem Monat August sich in Paris oder der Nachbarschaft aufhält — in der That, es überläuft Einem kalt bei dem bloßen Gedanken! Wenn Du kommst, werde ich Dir alle Einzelheiten dieses scheuß= lichen Complots mittheilen. Man hat schon zahlreiche Verhaftungen vorgenommen. Sage Niemanden Etwas davon, ausgenommen Deinem Mann.

Adieu, meine Liebe. Ich schließe Dich an mein Herz, ich liebe Dich zärtlich. Küsse den kleinen Napoleon.

Josephine.

XII.
Die Kaiserin an ihre Tochter, die Prinzeß Louis in Paris.
Aachen, den 12. Fructidor, des Jahres XII
(8. September 1804).

Die Nachrichten, welche Du mir, den kleinen Napoleon betreffend, giebst, machen mir große Freude, liebe Hor= tense, weil außer dem zärtlichen Interesse, welches ich an ihm nehme, ich an die Unruhe denke, von der Du nun befreit bist. Du weißt ja, meine liebe Tochter, daß Dein Glück stets ein Theil des meinigen ist. Der Kaiser hat Deinen Brief gelesen; er schien mir ärgerlich darüber zu sein, daß er nicht häufiger Nachrichten von Dir hat. Er würde Dein Herz, wenn er es wie ich kennen möchte, sicherlich nicht anklagen: der Schein ist allerdings gegen Dich. Sobald Bonaparte vermuthen sollte, daß Du ihn vernachlässigst, verliere ja keinen Augen= blick Zeit, es wieder gut zu machen; sage ihm, Du hättest ihm aus Bescheidenheit nicht geschrieben, Dein Herz litte unter Dem, was die Ehrfucht vor ihm Dir eingegeben habe; Du würdest ihm, der Dir stets die Güte eines Vaters an den Tag gelegt hat, gern die Huldigungen Deines Dankes dargebracht haben. Sprich ihm auch davon, daß Du die Hoffnung hast, mich zur Zeit Deiner Niederkunft wiederzusehen. Ich kann den Gedanken nicht ertragen, zu dieser Zeit fern von Dir zu sein. Sei überzeugt, meine liebe Hortense, daß nichts mich abhalten könnte, zu Deiner Pflege herbeizueilen; ich bin dabei noch mehr interessirt, als Du. Sprich also zu Bonaparte, der Dich liebt, wie sein eigenes Kind — was ja viel dazu beiträgt, daß ich ihn lieb habe.

Adieu, meine gute Hortense; einen zärtlichen Kuß für Dich und den kleinen Napoleon. Ist Dein Mann schon zurück, so übermittle ihm meine herzlichsten Grüße.

Ich schreibe an Stephanie*), um sie zu ersuchen, bei Madame Campan die Zeit meiner Abwesenheit zu verbringen. Sei so gut und mache ihr begreiflich, daß es sich so schickt. Da Du vielleicht zu ermüdet bist, um sie zu begleiten, so bitte Emilie, sie möchte mir diesen Freundschaftsdienst erweisen.

Es scheint, als würden sich in Mainz zahlreiche Besuche einstellen.

Josephine.

---

*) Stephanie de Tascher war eine Cousine der Kaiserin, sie heirathete den Herzog von Aremberg.

XIII.

Die Kaiserin an ihre Tochter in ?

Lyon, den 25. Germinal des Jahres XIII.

Wir haben, liebe Hortense, die Hälfte unserer Reise zurückgelegt. Seit vier Tagen sind wir in Lyon und ich habe, meine Migräne ausgenommen, unterwegs wenig ausgestanden. Der Kaiser ist auch ganz wohl. Überall haben ihn enthusiastische Zurufe empfangen; alle Herzen sind ihm zugeflogen und es fällt mir in der That schwer, zu sagen, welche von den Städten, die wir passirten, die größte Begeisterung für seine Person an den Tag legte. Morgen gehen wir nach Chambéry. Ich freue mich sehr, daß ich bald Eugen an mein Herz schließen kann, allein meine Freude wird doch keine vollkommene sein, denn wenn ich mich einem meiner Kinder nähere, fühle ich es stets schmerzlich, daß ich mich von dem anderen, welches mir nicht weniger theuer ist, entferne.

Adieu, meine gute Hortense, gieb mir recht oft Nachricht; grüße Deinen Mann, küsse in meinem Namen den kleinen Napoleon Louis.

Josephine.

XIV.

Die Kaiserin an ihre Tochter im Bade von Saint-Amand.

Saint Cloud, den 7. Thermidor des Jahres XIII.
(20. Juli 1805.)

Ich beauftrage einen meiner Stallmeister, welcher zu seinem Regimente geht, für Dich diesen Brief, theuere Hortense, und für Napoleon das Spielzeug mitzunehmen. Ich bin noch immer sehr bekümmert darüber, daß ich von Deinem Bruder getrennt bin.*) Ich hoffte, bei meiner Rückkehr nach Frankreich meine geliebte Tochter dort vorzufinden. Dieser Gedanke tröstete mich; mein Leben, in steter Trennung von Denen, Die ich liebe, hat einen traurigen Verlauf. In einigen Tagen werde ich ganz allein sein. Ich reise am Montag oder Dienstag nach Plombières, wo ich einen Monat zu bleiben gedenke. Meine Gesundheit, ohne gerade schlecht zu sein, verlangt doch ein wenig Ruhe nach den Anstrengungen der langen Reise, die ich eben gemacht habe. Viel Schmerz hat es mir auch verursacht, Eugen in Italien zurückzulassen. Gestern erhielt ich einen Brief von ihm; er befindet sich wohl und hat viel zu thun. Er bedauert sehr, von seiner Mutter und seiner geliebten Schwester getrennt zu sein. Ach! wie viele Menschen würden nicht gerne an seinem Platz sein; wie viele sind nicht der Meinung, er wäre glücklich! — Sie können nicht in sein Herz blicken. Ich

---

*) Der Prinz Eugen hatte seine Ernennung zum Vicekönig von Italien erhalten.

wollte Dir eigentlich, meine liebe Hortense, von meiner Traurigkeit Nichts sagen, ich wollte nur von meiner Liebe zu Dir und zu Deinen Kindern sprechen, wie glücklich ich sein würde, Deinen Sohn Louis bei mir zu haben.

Der Kaiser hat ihn gleich bei seiner Ankunft in Fontainebleau, ohne mir ein Wort zu sagen, zu sich holen lassen. Ich war ganz gerührt von dieser Aufmerksamkeit; er merkte, daß ich danach verlangte: ein kleines, reizendes, von Dir geschaffenes Wesen, Dein zweites Ich, zu sehen. Der Kleine befindet sich vortrefflich, ist sehr vergnügt und ißt nichts wie Suppe, welche ihm seine Amme giebt; wenn wir bei Tisch sind, wird er stets hereingebracht und der Kaiser scherzt mit ihm und liebkost ihn.

Schreibe mir oft, liebe Hortense, ich bedarf der Nachrichten von Dir; schreibe mir auch, wie Dein Mann sich befindet. Corvisart muß jetzt bei ihm sein. Hoffentlich werden ihm die Bäder helfen. Man sagt, sie hätten großen Erfolg.

Eugen hat mir ein Malachit-Halsband für Dich übergeben, ich werde es Dir bei Deiner Rückkehr einhändigen. Herr Bergheim wird Dir ein anderes geben, welches ich in Mailand gekauft habe; es besteht aus gravirten Amethysten, die sich vortrefflich auf Deiner schönen weißen Haut ausnehmen werden. Ich hatte keine Zeit, sie besser fassen zu lassen.

Der Kaiser hat den Heirathskontrakt für Fräulein de Boubers mit Herrn de Lauriston unterzeichnet; er hat dem Fräulein 30 000 Francs geschenkt. Madame de Boubers scheint sehr zufrieden zu sein; es ist eine

ehrenwerthe und Dir sehr zugethane Dame, sie schätzt die
Freundschaft, die Du ihr an den Tag legst, hoch.

Tausend Grüße an den Prinzen Louis, umarme
Napoleon in meinem Namen und glaube, meine liebe
Tochter, an die zärtliche Liebe Deiner Mutter.

Josephine.

XV.
Die Kaiserin an ihre Tochter in Paris.
Straßburg, den 30. Vendémiaire des Jahres XIV.
(22. October 1805.)

Ich hatte, meine liebe Hortense, dem Prinzen Joseph,
der mir einen sehr liebenswürdigen Brief geschrieben
hatte, versprochen, einen Courier an ihn abzuschicken, so=
wie ich Nachrichten bekäme. Gestern war ich in der Lage,
mein Versprechen zu erfüllen. Herr de Thiars hat mir
auf Befehl des Kaisers alle Einzelheiten unserer Erfolge
mitgetheilt, ich habe sie sofort an den Prinzen Joseph
weitergegeben und ihn gebeten, auch Dich und Deinen
Gemahl einzuweihen. Die glücklichen Ereignisse folgen
einander: heut erhielt ich vom Kaiser einen Brief. Ich
schicke ihn Dir und bin überzeugt, er wird Dir ebenso
viel Freude machen wie mir. Ich bitte nur, daß Du
mir den Brief aufhebst und ihn mir bei meiner Rückkehr
wiedergiebst. Alle Personen des kaiserlichen Hauses be=
finden sich wohl. Es ist nicht ein einziger General ver=
wundet; Du kannst es allen Damen sagen, deren Männer
im Felde stehen.

Am Donnerstag wird hier ein Te Deum gesungen; an demselben Tage gebe ich den Straßburger Damen ein Fest.

Adieu, geliebte Hortense; ich habe Dich von Herzen lieb und umarme Dich. Tausend Grüße an Deinen Mann, Küsse für die Kinder.

Josephine.

XVI.
Die Kaiserin an ihre Tochter in Paris.

München? des Jahres XIV.

Ich bin glücklich in München angekommen, liebe Hortense, und obwohl ein wenig ermüdet, doch wohl. Ich erhielt Deinen Brief, er hat mir viel Vergnügen gemacht, ich bin aber ganz erstaunt über die Gerüchte, von denen Du sprichst. Wenn wirklich von einer Heirath Deines Bruders die Rede wäre, so wärst Du doch die Erste, die ich benachrichtigt hätte. Man hat mir wohl gesagt, daß deutsche Zeitungen, während ich in Straßburg war, davon gesprochen hätten. Ich erinnere mich, daß damals jedermann an eine Heirath glaubte und ich die einzige Ungläubige war. Du wirst begreifen, meine Liebe, daß der Kaiser, der mir nie etwas von der Sache gesagt hat, Eugen, ohne mein Wissen, nicht verheirathen würde. Übrigens wäre mir das Gerücht ganz willkommen, ich würde die Prinzessin Auguste Amalie von Bayern sehr gern zur Schwiegertochter haben. Sie ist überaus liebenswürdig und schön wie ein Engel; sie vereinigt mit einem reizenden Antlitz die eleganteste Figur, die ich kenne.

Ich bin zur Zeit nicht unterrichtet, ob der Kaiser nach Paris zurückkehrt, oder ob er nach München kommt. Er hat mir gestern einen seiner Adjutanten geschickt mit der Nachricht, von einem großen, über die Russen davongetragenen Siege. Er hat mir nur vier Zeilen geschrieben, in welchen er sagt, daß er wohl ist: von einer Rückkehr kein Wort! Ich bin sehr erfreut über Das, was Du mir mittheilst in Bezug auf das Verhalten Stephanies. Sie hat recht, daß sie abwarten will, was der Kaiser über sie verfügt: ihm überlasse ich ja die Sorge für die Zukunft meiner Familie; ehe er sich nicht entschieden hat, ist es das Beste, sie bleibt bei ihrem bisherigen Verhalten.

Herr Deschamps*) hat Dir wohl den Bericht über meine Reise zugestellt, Du kennst also die Einzelheiten meines Empfanges an den verschiedenen Höfen. In Augsburg hat mir die Prinzessin Kunigunde viel von Madame de Boubers gesprochen; sie freut sich, daß die Boubers bei Dir ist, sie hat mich gebeten, sie Dir noch besonders zu empfehlen; sie scheint für Madame de Boubers viel Anhänglichkeit bewahrt zu haben.

Adieu, meine liebe Hortense; ich schließe Dich und die Kinder an mein Herz. Wenn Dir die Familie von der Heirath Eugens spricht, so magst Du ihr immerhin meinen Brief mittheilen, Du magst ihn sogar der Madame Mürat vorzeigen.

Als ich gerade meinen Brief versiegeln wollte, erschien eine Page mit einem Brief des Kaisers. Ich

---

*) Privatsekretär der Kaiserin Josephine.

möchte ihn Dir gern gleich schicken, aber ich will ihn heute noch behalten, weil ich ihn wiederholt lesen möchte. Der Kaiser benachrichtigt mich, daß er den Kaiser von Deutschland gesehen hat und daß er mit demselben übereingekommen ist, schnell Frieden zu schließen.

Josephine.

XVII.
Die Kaiserin an ihre Tochter in Paris.
München, den 17. Nivose des Jahres XIV. (7. Januar 1806).

Ich will keinen Augenblick verlieren, liebe Hortense, Dir mitzutheilen, daß die Heirath Eugens mit der Prinzessin Auguste, Tochter des Kurfürsten von Bayern, beschlossene Sache ist. Du wirst mit mir diesen neuen Beweis des Kaisers von seiner Liebe zu Eugen zu würdigen wissen. Ich wüßte Nichts auf der Welt, was mir so lieb wäre, wie diese Verbindung. Die junge Prinzessin vereint mit einem reizenden Äußern alle Eigenschaften, welche eine Frau interessant und liebenswürdig machen. Ich kann mir denken, wie sehr Du es bedauerst, Dich nicht mit uns in München vereinigen zu können und ich bin nicht erstaunt über den Kummer, den Dir der Brief Deines Mannes gemacht hat, aber ich sehe zugleich ein, daß Du den lebhaften Bitten nicht zu widerstehen vermochtest. Übrigens, und darin liegt ja ein Trost für Dich, wird die Hochzeit nicht hier, sondern in Paris gefeiert werden; Du wirst also Zeugin vom Glück Deines Bruders sein. Das meinige aber wird noch größer sein, weil ich mit meinen theueren Kindern vereint sein werde. Meine Gesundheit ist ziemlich gut und das Glück, welches mir bevorsteht, meinen Sohn wiederzusehen, kann ihr nur förderlich sein.

Adieu, theuere Hortense. Ich hoffe, wir werden bald alle vereint sein.

Josephine.

Der Kaiser Napoleon an seine Stieftochter, die Prinzessin Hortense.

München, den 9. Januar 1806.

Meine Tochter! Eugen trifft morgen ein, seine Verheirathung wird innerhalb von vier Tagen stattfinden. Es wäre mir sehr lieb gewesen, Du könntest der Feierlichkeit beiwohnen: jetzt ist dazu keine Zeit mehr. Die Prinzessin Auguste ist groß, schön und reich an guten Eigenschaften; Du wirst in ihr eine Deiner würdige Schwester haben. Tausend Küsse auch an den kleinen Napoleon.

Napoleon.

Anmerkung. Nach der Hochzeit des Prinzen, welche übrigens nicht in Paris, sondern in München stattfand, kehrte die Kaiserin nach Paris zurück, erfreute sich jedoch nicht mehr lange der Gesellschaft ihrer Tochter, da diese Königin von Holland wurde.

XVIII.
Die Kaiserin an ihre Tochter, die Königin von Holland, im Haag.
Saint-Cloud, den 15. Juli 1806.

Ich möchte Despres*) nicht abreisen lassen, liebe Hortense, ohne ihm einen kleinen Brief an Dich mitzugeben. Ich war seit Deiner Abreise fortwährend leidend, traurig und unglücklich; ja ich habe sogar, weil ich einen kleinen Fieberanfall hatte, das Bett hüten müssen. Die Krankheit ist zwar fort, allein der Kummer ist geblieben. Wie wäre es auch anders möglich! Ich bin getrennt von meiner Tochter, einer zärtlichen, sanften und liebenswürdigen Tochter, welche die Freude meines Lebens ist. Die Feste sind aufgeschoben, sie werden erst am 15. September stattfinden. Ich hoffe, daß dieser Aufschub es ermöglicht, daß Du hierher kommst und den Winter über hier bleibst. Ich rechne auf das Versprechen Deines Mannes, das Deinige und das des Kaisers. Eugen wird hier sein. Seine Frau ist guter Hoffnung. Eugen theilte mir dies gestern in einem Briefe mit. Er freut sich sehr darüber.

Wie geht es denn Deinem Mann? Befinden sich meine Enkelchen wohl? Mein Gott, wie traurig bin ich doch, daß ich sie nicht manchmal sehen kann. Wie steht es denn mit Deiner Gesundheit, meine liebe Hortense? Wenn Du je erkranken solltest, lasse es mich ja wissen, ich eile sofort zu meiner geliebten Tochter. Die ganze Familie befindet sich wohl. Ich habe Nachrichten von der Prinzeß von Baden. Sie ist von der Familie ihres

---
*) Privatsekretär der Königin von Holland.

Gemahls sehr gut aufgenommen worden. Prinz Murat soll Großherzog von Berg werden. Ich will dieser Tage an Deinen Mann schreiben und ihn bitten, er möchte Herrn d'Osmond sein Interesse zuwenden. Man sagt viel Gutes von diesem jungen Mann: er soll solide und wohl unterrichtet sein, er spricht italienisch, englisch und noch eine Sprache. Er möchte gern eine Stelle als Stallmeister bei dem König haben. Er hat eine Schwester, Madame de Boignes, welche jährlich 14000 Louis Rente hat und für alles aufkommen wird, was der Bruder nöthig hat. Herr d'Aremberg ist immer noch sehr hinter Stephanie her. Du weißt ja, daß er jetzt im Bade ist. Sein Heirathskontrakt ist abgeschlossen; es scheint, daß er sich im September verheirathen wird. Die ganze Familie Aremberg reist in diesen Tagen nach Belgien; die Mutter und die Söhne beabsichtigen, nach Holland zu gehen, um Dir einen Besuch zu machen. Jemehr ich diese Familie kenne, desto glücklicher preise ich meine Cousine, ihr anzugehören.

Da hast Du einen recht langen Brief! Ich wollte mich für die Entbehrung entschädigen — ich konnte Dir ja seit Deiner Abreise nicht schreiben.

Adieu, meine liebe Hortense, denke recht oft an Deine Mutter und glaube mir sicherlich, es giebt keine Tochter, die von ihrer Mutter so geliebt wird, wie Du.

Tausend Grüße an Deinen Mann, viele Küsse an die Kinder. Es wäre sehr liebenswürdig von Dir, wenn Du mir manchmal eine Deiner Compositionen schicktest.

Josephine.

XIX.
Die Kaiserin an ihre Tochter im Haag.
? 1806.

Deine Briefe, meine liebe Hortense, sind entzückend, es ist sehr liebenswürdig von Dir, daß Du mir oft schreibst. Ich hatte auch Nachricht von Eugen und seiner Frau; ich sehe, daß sie glücklich sind; ich selbst bin es in diesem Augenblick auch, denn ich werde den Kaiser begleiten und treffe schon meine Vorbereitungen. Ich kann Dir versichern, daß dieser neue Krieg — wenn es wirklich dazu kommt — mir nicht die geringste Furcht einflößt; je näher ich dem Kaiser bin, desto weniger werde ich mich fürchten. Ich könnte nicht leben, wenn ich hier bleiben müßte. Ein anderer Grund zur Freude ist der, daß ich Dich in Mainz wiedersehen werde. Der Kaiser beauftragt mich, Dir zu sagen, er habe dem König von Holland eine Armee von 80000 Mann überwiesen, und das Oberkommando würde nicht weit von Mainz sein Hauptquartier haben. Welche erfreuliche Nachricht für eine Mutter, die ihre Tochter so zärtlich liebt! Wir werden jeden Tag Nachricht vom Kaiser und Deinem Gemahl haben, wir werden uns derselben gemeinschaftlich freuen. Der Großherzog von Berg*) hat mir von Dir und Deinen Kinderchen gesprochen. Küsse sie in meinem Namen, bald werde ich sie ja sehen — hoffentlich recht bald Dich und die Kinder!

Viele herzliche Grüße an den König, der Kaiser gedenkt Deiner in Liebe.   Josephine.

---
*) Damals Murat.

XX.
Die Kaiserin an ihre Tochter im Haag.
Paris, den 3. Februar 1807.*)

Ich bin, liebe Hortense, am 31. v. Mts. hier eingetroffen; meine Reise war, wenn ich so sagen darf, eine glückliche, leider aber entfernte sie mich aus der Nähe des Kaisers. Ich hatte fünf Briefe von ihm seit meiner Abreise. Ich sehne mich nach Nachrichten von Dir; erzähle mir von Deinem Gemahl und Deinen Kindern. Obwohl ich hier mehr Leute zu empfangen habe als in Mainz, fühle ich mich doch viel einsamer — wenn Du mir schreibst, werde ich mir einbilden, Du wärst noch bei mir.

Adieu, meine Theuerste; ich bin Dir zärtlich zugethan.

Josephine.

XXI.
Die Kaiserin an ihre Tochter im Haag.
Paris, den 7. März 1807.

Es machte mir viel Vergnügen, mit Herrn de Janssens von Dir sprechen zu können. Ich sehe aus Allem, was er mir über Holland sagte, daß der König dort sehr beliebt ist, und daß auch Du an der Liebe des Volkes Deinen Antheil hast. Das hat mich glücklich gemacht. Mein Befinden ist zur Zeit ganz gut, allein Trauer sitzt mir im Herzen.

---

*) Die Kaiserin war eine Zeit lang mit ihrer Tochter zusammen; die Damen trennten sich später wieder, indem die Eine nach Paris, die Andere nach dem Haag zurückkehrte.

Alle Privatbriefe, die mir zugingen, stimmen dahin überein, daß der Kaiser bei Eilau sich sehr exponirt hat. Ich bekomme sehr oft Nachricht, manchmal zweimal des Tages, das ist wohl ein großer Trost, aber doch kein Ersatz für ihn. Ich war vor einigen Tagen Zeugin eines schrecklichen Vorfalles in der Oper. Die Tänzerin, welche in dem Ballet „Ulysses" die „Minerva" giebt, fiel aus einer Höhe von 20 Fuß herab und brach den Arm. Da sie arm ist und Familie hat, habe ich ihr 50 Louisd'or geschickt. Herr de Janssens hat mir einen Wilden geschenkt, ein kleines possirliches Kerlchen, das sehr amüsant ist. Gestern hat man ihn in die Oper geführt, man hat alle erdenkliche Mühe gehabt, ihn am Pfeifen und Tanzen zu verhindern.

Adieu, meine liebe Hortense, sei zärtlich umarmt. Wenn Du willst, daß ich glücklicher sein soll, so laß mich hoffen, daß ich in neun Monaten eine kleine Enkelin habe.

Viele Empfehlungen an den König; ich umarme Deine Kinder.

Josephine.

XXII.
Die Kaiserin an ihre Tochter im Haag.

Paris, den 29. März 1807.

Ich war mehrere Tage unwohl, heute geht es mir wieder besser und ich kann Dir schreiben. Meinen Brief nimmt Madame de Villeneuve mit. Die vergangene Woche ging rasch vorüber; ich war in Malmaison, und sah mir die Arbeiten an, die dort vorgenommen werden; das hat

mich wieder hergestellt. Du wirst von der glücklichen
Niederkunft der Prinzessin Auguste gehört haben. Eugen
ist ganz entzückt von seiner Tochter; er beklagt sich nur
darüber, daß sie zu viel schliefe; das verhindert ihn daran,
sie nach Gefallen zu mustern.

Ich bekomme soeben Nachricht aus Mailand; alle
Welt befindet sich wohl. Vom Kaiser erhalte ich oft
Nachricht; sein letzter Brief war vom 17.; er versicherte
mir, seine Gesundheit wäre vortrefflich; er spricht aber
nicht von seiner Rückkehr; glücklich werde ich erst sein,
wenn er wieder hier ist.

Viele Empfehlungen an den König. Ich schließe
Deine Kinder und Dich, geliebte Tochter, an mein Herz.
Du weißt ja, wie sehr ich Dich liebe.

Josephine.

XXIII.
Die Kaiserin an ihre Tochter im Haag.
Paris, den 2. April 1807.

Lady Shaftesbury wünschte von mir, liebe Tochter,
einige empfehlende Zeilen an Dich; ich thue das um so
lieber, weil ich glaube, diese Dame ist Deiner Antheil=
nahme würdig. Sie hat sich hier mit der Erlaubniß des
Kaisers sechs Monate aufgehalten; auch Prinz Jérome
hat ihr für den König von Holland ein Empfehlungs=
schreiben eingehändigt.

Was Lady Shaftesbury von Dir will, weiß ich nicht;
lieb wäre es mir, wenn Du ihr nützlich sein könntest,
falls sich dazu die Gelegenheit bietet.

Adieu, meine Theuerste, ich habe Dich lieb.

Josephine.

XXIV.
Die Kaiserin an ihre Tochter im Haag.
Laeken, 14. Mai, 10 Uhr Abends, 1807.

Ich treffe soeben in Schloß Laeken*) ein und schreibe Dir von hier sogleich; ich erwarte Dich — gieb mir das Leben wieder, Deine Anwesenheit ist nöthig für mich — auch Du mußt meiner bedürfen, wäre es auch nur, um mit Deiner Mutter gemeinsam zu weinen. Ich wäre gern noch weiter gereist, allein mir versagten die Kräfte, auch hatte ich die Zeit nicht, den Kaiser zu benachrichtigen. Bis hierher zu gehn, reichte mein Muth, hoffentlich findest auch Du nun Muth und kommst hierher.

Adieu, ich bin von der Reise, vom Kummer ganz erschöpft.

Josephine.

XXV.
Die Kaiserin Josephine an ihre Tochter, auf der Durchreise in Bordeaux.
Saint Cloud, 27. Mai 1807.

Ich habe so viel geweint seit Deiner Abreise, meine liebe Hortense, diese Trennung hat mir zu weh gethan! Um mir den Muth zu geben, sie zu ertragen,

---

*) Anmerkung des Übersetzers. Die Kaiserin Josephine stellte sich gleich nach dem Tode ihres Enkels in Laeken, einem dicht bei Brüssel gelegenen Schloß, ein; von wo sie ihre Tochter mit nach Paris nahm; mußte sich aber dort bald wieder von ihr trennen, weil der Königin der Aufenthalt in einem Pyrenäenbad verordnet war.

bedurfte es der Gewißheit, daß Deine Reise Dir wohl thun würde. Ich erhielt Nachrichten über Dich durch Madame de Broc. Ich bitte, sage ihr meinen Dank für diese Aufmerksamkeit: ich bitte sie sehr, mir doch zu schreiben, wenn es Dir unmöglich ist. Gestern erhielt ich auch Nachrichten über Deinen Sohn; er ist im Schloß Laeken und befindet sich sehr wohl; man erwartet dort die Ankunft des Königs. Der Kaiser hat mir wieder geschrieben, er theilt unseren Schmerz auf das Lebhafteste. Ich bedurfte dieses Trostes, ich hatte keinen anderen, seit Du fort bist. Ich bin immer allein mit mir selbst, jeder Augenblick ruft mir den Grund unseres Schmerzes ins Gedächtniß und unaufhaltsam fließen meine Thränen.

Adieu, meine theuere Tochter. Erhalte Dich Deiner Mutter, welche Dich so zärtlich liebt.

Josephine.

XXVI.
Die Kaiserin an ihre Tochter im Bade zu Cauterets.

Saint Cloud, am 4. Juni 1807.

Dein Brief, liebe Hortense, hat mir Linderung verschafft; die Nachrichten über Deine Gesundheit, welche ich durch Deine Damen erhalte, tragen wesentlich dazu bei, mich zu beruhigen. Der Kaiser ist tiefbewegt; er sucht in all' seinen Briefen mir Muth einzuflößen; ich weiß, daß das beklagenswerthe Ereigniß ihn tief erschüttert hat. Der König ist gestern Abend in Saint Leu eingetroffen.

Er hat mir sagen lassen, er werde mich heut aufsuchen. Er soll mir den Kleinen während seiner Abwesenheit hier lassen. Du weißt ja, wie sehr ich das Kind liebe und wie sorgfältig ich ihn hegen werde. Ich wünsche, daß der König denselben Weg, wie Du, nimmt; es wird das Wiedersehen für Euch beide, liebe Hortense, ein Trost sein.

Alle Briefe, welche ich seit seiner Abreise von ihm erhielt, sind voll von Ausdrücken der Zuneigung zu Dir. Du hast ein zu gefühlvolles Herz, um Dich nicht darüber gerührt zu fühlen.

Adieu, meine theuere Tochter; sorge für Deine Gesundheit, die meinige wird nicht eher besser werden, als bis ich keine Angst mehr auszustehen habe um Diejenigen, die ich liebe. Ich schließe Dich zärtlich an mein Herz.

Josephine.

Anmerkung des Übersetzers. Während ihres Aufenthaltes in Cauterets erwies sich Hortense als eine tüchtige Bergsteigerin, sie bestieg u. A. den Vignemale, machte überhaupt viel von sich reden, namentlich auch durch die Beziehungen, welche sie mit Decazes anknüpfte, der damals gerade seine erste Frau verloren hatte und einsam träumend, wie die Königin, stille Schluchten der Pyrenäen und unbetretene Bergpfade aufsuchte. Decazes war damals ein junger eleganter, schwärmerischer Mann, in welchem wohl Niemand den späteren geriebenen Polizeiminister, Ludwig XVIII. erkannt hätte. Der König Louis von Holland aber schöpfte Verdacht und machte sich nach Cauterets auf. In Toulouse traf er mit seiner Gemahlin zusammen, die inzwischen ihre Heimreise angetreten hatte. Nun existirt aus dem Jahre 1816 ein Brief des damals „Herzog von Leu" genannten, in Rom

XXVII.
Die Kaiserin an ihre Tochter im Bade zu Cauterets.

Saint-Cloud, den 11. Juni 1807.

Ich füge hierin einen Brief*) des Kaisers an Dich, meine liebe Hortense, bei. Der Kaiser ist in Danzig. Er befindet sich sehr wohl. Der Marschall Lefevre ist zum Herzog von Danzig ernannt mit einem Einkommen von 100 000 Francs aus Ländereien in Frankreich. Dein Sohn befindet sich vortrefflich, er amüsirt mich viel; er ist so sanft. Ich finde, er hat große Ähnlichkeit mit dem armen Kleinen, den wir beweinen.

Adieu, meine liebe Tochter, sei zärtlich umarmt.

Josephine.

---

lebenden Exkönigs Louis, an seine Gemahlin, in welchem zu lesen steht:

„... Wir lebten, als Sie von Cauterets kamen, vom 12. August 1807, das heißt dem Tage ihrer Ankunft in Toulouse an bis zu unsrer Ende desselben Monats in St. Cloud erfolgenden Ankunft, in ehelicher Gemeinschaft...". Hortense genas am 20. April 1808 ihres dritten Knäbleins — Oui-oui, nannte ihn die Großmama, „Napoleon III" die Weltgeschichte. Indiscrete Rechenkünstler aber haben sich hingesetzt und gezählt .. so und so viel Tage. Nach Lösung ihres Rechenexempels haben sie einen Händedruck ausgetauscht mit dem geschwätzigen Cyniker, dem Cardinal Fesch, welcher gesagt haben soll: „Wenn es sich um die Väter ihrer Kinder handelt, ist Hortense nie mit sich selbst im Reinen."

*) Anmerkung. Der Brief des Kaisers an die Königin von Holland ist aus Danzig, den 2. Juni 1807 datirt. Man findet ihn hinter dem CXXIX. Brief.

XXVIII.
Die Kaiserin an ihre Tochter im Bade zu Cauterets.

Saint-Cloud, ? 1807.

Dein Brief, meine theuere Tochter, hat mich tief bewegt. Ich sehe, wie lebhaft noch immer Dein Kummer ist. Ich kann ihn nach meinen eigenen schmerzlichen Empfindungen ermessen. Wir haben Das verloren, was unserer Liebe so werth war. Meine Thränen fließen wie am ersten Tag. Diese Schmerzen sind so sehr gerechtfertigt, daß keine Vernunft ihnen wehren kann, aber mildern sollte sie dieselben doch. Du bist nicht allein auf der Welt. Es blieb Dir ein Gatte, ein süßes Kind und eine Mutter, deren zärtliche Liebe Du kennst. Du sollst Dich Denen erhalten, die Dich lieben. Du bist zu feinfühlig, als daß Dir diese Überzeugung fremd sein könnte, daß Du ihr gegenüber gleichgültig wärest. Denke an uns, meine geliebte Tochter. Möge das Andenken an uns ein anderes, das wohl gerechtfertigt und schmerzlich ist, überstimmen. Ich rechne auf Deine Anhänglichkeit an mich und auf Deine Vernunft. Ich hoffe auch, daß die Reisen, daß die Bäder Dir gut thun werden. Dein Sohn ist sehr wohl, er ist reizend. Mit meiner Gesundheit geht es etwas besser. Du weißt, wie sehr sie von der Deinigen abhängt.

Adieu!

Josephine.

XXIX.
Die Kaiserin an ihre Tochter im Bade zu Cauterets.

Saint-Cloud, den 10. Juli 1807.

Ich bekomme häufig, meine liebe Hortense, Nachrichten vom Kaiser; er spricht viel vom Kaiser Alexander, mit dem er sehr zufrieden zu sein scheint. Er hat mir Herrn de Monaco und Herrn de Montesquiou geschickt, um mir Einzelheiten über Das, was sie gesehen haben, mitzutheilen. Die Herren sagen, daß die erste Begegnung sich zu einem prachtvollem Schauspiel gestaltete. Die beiden Armeen waren am rechten und am linken Ufer des Niemen aufmarschirt. Der Kaiser betrat zuerst den mitten im Fluß auf Kähnen errichteten Pavillon. Das Boot mit dem Kaiser Alexander hatte einige Schwierigkeiten bei der Überfahrt zum Pavillon; dieser Umstand gab dem Kaiser Alexander Veranlassung zu einigen liebenswürdigen Worten über seine, von dem Fluß schlecht unterstützte Eile zu dem Stelldichein. Man sagt, daß in dem Augenblick, als die beiden Kaiser sich umarmten, von den Ufern her sich die lauten Beifallsrufe zu einem nicht endenden Brausen vereinten.

Was für mich noch das Interesse an diesen glücklichen Nachrichten vermehrt, ist die Hoffnung, den Kaiser bald wiederzusehen.

Warum mußte nur all' dieses Glück getrübt werden durch den unauslöschlichen Schmerz der Erinnerung! Dein Kleiner befindet sich vortrefflich; er hat einen ganz anderen Teint bekommen. Ich hoffe, daß Dir sowohl, wie dem König die Bäder gut thun werden. Bring mich bei dem König in Erinnerung und glaube, meine theuere Tochter, an die Liebe Deiner Mutter.

Josephine.

XXX.
Die Kaiserin an ihre Tochter in Paris.
Bordeaux, den 23. April 1808.

Ich bin, meine liebe Hortense, ganz außer mir vor Freude über die mir gestern durch Herrn de Villeneuve überbrachte Nachricht von Deiner glücklichen Niederkunft. Mir schlug das Herz, als er eintraf, ich hatte aber die Hoffnung, daß seine Nachricht eine gute sein würde — mein Vorgefühl hat mich nicht getäuscht. Ich erhielt zugleich einen Brief vom Erzkanzler, welcher mir versichert, daß Du und Dein Knabe sich wohl befinden. Ich weiß, daß Napoleon sich trösten wird, daß es keine Schwester ist und daß er bereits seinen Bruder lieb hat. Ich schließe alle Beide zärtlich in mein Herz. Gestern erhielt ich einen Brief vom Kaiser; seine Gesundheit läßt nichts zu wünschen übrig. Der Prinz von Asturien und Don Carlos haben vorgestern bei ihm dinirt, er erwartet König Karl IV und die Königin.

Ich wage es nicht, Dir noch mehr zu schreiben, weil Dich das ermüden möchte. Schone Dich ja, empfange nicht zu viele Besuche in der ersten Zeit. Laß mir täglich eine Nachricht zugehen. Ich erwarte sie mit Ungeduld. Du weißt ja, wie zärtlich ich Dich liebe.

Josephine.

XXXI.

Die Kaiserin an ihre Tochter in Paris.

Bordeaux, den 25. April 1808.

Ich erhielt, liebe Hortense, einen Brief vom Kaiser, in welchem er mir anzeigt, er habe gehört, daß Du von einem Knaben entbunden wärst und daß er sich darüber außerordentlich gefreut habe. Es scheint, daß er schon vor der Ankunft des Herrn de Villeneuve die Nachricht hatte. Der Kaiser schreibt mir zugleich, ich solle zu ihm nach Bayonne kommen. Du kannst Dir denken, meine theuere Tochter, wie es mich freut, daß ich mich nicht vom Kaiser zu trennen brauche; morgen in aller Tagesfrühe reise ich ab. Die Nachrichten, die mir über Dein Befinden zugehen, sind sehr erfreulich. Nimm Dich ja recht in Acht, vermeide es vor allen Dingen, in den ersten Tagen Besuche zu empfangen. Es werden drei oder vier Tage vergehen, ehe ich Dir wieder schreiben kann. Jeden Augenblick aber werde ich an Dich denken.

Adieu, meine theuere Hortense.

Josephine.

P. S. Der Kaiser ist sehr wohl.

XXXII.
Die Kaiserin Josephine an ihre Tochter in Baden-Baden.
Straßburg, den 16. Mai 1809.

Ich erhielt soeben einen Brief vom Kaiser, in welchem er mich benachrichtigt, daß er den Bruder der Marschallin Lannes an mich abschickte, um mir die Uebergabe von Wien zu berichten. Ich wollte nicht zu Bett gehen, liebe Hortense, ohne Dir Kenntniß zu geben von dieser glücklichen Nachricht und Dir die Proklamation des Kaisers zu übersenden. Du kannst diese Nachricht an den Erbgroßherzog von Baden weitergeben. Stephanie könnte ja die Mittelsperson sein.

Adieu, Liebe. Zärtlich umarme ich Dich.

Josephine.

P. S. Herr Deschamps hat heut einen Brief der Prinzessin Auguste an Dich abgeschickt; sei so gut und schicke ihn mir zurück. Du hast inzwischen unzweifelhaft eine telegraphische Nachricht aus Italien bekommen mit der Nachricht, daß Eugen den Feind verfolgt und daß er am 12. in Udine war.

XXXIII.
Die Kaiserin Josephine an ihre Tochter in Baden-Baden.
Straßburg, den 1. Juni 1809.

Ich schicke Dir, meine theuere Hortense, einen an Dich gerichteten Brief des Kaisers. Ich habe ihn, da ich seit längerer Zeit keine Nachricht vom Kaiser hatte, erbrochen; nun sehe ich zu meinem Leidwesen, daß er böse über Deinen Aufenthalt in Baden-Baden ist. Ich bitte Dich, schreibe ihm unverzüglich, daß Du seinen Absichten zuvor gekommen wärst und daß Deine Kinder bei mir sind, daß Du sie nur ein paar Tage der Luftveränderung wegen bei Dir gehabt hast. Der Page, der mir durch einen Brief Meneval's angezeigt war, ist noch nicht eingetroffen; ich hoffe, er bringt mir einen Brief des Kaisers, falls dieser nicht auch auf mich böse ist, weil Du in Baden-Baden warst. Deine Kinder sind in bestem Wohlsein eingetroffen.

Adieu, meine theuere Tochter, ich schließe Dich an mein Herz. Josephine.

Anmerkung. Der oben angeführte Brief des Kaisers an die Königin von Holland lautet:

Ebersdorf, den 28. Mai 1809.

Meine Tochter! Sehr unzufrieden bin ich darüber, daß Du ohne meine Erlaubniß aus Frankreich fortgegangen bist, besonders aber, daß Du meine Neffen aus Frankreich entfernt hast. Da Du nun einmal in Baden-Baden bist, so bleibe auch da, aber eine Stunde nach Empfang dieses Briefes schickst Du meine beiden Neffen nach Straßburg zur Kaiserin. Sie sollen nie aus Frankreich heraus.

Es ist das erste Mal, daß ich Veranlassung habe, mit Dir unzufrieden zu sein; Du hättest nicht sollen über meine Neffen verfügen, ohne meine Erlaubniß. Du mußt doch den üblen Eindruck, den das macht, fühlen. Da Dir die Bäder von Baden-Baden gut bekommen, so magst Du einige Tage dort bleiben. Ich wiederhole Dir, laß keinen Augenblick verstreichen, meine Neffen nach Straßburg zu schicken. Geht die Kaiserin nach Plombières, so sollen sie mit ihr gehen. Niemals aber sollen sie die Brücke von Straßburg passiren.

Dein Dir wohlgewogener Vater Napoleon.

XXXIV.
Die Kaiserin an ihre Tochter in Cauterets.
Saint-Cloud, den 19. Juni 1809.

Ich hörte zu meiner großen Freude, liebe Hortense, von Fräulein Cochelet, daß Du glücklich in Bagnères eingetroffen und über Deine Reise entzückt bist. Die Cochelet hat mir auch, was ich ihr aufgetragen hatte, berichtet, daß Du anfingst, mit Deinem Kummer zu ringen; daraus schöpfe ich Hoffnung für Deine Wiedergenesung, und diese würde für meine eigenen Leiden ein Heilmittel werden. Ich bin recht mager geworden, aber froh, daß ich Deinen Sohn bei mir habe; er ist allerliebst, ich gewinne ihn lieb mehr und mehr, indem ich mir vergegenwärtige, daß er Dein Trost sein wird; sein kindisches Geschwätz bietet mir viel Unterhaltung, Du kannst außer Sorgen sein, er gedeiht hier vortrefflich, er bekommt einen schönen Teint.

Ich habe zur Zufriedenheit noch eine Veranlassung: auch Du wirst Dich freuen, zu hören, daß Eugens Frau wieder guter Hoffnung ist. Ich wünschte, ich könnte zu Dir kommen, allein der Kaiser hat die Stelle in meinem Briefe, an der ich die Bitte stellte, unbeantwortet gelassen. Man sagt mir, er werde im Laufe des August zurück sein; ich möchte es gern, allein zu hoffen wage ich es nicht. Seine Gesundheit läßt Nichts zu wünschen übrig.

Adieu, meine theure Hortense. Sage dem Fräulein Cochelet, daß ich ihr für ihre Aufmerksamkeit sehr ver=

bunden bin, und daß ich sie darum auch für die Folge
bitte. Du mußt im Besitz mehrerer Briefe von mir sein.

Wir sind weit von einander entfernt; oft drücke ich
Deinen Sohn an mein Herz und bilde mir ein, es
wäre meine Hortense, die ich so zärtlich liebe.

Josephine.

XXXV.
Die Kaiserin Josephine an ihre Tochter in Compiègne.
Nach der Scheidung.

Navarra, 3. April 1810.

Ich bin ganz wohl hier eingetroffen, obwohl von der
Reise ein wenig abgespannt. Der Empfang, den ich fand,
hat mich traurig gestimmt. Die Bewohner von Evreux
haben sich zwar für mein Eintreffen sehr interessirt, allein
die Festlichkeiten, die sie mir veranstalteten, sahen beinah
aus wie Beileidsbezeugungen. Man bemitleidet mich
offenbar, daß ich Nichts mehr bin: ich weise alle diese
schmerzlichen Eindrücke von mir. Der Kaiser ist glücklich,
er soll es sein und wird es mehr und mehr werden.
Dieser Gedanke ist für mich ein großer Trost, weiter
habe ich nichts, um meinen Lebensmuth aufrecht zu er=
halten. Navarra wird sehr schön werden, allein es sind
viele Restaurirungen, viele Ausgaben nöthig. Beinah
Alles muß erneuert werden; das Schloß ist eigentlich, so
wie es ist, garnicht mehr bewohnbar. Mein Gefolge hat
nur in kleinen Stuben untergebracht werden können, in
denen weder Thüren noch Fenster schließen. Meine eigenen
Gemächer sind ebenfalls nur sehr klein und unbequem,
die Boiserie ist ganz zu Schanden. Der Park aber ist

wunderschön; er liegt in einem Thal zwischen zwei Höhen=
zügen mit einem herrlichen Baumbestande. Allein es ist
zuviel Wasser vorhanden und dadurch ist der Aufenthalt
ein feuchter und ungesunder; bewohnbar ist Navarra nur
während der Monate Mai, Juni und Juli — dann aber
ist es ein zauberhafter Aufenthalt. In dieser Jahres=
zeit wäre Malmaison besser für mich. Die wenigen Tage,
die ich dort zubrachte, hatten mir schon wohlgethan, ich
gedenke in drei oder vier Wochen dorthin zurückzukehren.
Ich hatte an Alle, die meinem Haushalt angehören, die
Aufforderung gerichtet, hierher zu kommen, Einigen aber
war es unmöglich, zu kommen. Ich habe bei mir die
Damen d'Arberg, d'Audenarde und Vielcastel, sowie Ma=
dame Gazzani. Ich erwarte noch die Colbert und die Turenne.
Die Herren, die mich begleitet haben, sind Herr de
Monaco, de Vielcastel, Turpin, Pourtales und d'Anblaw.
Ich führe hier ein Landleben. Ich gehe oder fahre aus,
wenn es nicht regnet. Abends mache ich meine Parthie
Trictrac mit dem Bischof von Evreux, einem trotz seiner
fünfundsiebzig Jahre sehr liebenswürdigen Herrn. Die
Zeit wird mir ein wenig lang; das aber wird aufhören,
sowie Du hier bist. Ich erwarte Dich mit Ungeduld. Ich
habe die für Dich bestimmten Zimmer schon einrichten
lassen; schön sind sie grade nicht, Du wirst eine Art von
Lagerleben führen, aber Du weißt, wie sehr Du will=
kommen bist, mit welcher Liebe Du umringt sein wirst.
Josephine.
P. S. Wenn der Kaiser Dich nach mir fragen sollte,
sage ihm, was wahr ist: meine einzige Beschäftigung
wäre die: an ihn zu denken.

XXXVI.
Die Kaiserin Josephine an ihre Tochter in Compiègne.

Navarra, 4. April 1810.

Mir geht Dein Kummer sehr nah, liebe Hortense! Ich hoffe, es ist von Deiner Rückkehr nach Holland keine Rede mehr und Du kommst ein wenig zur Ruhe. Ich begreife, wie sehr Du unter diesen Widerwärtigkeiten leidest, nimm sie Dir nicht so sehr zu Herzen. So lange ich Etwas habe, hast Du die Verfügung über Dein Schicksal: ich theile mit Dir Leid und Glück. Fasse Muth, liebe Tochter, wir Beide bedürfen desselben; der meinige reicht oft nicht weit, und vor Kummer werde ich krank — allein, ich erwarte Alles von der Zeit und meinen Bemühungen. Ich benutze die Gelegenheit, um Dir mitzutheilen, daß Berthaut abgereist ist. In meinem nächsten Brief schreibe ich Dir Genaueres über Navarra bis Du selbst kommst und Alles in Augenschein nimmst.

Adieu, meine Liebe. Ich umarme Dich und die Kinder.

Josephine.

P. S. Herzliche Grüße an Eugen und Auguste.

XXXVII.
Die Kaiserin Josephine an ihre Tochter in Amsterdam.

Navarra, 13. Mai 1810.

Ich bin im Besitz Deines Briefes, liebe Hortense; zu meinem tiefen Bedauern höre ich, daß Du leidend bist; hoffentlich wird die Ruhe Dich wieder herstellen, und ich bin überzeugt, der König wird thun, was er kann, er wird für Dich sorgen. Jeder Tag wird es ihm deutlicher beweisen, wie sehr Du es verdienst. Nimm Dich recht in Acht, schone Dich, Du weißt, wie sehr ich Deiner bedarf. Mein Herz hat zu schwer gelitten, als daß meine Gesundheit unberührt bleiben konnte. Der Muth aber triumphirt über die Leiden und ich fange an, mich ein wenig besser zu fühlen. Ich will Anfang Juni nach Aachen gehen. Corvisart erklärt, die dortigen Bäder würden mir gut thun. Vorher will ich noch einige Tage in Malmaison zubringen, wahrscheinlich den 20. und 21. dieses Monats. Mein Aufenthalt gefällt mir besonders auch aus dem Grunde, weil ich hier dem ewigen Ränkespiel fern bin. Für Dich ist der Besuch eines Bades in diesem Sommer durchaus nöthig; ich wünschte, es würde auch Dir Aachen empfohlen. Wie glücklich würde ich sein, dort mit Dir zusammenzutreffen. Eugen wird Dir wohl geschrieben haben, daß er mit dem Kaiser nach Antwerpen geht.

Adieu, meine Liebe.

Josephine.

P. S. Einen Kuß an den kleinen Napoleon.

XXXVIII.
Die Kaiserin Josephine an ihre Tochter in Amsterdam.

Navarra, 15. Mai 1810.

Ich war in großer Unruhe Deiner Gesundheit wegen, liebe Hortense. Ich hatte gehört, es hätten sich bei Dir leichte Fieberanfälle eingestellt, ich möchte Näheres wissen; Dein Brief vom 10. bringt mir den Trost nicht, den ich erwartet hatte; er klingt so verzweifelt, daß er mir sehr weh that. Du bist durch so viele Banden ans Leben geknüpft. Und wenn Du ein wenig Freundschaft für mich empfindest, so denke doch nur daran, ob Du mich inmitten meines Unglückes verlassen kannst! Ermanne Dich doch, meine geliebte Tochter, sorge für Deine Gesundheit. Ich bin überzeugt, daß die Bäder, die Dir verordnet sind, Dir gut thun werden. Sprich Dich offen mit dem König aus; er wird Dir Nichts versagen, was nothwendig für Deine Gesundheit ist. Ich bin immer noch Willens, im Juni nach Aachen oder Aix in Savoyen zu gehen; ich möchte dem Letzteren beinah den Vorzug geben. Für mein Befinden ist Zerstreuung durchaus nöthig, ich erwarte in dieser Beziehung mehr von einem Ort, den ich noch nicht kenne, und dessen Lage als so pittoresk geschildert wird. Aix in Savoyen wird besonders gegen Nervenkrankheiten empfohlen. Ich wünschte, Du gäbst ihm den Vorzug vor Plombières. Sage mir gleich, wie Du darüber denkst. Wir könnten zusammenwohnen; Du brauchtest kein zahlreiches Gefolge mitzubringen; ich werde ebenfalls nur wenige Personen mitnehmen, zumal ich incognito reise.

Morgen gehe ich nach Malmaison, wo ich verbleiben werde, bis ich ins Bad gehe. Ich höre mit Vergnügen, daß Napoleons Gesundheit gut ist und daß ihm die Luftveränderung nicht geschadet hat. Ich schließe ihn an mein Herz.

Liebe mich so zärtlich, wie ich Dich.
Josephine.

P. S. Grüße den König.

XXXIX.
Die Kaiserin Josephine an ihre Tochter in Amsterdam.

Malmaison, 31. Mai 1810.

Ich bin im Besitz Deines Briefes vom 24., ich bin mehr mit ihm zufrieden, als mit dem vorigen; ich vertraue Deinem Versprechen, daß Du Dich pflegen willst, leider begegne ich aber noch immer einer gewissen Entmuthigung und das bekümmert mich: ich glaube, es kommt daher, weil Du Dich beunruhigt fühlst. Wenn Du nur erst mit den Bädern angefangen hättest; Plombières ist allerdings weit ab von Aix=les=bains! Jedenfalls hoffe ich, daß Dein gesunkener Muth sich wieder beleben, und daß damit zugleich Deine Gesundheit besser werden wird.

Hoffentlich gehst Du über Paris, ich sehne mich so sehr, Dich wieder zu sehen.

Adieu. Ich erwarte Dich mit Ungeduld.
Josephine.

XL.
Die Kaiserin Josephine an ihre Tochter in Plombières.

Malmaison, den 8. Juni 1810.

Ich erhielt Deinen Brief aus Verdun; er hat mich beruhigt und ich freue mich in Gedanken, daß Du jetzt in Plombières bist. Du wirst gewiß bald eine günstige Wirkung der Bäder spüren. Du solltest Deinen Aufenthalt verlängern, so lange Du kannst.

Ich selbst bin im Begriff, nach Savoyen abzureisen, auf meiner Rückreise hoffe ich Dich noch in Plombières anzutreffen. Auf alle Fälle hoffe ich, daß wir uns in Paris wiedersehen und Du nicht mehr nach Holland zurückkehrst.

Laß Deinem Gram nicht die Zügel schießen; Seelenruhe ist es, die zum Erfolge der Bäder gut ist. Ich benutze, um Dir zu schreiben, die Abreise eines Adjutanten, welchen Eugen zu Dir schickt. Du fragst mich, ob ich den Kaiser gesehen habe, noch habe ich dieses Vergnügen nicht gehabt, aber er hat mir durch Eugen sagen lassen, daß er bald zu mir kommen würde.

Adieu, geliebte Tochter, erinnere Dich zuweilen meiner Liebe für Dich. Wir wollen Glück und Unglück miteinander theilen; Dich wird kein Schmerz treffen, der nicht lebhafter noch von mir als von Dir empfunden wird.
Josephine.

P. S. Grüße die Königin Julie*) von Spanien.

---

*) Die Königin von Spanien war in Plombières.

XLI.
Die Kaiserin Josephine an ihre Tochter in Plombières.

Malmaison, den 14. Juni 1810.

Ich habe erst, meine liebe Hortense, erfahren, was Du ausgestanden hast, als es Dir besser zu gehen anfing. Ich hatte ein Vorgefühl und meine Unruhe hatte mich veranlaßt, an eine Deiner Damen zu schreiben, und ihr den Telegraphen von Nancy, als schnellstes Mittel, einen Arzt herbeizurufen, angegeben. Ich bin einigermaßen beruhigt, da ich jetzt weiß, daß Dein Leibarzt bei Dir ist. Du erkundigst Dich, was ich thue; gestern war ein Glückstag — der Kaiser kam zu mir. Seine Anwesenheit hat mich glücklich gemacht, obwohl sie zugleich meinen Kummer erneuerte ..... Diese Gemüthsbewegungen aber sind so, daß man sie bereitwillig öfter hinnehmen würde. Die ganze Zeit, welche er bei mir war, konnte ich soviel Gewalt über mich gewinnen, daß ich meine Thränen zurückhalten konnte. Aber als er fort war, da war es mit aller Fassung aus und ich war überaus unglücklich. Er war gut und liebenswürdig zu mir wie immer und ich hoffe, daß er in meinem Herzen all' die Zärtlichkeit und die Ergebenheit gefunden hat, von der ich durchdrungen bin. Ich habe ihm von Deiner Lage gesprochen, er hat mir mit Theilnahme zugehört. Er ist der Ansicht, daß Du nicht mehr nach Holland zurückkehren solltest, da der König sich nicht so benommen hat, wie er sich hätte benehmen sollen. Der Schritt, den Du gethan hast, ist ein Opfer: Du hast dem Kaiser und der Familie Deines

Gemahls gezeigt, wie sehr Du wünschtest, Etwas zu thun, was ihnen angenehm war, Du solltest nach der Ansicht des Kaisers, auf Deine Bäder die nothwendige Zeit verwenden und solltest alsdann Deinem Gemahl schreiben, daß Deine Aerzte verlangen, Du solltest während einiger Zeit in einem warmen Klima wohnen, eventuell zu Deinem Bruder nach Italien gehen. Der Kaiser wird Befehl ertheilen, daß Dein Sohn*) in Frankreich verbleibt. Diese Einzelheiten, liebe Hortense, werden Dir Vergnügen machen; sie werden Dir, so hoffe ich, Muth und Ruhe wiedergeben. Ich rechne darauf, Dich wiederzusehen, entweder in Aix in Savoyen, wenn Dir Plombières nichts genutzt hat, oder in der Schweiz, wohin der Kaiser mir zu reisen gestattet hat. Wir könnten uns irgendwo ein Rendezvous geben, dann werde ich Dir mündlich Weiteres mittheilen, was schriftlich zu thun zu viel Zeit in Anspruch nehmen würde. Am nächsten Montag gedenke ich, nach Aix abzureisen. Ich werde incognito reisen unter dem Namen Madame d'Arberg. Du kannst Deine Briefe für mich an Lavalette**) adressiren.

Dein Sohn, welcher augenblicklich hier ist, befindet sich wohl, er ist rosig und weiß.

Adieu, liebe Hortense, gieb mir doch recht oft Nachricht von Dir und zähle stets auf meine Liebe.

Josephine.

---

*) Der Prinz Louis, der zweite Sohn des Königs von Holland, der damals eine schwächliche Gesundheit hatte, war in Paris geblieben.

**) Der Graf Lavalette war damals Generalpostdirector.

XLII.

Die Kaiserin Josephine an ihre Tochter in Plombières.

Aix-les-Bains, den 3. Juli 1810.

Ich habe Dir, liebe Hortense, vor einigen Tagen geschrieben; die Zeit wird mir sehr lang, wenn ich auf Briefe von Dir warte, ich habe seit dem 18. des letzten Monats keine Nachricht. Wie leid thut es mir, daß ich nicht vor meiner Abreise über den wirklichen Stand Deiner Gesundheit benachrichtigt war. Ich wäre nach Plombières gegangen, um Dich zu pflegen und würde jetzt die Unruhe nicht ausstehen, welche die große Entfernung mit sich bringt. Mein einziger Trost ist der, daß Du hierher kommen wirst. Ich nehme schon seit einigen Tagen Bäder und fühle mich recht wohl dabei. Ich bin überzeugt, auch Dir würden die Bäder bekommen, welche man so milde, wie möglich nehmen kann. Sie sind für die Brust sehr wohlthuend. Solltest Du hierher nicht kommen können, so hoffe ich wenigstens, daß wir in der Schweiz zusammentreffen. Richte Dich so ein, meine Liebe, daß ich Dich wiedersehe. Allein, verlassen, fern von den Meinigen, mitten unter Fremden — denke wie traurig das ist und wie sehr ich Deiner Anwesenheit bedarf!

Adieu, ich schließe Dich an mein Herz.

Josephine.

XLIII.
Die Kaiserin Josephine an ihre Tochter in Plombières.

Aix-les-Bains, den 18. Juli 1810.

Heute Morgen, meine Liebe, traf Dein Courier ein. Ich danke Dir für die Einzelheiten, die Du mir betreffs der Abdankung des Königs mittheilst. Sie sind höchst interessant und ich habe sie an Eugen, der sie mit Ungeduld erwartet, weitergeschickt. Ich wußte, daß der Kaiser an Dich geschrieben hatte, er hat es mir in einem für Dich und mich sehr gütigen Briefe mitgetheilt, aber ich wußte nicht, was aus dem König geworden war und ich bin mit Dir um sein Schicksal besorgt. Ich sehne mich sehr, meine liebe Tochter, Dich hier zu sehen, ich bin von dem Entschluß entzückt, den Du gefaßt hast, hierher zu kommen. Dir sind die Bäder hier durchaus nöthig und ich hoffe, daß sie Dich ganz wieder herstellen werden. Ich hatte mit dem Auffinden einer Wohnung für Dich mehr Glück, als ich erwartet hatte. Ein hiesiger Privatmann räumt sein Haus und ich habe es angenommen, weil die Lage sehr günstig und die Aussicht von dort reizend ist. Die Häuser hier sind sehr klein, das, welches Du bewohnen wirst, ist das größte. Du kannst im Wagen überall hin fahren und es wird gut sein, Du hast den Deinigen und ich den meinigen. Ich bediene mich seiner täglich.

Abieu, liebe Hortense, ich sehne mich nach dem Augenblick, Dich zu umarmen.

Josephine.

P. S. Viele Grüße an Julie, Empfehlungen an ihre Umgebung. Sage der Madame de Souza, daß ich mich ihres Sohnes annehme, als wäre es der meinige; grüße auch Madame de Caulaincourt.

XLIV.
Die Kaiserin Josephine an ihre Tochter, die Königin Hortense in Aix-les-Bains.

Sécheron, den 9. September 1810.

Herr Gérard, der Bruder des Malers, geht nach Chambéry zurück. Ich benutze die Gelegenheit, um Dir Nachricht von mir zu geben. Ich habe keinen Brief vom Kaiser erhalten, aber ich habe es für meine Pflicht gehalten, ihm alle Theilnahme meinerseits an den gesegneten Umständen der Kaiserin auszusprechen. Ich hoffe, daß mein Schritt ihn beruhigen wird und er mir mit dem vollen Vertrauen, welches meine Anhänglichkeit an ihn mit sich bringt, über die Sache sprechen wird. Du mußt in den letzten Tagen für Deine Bäder recht garstiges Wetter gehabt haben, jetzt brechen sich ja glücklicherweise die Sonnenstrahlen wieder Bahn. Ich werde das bessere Wetter benutzen, um die Ufer des Sees kennen zu lernen.

Anmerkung. Die Königin hatte den Kaiser darum gebeten, sich wieder mit ihrer Mutter zu vereinigen. Der Kaiser aber hat sie aufgefordert, sofort nach Fontainebleau, wo sich ihre Kinder befanden, zu kommen.

Ich will dann noch einige Tage, ehe ich ganz fort gehe, in Sécheron zubringen; ich wünsche sehr, daß Du bald die Antwort des Kaisers erhältst und ich die Zusicherung, daß Du bald zu mir kommst.

Abieu, geliebte Tochter.

Josephine.

P. S. Grüße Deine Umgebung.

XLV.
Die Kaiserin Josephine an ihre Tochter in Fontainebleau.

Bern, den 12. October 1810.

Ein Courier des Herzogs von Cadore*), der nach Frankreich geht, war bei mir, um Aufträge in Empfang zu nehmen. Ich benutze die Gelegenheit, um Dir mein ganzes Leid auszusprechen: seit zwanzig Tagen kein Wort von Dir!

Was bedeutet Dein Schweigen? Ich gestehe, ich verliere mich in lauter Conjecturen, und weiß nicht mehr, was ich denken soll. Du allein, meine theuere Tochter, kannst mich aus der entsetzlichen Unsicherheit befreien, in welcher ich lebe. Wenn ich innerhalb von 3 Tagen keinen Brief bekomme, der mir sagt, was ich thun soll, so muß ich annehmen, der Kaiser habe meine an ihn gerichtete Bitte nicht erfüllt. Ich werde nach Genf reisen und auf

---

*) Champagny war 1808, als Talleyrand sich gegen das spanische Unternehmen erklärt und sein Portefeuille niedergelegt hatte, Minister des Auswärtigen geworden.

den Rest meiner Reise in der Schweiz, die ich nicht kenne, verzichten. Von Genf werde ich direkt nach Malmaison zurückkehren, dort bin ich wenigstens in Frankreich; und wenn mich die ganze Welt verläßt, so werde ich dort einsam leben, mit dem Bewußtsein, mein Glück dem Anderer geopfert zu haben. Liebe, einzige Hortense, sei so gut und gieb mir Auskunft über Deine Lage. Der Zustand, in welchem ich mich seit 8 Tagen befinde, untergräbt meine Gesundheit, die gleichgültigsten Menschen müssen es sehen.

Abieu, meine Liebe. Möchtest Du so glücklich sein, wie Du es verdienst.

Josephine.

XLVI.
Die Kaiserin Josephine an ihre Tochter in Fontainebleau.

Bern, den 13. Oktober 1810.

Erst heute, meine liebe Hortense, erhielt ich Deinen Brief vom 4. — wir haben heute schon den 13. — Solange war der Brief unterwegs! Trotz des Aufschubes finde ich keine Entscheidung darin. Nachdem ich reiflich nachgedacht habe, habe ich mich entschlossen, die erste Idee des Kaisers zu befolgen; ich werde mich also in Navarra niederlassen. Nach Italien zu gehn, will mir nicht recht passen, namentlich, um dort den Winter zuzubringen. Ja, handelte es sich um eine Reise von einem oder zwei Monaten, so würde ich meinen Sohn gern besuchen; aber länger dort zu bleiben, ist eine Unmöglichkeit.

Außerdem ist meine Gesundheit, welche sich gebessert hatte, seit vierzehn Tagen wieder recht schlecht geworden. Mein Arzt räth mir Ruhe, ich werde die ganze Zeit in Navarra nichts zu thun haben, als mich zu pflegen. Alles was Du mir über die Theilnahme sagst, welche mir der Kaiser immer noch bewahrt, macht mir Vergnügen. Ich habe ihm das größte Opfer gebracht, die Empfindungen meines Herzens; ich bin gewiß, daß er mich nicht vergessen wird: er sagt sich wohl selber manchmal, daß eine andere Frau nimmermehr den Muth zu einem solchen Opfer gefunden hätte. Ich werde von hier am Dienstag oder Mittwoch abreisen und am Sonnabend oder Sonntag den 21. in Genf sein. Ich wünschte, ich bekäme noch eine Zeile von Dir, ehe ich meine Abreise nach Navarra bestimme, um zu wissen, ob der Kaiser es für gut hält, daß ich den Winter dort verbringe. Sprich darüber ganz offen zu mir.

Ich kann Dir nur sagen, daß, wenn ich mich länger als einen Monat aus Frankreich entfernen müßte, ich vor Gram sterben würde. In Navarra würde ich doch wenigstens das Vergnügen haben, Dich manchmal zu sehen: und darin, mein liebe Hortense, liegt für mich doch ein großes Glück.

Adieu, ich umarme Dich zärtlich; viele Herzensküsse für mein Enkelchen.

Josephine.

P. S. Meine liebe Hortense, wenn ich nach Italien ginge, so würden unzweifelhaft mehrere Personen, die mir zugetheilt sind, um ihre Entlassung bitten — das wäre sehr traurig.

XLVII.
Die Kaiserin Josephine an ihre Tochter in Fontainebleau.

Genf ? 1810.

Der Kaiser hat mir ein paar liebenswürdige Zeilen geschrieben. Du kannst Dir denken, meine liebe Hortense, wieviel Freude sie mir gemacht haben. Der Kaiser räth mir, entweder nach Mailand, oder nach Navarra zu gehen. Ich habe mich für Navarra entschieden: da bin ich doch wenigstens in Frankreich. Hätte es sich nur um einen Aufenthalt von ein oder zwei Monaten in Italien bei meinem lieben Eugen gehandelt, so hätte ich ja gern die Reise gemacht; mich aber aus Frankreich auf sechs Monate zu entfernen, das wäre über meine Kräfte gegangen und hätte meine Umgebung sehr beunruhigt. Du wirst mich sehr verändert finden, meine liebe Tochter: alles Gute, was mir die Bäder thaten, ist dahin. Seit einem Monat bin ich auffallend mager geworden; ich bedarf der Ruhe, bedarf vor allen Dingen — daß der Kaiser mich nicht vergißt.

Ich hoffe, daß er endgiltig über Deine Zukunft bestimmen wird. Einer der Gründe meines Kummers ist der, daß ich Dich in Ungewißheit weiß. Ich hoffe Alles von der Zuneigung des Kaisers für Dich. Ich bedaure, daß Du meine Reise in der Schweiz nicht mitgemacht hast; Du hättest die schönsten Gegenden der Welt, die herrlichsten Berge, die üppigste Vegetation gesehen. Es war leider schon etwas herbstlich und dadurch bin ich mannigfach gestört worden. Ich habe die Großfürstin Constan=

tin*) gesehen, sie hat mich zwei Mal besucht und ich sie einmal; sie ist elegant, graziöse und liebenswürdig, sie hat die reizendste Figur, die man sich denken kann und sehr hübsche Gesichtszüge; sie sieht aber aus, als ob sie nicht glücklich wäre.

Abieu, meine liebe Hortense, ich habe soeben an den Kaiser geschrieben; ich benachrichtigte ihn, daß ich am 1. November Genf zu verlassen gedenke, daß ich vierundzwanzig Stunden in Malmaison verweilen werde: es wäre sehr liebenswürdig von Dir, wenn Du mir dort einen kleinen Besuch machen wolltest. Alsdann werde ich mich in Navarra niederlassen; frage den Kaiser, ob ihm das so paßt. Umarme in meinem Namen Deine Kinder; nochmals Abieu,

Josephine.

Ich schließe Dich zärtlich an mein Herz.

P. S. Ich habe in der ganzen Schweiz Deine Romanze „le beau Dunois" singen hören. Ich habe sie sogar auf dem Piano mit hübschen Variationen gehört.**)

---

*) Die Prinzessin Juliane Henriette Ulrike Feodorowna von Sachsen-Coburg, war am 23. September 1781 geboren und heirathete am 26. Februar 1796 den Großfürsten Constantin von Rußland.

**) Anmerkung des Übersetzers. Die Königin Hortense steht im Ruf, sich in Bezug auf ihre Liedercompositionen mit fremden Federn geschmückt zu haben. D'Alvimare, der Jüngere, sagt, die Romanzen der Königin hätten eine gewisse Ähnlichkeit mit denen seines Vaters gehabt. D'Alvimare, der Ältere, war der Musiklehrer der Königin; daß er der Componist des oben angeführten

XLVIII.
Die Kaiserin Josephine an ihre Tochter in Paris.
Navarra, den 17. December 1810.

Aus Deinem letzten Briefe, meine theure Hortense, habe ich zu meinem Kummer gesehen, daß Du leidend warst und Dein Kleiner das Fieber gehabt hat. Frère*), der von Paris gekommen ist, sagte mir, der Prinz befände sich viel besser; das hat mich beruhigt. Du würdest sehr wohl thun, Deine Kinder in Paris zu lassen, wenn Du nach Navarra kommst: zu der Zeit ist es feucht überall, besonders aber hier. Du wirst von der glücklichen Niederkunft Augustes gehört haben; ich bin ihretwegen froh, daß es diesmal ein Knabe ist**) denn sie wünschte es so sehr. Heute erwarte ich den Cardinal Caprara, welcher gestern in Paris war, um dem Kaiser seine Aufwartung zu machen. Meine Gesundheit ist besser geworden, seit man mir Brechmittel giebt, aber die Augen schmerzen mich. Mein Arzt sagt, dies käme vom vielen Weinen; ich habe aber doch seit lange nur von Zeit zu Zeit geweint; ich hoffe, daß das ruhige Leben, welches ich führe, fern von allen Intriguen und allen Redereien, meine

---

Liebes war, gilt als sicher; der Text soll von Hortense stammen, die dabei, wie böse Zungen behaupten, an den einst heißgeliebten Duroc gedacht habe. Den Text des „beau Dunois" findet man in einer Anmerkung zu S. 164. Jos. Turquan „Königin Hortense" I. (Schmidt & Günther, Leipzig.)

*) Es ist der Kammerdiener der Kaiserin.

**) Der Prinz August Carl Eugen Napoleon wurde zu Mailand am 9. December 1810 geboren.

Kräfte wieder herstellen wird und daß sich dann auch meine Augen wieder bessern. Noch hat der Kaiser meinen Haushalt nicht ernannt. Die Liste der von mir bezeichneten Personen hat er in Händen. Es wäre sehr liebenswürdig von Dir, wenn Du zu Gunsten des Herrn Chaumont de Guitri einige Bemerkungen fallen ließest; es ist ein ausgezeichneter Mann, der von allen Seiten gerühmt wird. Ich habe ihn zum Stallmeister erbeten, er ist der einzige Sohn und erfreut sich einer Rente von 15000 Francs. Er ist in Gefahr, sie zu verlieren durch die Regulirung des Canals von Languedoc. Ich schicke Dir den Brief, welchen er mir darüber schrieb, um diesen in meinem Namen dem Kaiser vorzulegen.

Adieu, meine liebe Hortense. Ich umarme Dich und die Kinder.

Josephine.

XLIX.
Die Kaiserin Josephine an ihre Tochter in Paris.
Navarra, 6. Januar 1811.

Ich bin ganz erstaunt über Das, was Frère Dir in meinem Auftrage gesagt hat. Ich weiß nicht, wie er hat auf den Gedanken kommen können, ich wäre böse auf Dich, weil Du nicht hierher kommst. Ich wußte ja, daß Deine Gesundheit schuld daran war; wenn ich bekümmert bin, so mache ich Dir doch keine Vorwürfe, und ich wüßte nicht, daß ich Etwas gesagt, was nur entfernt einem Tadel ähnlich gesehn hätte. Für mich, liebe Hortense, kommt zuerst Dein Befinden in Betracht. Ich bitte Dich sogar, schiebe Deine Reise noch um einige Tage auf, denn das Wetter ist viel zu kalt und könnte schädlich für Deine Brust sein. Um Dir zu beweisen, daß ich weit entfernt davon bin, böse zu sein, schicke ich Dir ein kleines Halsband, welches ich besonders für Dich habe anfertigen lassen. Ich habe einige Worte hinein graviren lassen, die ein Ausdruck meiner Liebe zu Dir sein sollen: „Josephine ihrer geliebten Tochter". Hinzugefügt ist, „am 2. Januar" — es ist der Tag, für welchen mir Dein Eintreffen angezeigt war. Ich habe Dir für Neujahr einen Gratulationsbrief an den Kaiser geschickt; Du hast vergessen, mir mitzutheilen, ob Du ihn erhalten und weitergegeben hast; sage mir Bescheid in Deinem nächsten Briefe.

Adieu, liebe Hortense, ich umarme Dich zärtlich, wie immer.

Josephine.

P. S. Ich erhalte einen Tag um den andern einen Brief von Eugen, mit einer Nachricht über das Befinden seiner Frau;*) sie ist noch immer recht leidend, aber außer Gefahr; der arme Eugen ist ganz unglücklich darüber.

---

*) Die Prinzessin Auguste wurde in Folge ihrer Niederkunft paralitisch und konnte den rechten Arm nicht mehr gebrauchen.

L.
Die Kaiserin Josephine an ihre Tochter in Paris.
Malmaison, den 5. September 1811.

Der nahende Herbst, und die große Anzahl von Kranken, die ich im Hause hatte, haben mich veranlaßt, Navarra zu verlassen. Seit zwei Tagen bin ich hier; mein Befinden ist ganz gut und ich werde morgen das Vergnügen haben, Deine Kinder zu sehen; sie sollen sich einige Zeit hier aufhalten; ich will ihnen Deine Zimmer einräumen. Madame Boucheporn*) kommt mit ihnen, und Du kannst Dir denken, wie angelegentlich ich mich der Sorge um die Kleinen unterziehen werde. Ich habe schon eine Menge Spielzeug angeschafft, sie sollen soviel haben wie sie wollen, aber — keine Bonbons; da sei nur ganz außer Sorgen! Da Hilfsbedürftige auch zu Deinen Kindernzählen, so habe ich der Madame de Cabanac versprochen, ihretwegen an Dich zu schreiben. Ich selbst habe ihr 1200 Francs zustellen lassen; kannst Du ihr dieselbe Summe geben, so wirst Du ein gutes Werk thun, sie kommt dadurch in die Lage, einen ehrenwerthen Mann, Herrn de Caylus, zu heirathen.

Adieu, Liebe. Laß mir Nachrichten zugehen — Du weißt, wie sehr ich Dich liebe.

Josephine.

Viele Grüße an Madame de Broc, nicht zu vergessen Herrn de Marmol.**)

---
*) Die zweite Gouvernante der Kinder.
**) Es ist der Stallmeister der Königin.

LI.
Die Kaiserin Josephine an ihre Tochter in Aachen.

Malmaison, den 1. Juni 1812.

Die erste Sorge bei meiner Ankunft hier, theure Hortense, ist die, Dich zu benachrichtigen, wie entzückt ich von meinem Aufenthalt in St. Leu bin. Sehr leid that es mir, Nichts davon zu wissen, daß Deine Reise verschoben war; ich hätte gern die Zeit meiner Rückkehr für später bestimmt, um einige Zeit mit Dir und Deinen Kindern zu verleben; alle Leute, die mich besuchen, finden, daß ich nie wohler aussah; es wundert mich nicht. Meine Gesundheit ist stets abhängig von den Eindrücken, die ich empfange, sie waren in der letzten Zeit so angenehmer, so glücklicher Art. Ich bin gerührt von Dem, was die Personen Deines Haushaltes Dir über mich gesagt haben, es machte mir viel Freude, sie um mich versammelt zu sehen. Ich erhielt einen Brief von Eugen vom 23. v. M. Er ist noch immer in Plock, seine Gesundheit ist vortrefflich; er schrieb, er hoffe den Kaiser bald zu sehen. Madame Daru, welche ich heut Morgen sprach, hatte eben einen Brief von ihrem Mann bekommen; es war ihr mitgetheilt, daß der Kaiser Dresden am 27. Mai verlassen hat.*) Eugen wünscht sehr, ich möchte einige Wochen in Mailand zubringen; diesen Sommer, liebe

---

*) Anmerkung des Übersetzers. Am 24. und 25. Juni begann Napoleon mit dem Übergang über den Niemen den für ihn so verhängnißvollen, russischen Feldzug. Er hatte eine Armee von 480 000 Franzosen, 100 000 Mann deutscher Bundestruppen,

Hortense, werden wir also weit von einander getrennt
sein. Hoffentlich thun die Bäder Dir wohl und ich bitte
Dich, schreibe selbst, oder laß mir recht oft schreiben.

Adieu, stets in Liebe.

Josephine.

LII.
Die Kaiserin Josephine an ihre Tochter in Aachen.

Malmaison, den 13. Juli 1812.

Ich war, meine geliebte Tochter, in großer Sorge,
allein der Brief des Herrn de Marmol hat mich beruhigt,
da er bessere Nachrichten enthielt. Ich habe auf meine
Reise nach Italien verzichtet, um nach Aachen zu kommen.
Glücklicher Weise bedürfen wir Corvisart's nicht mehr; er
mußte eines rheumatischen Leidens wegen zurückbleiben.
Wenn es möglich gewesen wäre, mich zu beruhigen, so
wäre ich es schon gewesen, ehe der letzte Courier eintraf,
denn nach dem letzten Briefe des Herrn de Lasserre war
die Krankheit des kleinen Napoleon Scharlach, die Umsicht ver=
langt, aber nicht gefährlich ist, wenn der Ausschlag gut vor sich
geht. Ich war so unglücklich, so besorgt um Dich, daß
ich den Erzkanzler gebeten hatte, durch den Brüsseler

1200 Kanonen, 30 000 Preußen und 30 000 Östreicher; die beiden
letzten Heerestheile waren zur Flankendeckung der vorrückenden
Armee bestimmt. Diese selbst theilte der Kaiser in zwei Theile,
der eine, unter Macdonald und Oudinot, sollte gegen Petersburg
rücken, der andere, mit Ney u. A. unter seinem directen Befehl,
auf Moskau operiren.

Telegraphen Nachrichten einzuziehen. Ich habe mich erst nach Ankunft des heutigen Couriers entschlossen, nach Mailand zu gehen.

Ich hoffe, daß ich noch vor dem 16., dem Tage meiner Abreise, gute Nachrichten betreffs Deines Sohnes bekomme: es wäre mir unmöglich, abzureisen, wenn noch die geringsten Befürchtungen vorlägen. Ich bitte Dich aber, Deine Kinder sobald wie möglich nach Paris zurück= zubringen: in Aachen ist es sehr feucht.

Adieu, meine liebe Hortense; ich werde Dir vor meiner Abreise noch einmal schreiben; nimm Dich recht in acht.

Ich schließe Dich und die Kinder an mein Herz.

Josephine.

LIII.
Die Kaiserin Josephine an ihre Tochter in Aachen.
Malmaison, 15. Juli 1812.

Ich freue mich herzlich über die guten Nachrichten, welche ich gestern einem Briefe der Madame de Broc*) und heut einem Briefe des Fräuleins Cochelet**), ent= nahm. Es war die höchste Zeit, daß ich meine Befürch= tungen los wurde, meine Angst ihr Ende erreichte. Ich gebe mich gern dem Glauben hin, daß zu Befürchtungen keine Veranlassung mehr ist und nun will ich auch meine Abreise nicht länger aufschieben, die ich für morgen fest= gesetzt habe. Vielleicht trifft bis dahin noch ein Brief

---

*) Palastdame der Königin Hortense.
**) Vorleserin der Königin Hortense.

ein. Du hast gut daran gethan, Deine Söhne von einander zu trennen. Diese Vorsicht wird gute Folgen haben; führe sie nur ja sobald als möglich hierher zurück.

Adieu, Theure! Sorge dafür, daß ich recht oft Nachricht bekomme, wenn Du willst, daß mir ein wenig Glück, ein wenig Ruhe zu Theil werde.

Josephine.

LIV.
Die Kaiserin Josephine an ihre Tochter in Aachen.

Mailand, 28. Juli 1812.

Ich bin hier sehr ermüdet eingetroffen. Obwohl ich vor meiner Abreise keine Befürchtungen mehr um Deinen kleinen Napoleon hatte, so spürte ich auf der ganzen Reise die Nachwehen der früheren. Außerdem hatte ich von Genf an von schlechtem Wetter, von den Überschwemmungen der Rhone, durch welche die Straßen so sehr geschädigt sind, viel zu leiden. Nun bin ich endlich hier und das Vergnügen, meine Schwiegertochter wiederzusehen, hat meine Kräfte neubelebt. Ihre Gesundheit ist eine sehr gute; wiederum steht ihre Niederkunft bevor; ich bewohne mit ihr die Villa Bonaparte und habe die Zimmer Eugens inne. Große Freude machte mir die Bekanntschaft mit der kleinen Familie. Dein Neffe ist sehr kräftig, man könnte ihn einen kleinen Herkules nennen*), seine Schwestern sind recht hübsch, die ältere**) wird einst eine

---

*) Prinz August Carl Eugen, geboren zu Mailand am 9. December 1810.

**) Prinzessin Josephine heirathete den Prinzen Oskar von Schweden.

Schönheit werden; sie sieht der Mutter besonders in der oberen Gesichtsparthie sehr ähnlich. Die jüngere*) hat ein lebhaftes, pfiffiges Gesichtchen; auch sie wird einmal sehr hübsch werden. Ich bekam hier drei Briefe von Eugen, der letzte ist vom 13. datirt. Seine Gesundheit läßt nichts zu wünschen übrig; er ist immer auf der Verfolgung der Russen, ohne sie zu erreichen. Man glaubt allgemein, der Feldzug werde nicht lange dauern. Wollte Gott, es wäre so! Auch von Madame de Broc und der Cochelet trafen Briefe für mich ein. Sage ihnen meinen besten Dank. Dein Brief vom 18. ist eben eingetroffen; es ist sehr liebenswürdig von Dir, daß Du mich nicht Beunruhigungen überließest. Umarme in meinem Namen den kleinen Reconvalescenten und auch den kleinen Ouioui**.)

Du schreibst leider Nichts über Dein Befinden; hoffentlich ist die Badekur Dir gut bekommen: das ist der wärmste Wunsch Deiner Dich liebenden Mutter

Josephine.

---

*) Prinzessin Eugenie Hortense, geboren zu Mailand am 23. December 1808, heirathete den Erbprinzen von Hohenlohe Hechingen.

**) Anmerkung des Übersetzers. Es ist der nachherige Kaiser Napoleon III.

LV.
Die Kaiserin Josephine an ihre Tochter in Aachen.
Mailand, 31. Juli 1812.

Ich eile, Dir mitzutheilen, daß die Vicekönigin uns mit einem Töchterchen beschenkt hat*); es erschien heut Morgen um 4 Uhr. Die Mutter hatte noch gestern mit mir dinirt und war hernach noch spazieren gefahren. Um Mitternacht begannen die Schmerzen und riefen mich an ihr Bett. Die Mutter befindet sich sehr gut, das Kind ist prächtig: ich gebe Dir weitere Nachrichten; heute bin ich sehr erschöpft, da ich erst um 5 Uhr Morgens zu Bett kam. Auguste, welche ich eben sah, befindet sich vortrefflich. Sie hatte eine sehr gute Nacht und versicherte mir, sie habe sich nie so wohl befunden. Ich hoffe, daß unser lieber Napoleon fortfährt, sich zu bessern und daß der kleine Oui-Oui wohlauf ist; ich küsse sie herzlich.

Adieu, meine liebe Hortense, Du weißt, wie sehr ich Dich liebe.

Josephine.

---

*) Es ist die Prinzessin Amalie, geboren am 31. Juli 1812, später verheirathet an den Kaiser von Brasilien.

LVI.

Die Kaiserin Josephine an ihre Tochter in Aachen.

Mailand, den 4. August 1812.

Ich war einige Tage leidend, meine liebe Hortense; das Brechmittel, welches ich gestern nahm, aber hat mir Erleichterung geschafft, sobaß ich mich heut weit besser befinde. Ich gedenke, falls es die Jahreszeit noch erlaubt, in Aix in Savoyen etwa ein Dutzend Bäder zu nehmen, ehe ich nach Paris zurückkehre. Wir sind nun schon so lange voneinander getrennt, daß ich mich freuen würde, Dich wiederzusehen und die Kinder, um die ich so viel Angst ausgestanden habe, zu umarmen. Auguste läßt Dich zärtlich grüßen; sie ist wirklich sehr liebenswürdig und ganz und gar nicht angegriffen, ich finde sie schöner und frischer, als ich sie jemals gesehen habe; die Kinder sind alle prächtig, die Älteste besonders. Auguste liebt ihren Eugen zärtlich, ich habe so viele Beweise davon und das macht mir eine unendliche Freude! Sie hat Nachrichten von Eugen bis zum 31. Juli, er befand sich damals sehr wohl und schien sehr zufrieden zu sein.

Adieu, meine liebe Hortense, ich habe Dich, wie Du weißt, sehr lieb.

Josephine.

LVII.
Die Kaiserin Josephine an ihre Tochter in Paris.

Prégny*) bei Genf, den 30. September 1812.

Ich erhielt Deinen Brief, meine liebe Hortense, am Tage meiner Abreise von Aix. Ich danke Dir für die Nachrichten, die Du mir in Aussicht stellst und für Deine Aufmerksamkeit, mich in betreff Eugen's zu beruhigen. Es ist sehr liebenswürdig von der Kaiserin, daß sie daran gedacht hat, einer Beunruhigung der Vicekönigin zuvorzukommen. Ich bin gerührt von dieser zarten Aufmerksamkeit. Da ich aber noch keinen Brief von Eugen habe und das Bulletin noch nicht erschienen ist, so kann ich mich doch einer gewissen Unruhe nicht erwehren. Hast Du Briefe, so theile sie mir sofort mit. Die Bäder thaten mir sehr wohl, allein die Kälte hat mich vertrieben und ich bin hierher gekommen, um einige Tage auszuruhen, ehe ich nach Malmaison gehe. Ich freue mich meines Aufenthaltes hier in Prégny, obwohl das Haus in großer Hast möblirt wurde; der Aufenthalt, den Du hier nahmst, macht mir den Ort theuer. Die Königin von Spanien ist nach Paris zurückgegangen; sie war liebenswürdig und gut wie immer. Die Prinzessin von Schweden war auch sehr liebenswürdig zu mir. Nach ihrer Abreise mochte ich nicht mehr länger in Aix bleiben.

---

*) Ein kleines, der Kaiserin gehöriges Schloß, dicht bei Genf, am See, gegenüber vom Mont Blanc gelegen.

Wie froh wäre ich gewesen, wenn Du hätteſt zu mir kommen können, allein mich tröſtet der Gedanke, daß unſere Trennung nun ihrem Ende naht und daß ich Dich und Deine Kinder bald an mein Herz ſchließen kann.

Joſephine.

LVIII.
Die Kaiſerin Joſephine an ihre Tochter in Paris.

Malmaiſon, ? 1812.

Du giebſt mir das Leben wieder, theuere Hortenſe, mit Deiner Verſicherung, daß Du die Briefe des Kaiſers an die Kaiſerin geleſen haſt. Es iſt ſehr liebenswürdig von ihr, Dir dieſelben gezeigt zu haben. Ich bin ihr unausſprechlich dankbar für die Freundſchaft, die ſie Dir an den Tag legt. Ich muß Dir geſtehen, ich war doch ſehr beunruhigt. Warum ſchreibt Eugen nicht? Um mich zu beruhigen, nehme ich an, daß der Kaiſer es ver= boten hat, zu ſchreiben, das erſehe ich daraus, daß Niemand Briefe bekommt. Es wäre allerdings eine große Grau=

Anmerkung des Überſetzers. Die in dem Briefe LVII er= wähnte „Prinzeſſin von Schweden" iſt die Schweſter der Königin Julie von Spanien, Gemahlin Joſephs. Die beiden Damen waren Töchter eines wohlhabenden Seifenfabrikanten zu Marſeille Namens Clary. Die „Prinzeſſin von Schweden" war die Ge= mahlin Bernadottes, eine Jugendliebe Bonaparte's. Fr. Maſſon in ſeinem ſchon mehrfach citirten vielgeleſenen Buche „Napoleon und die Frauen" (Deutſch bei Schmidt & Günther, Leipzig) macht uns in ſeiner luſtig=liebenswürdigen Art mit allerhand Einzelheiten bekannt.

samkeit, denn mich verlangt es so sehr nach einem Briefe von unserem guten Eugen. Es ist mir sehr lieb, daß Du die Kinder nicht geschickt hast, das Wetter war sehr rauh und solange es anhält, ist es gut, sie kommen nicht. Wenn ich am Donnerstag frei bin, so werde ich den Abend mit Dir zubringen, denn so nahe bei Dir und Dich nicht sehen zu können — das wäre zu viel verlangt.

Gute Nacht, liebe Tochter, ich schließe Dich zärtlich an mein Herz.

Josephine.

LIX.
Die Kaiserin Josephine an ihre Tochter in Paris.

Prégny, den 2. Oktober 1812.

Ich erhielt soeben einen Brief von Eugen, meine liebe Hortense, er hat unsere Beunruhigung vorausgesehen und beeilt sich, uns zu beruhigen. Ich schicke Dir seinen Brief, der Dir ebenso viel Vergnügen machen wird, wie mir. Mit ihm zugleich traf der Deinige vom 28. ein. Ich theile den Schmerz, den Du um den armen Caulaincourt empfindest; er ist wohl gerechtfertigt; Du wirst viel Mühe haben, die unglückliche Mutter zu trösten. Aber, einzige Hortense, gieb Dich nicht traurigen Gedanken hin, Dich greift Alles zu sehr an; Du hast schon zu viel Seelenschmerzen ausgestanden; halte sie Dir fern und Du wirst wieder gesund werden. Ein gefühlvolles Herz hat stets schwer zu leiden! Ich beklage es so sehr, daß Du jetzt nicht bei mir bist: das Wetter ist so schön. Der Blick auf den See und auf den Mont-Blanc ist prachtvoll, Du fehlst in Prégny, um den vollen Genuß eines ruhigen Lebens zu haben. Nimm Dich ja in Acht, theuere Hortense; gieb mir oft Nachricht; Du weißt, daß mein Wohlbefinden von dem Deinigen abhängt.

Adieu, ich umarme Dich und Deine Kinder.

Josephine.

Anmerkung. Der oben erwähnte Brief des Prinzen Eugen an die Kaiserin Josephine lautet:

Den 8. September 1812.

Meine gute Mutter, ich schreibe Dir auf dem Schlachtfelde*), ich befinde mich wohl. Der Kaiser hat einen großen Sieg über die Russen davongetragen: man hat sich dreizehn Stunden lang geschlagen. Ich kommandirte auf dem linken Flügel. Wir haben Alle unsere Schuldigkeit gethan und der Kaiser wird hoffentlich zufrieden sein.

Ich kann Dir nicht genug danken für Deine Sorge und Deine Güte für meine kleine Familie. Du wirst angebetet in Mailand, wie überall. Man theilt mir so reizende Einzelheiten mit: Du hast allen Leuten, die in Deine Nähe kamen, den Kopf verdreht.

Adieu, willst Du die Güte haben, meine Schwester zu benachrichtigen; ich will ihr morgen schreiben.

Dein Dir treu ergebener Sohn

Eugen.

*) Anmerkung des Übersetzers. Am 7. September war die Schlacht bei Borodino (an der Moskwa) geschlagen.

LX.
Die Kaiserin Josephine an ihre Tochter.
Malmaison ? 1812.

Ich beeile mich, geliebte Tochter, Dir die Briefe Eugen's zuzuschicken. Ich bin aus der größten Besorgniß zur größten Freude gelangt: mein Sohn wenigstens ist am Leben. Ich erhielt soeben einen Brief von der Vicekönigin, den ich Dir ebenfalls schicke; Du wirst ihn mir am Donnerstag Abend, wenn ich Dich sehe, zurückgeben.*)

Josephine.

LXI.
Die Kaiserin Josephine an ihre Tochter in Aix in Savoyen.
Malmaison, den 11. Juni 1813.

Ich habe Deinen Brief vom 7. erhalten, liebe Hortense; ich höre zu meinem Vergnügen, daß Du bereits einen Erfolg der Bäder verspürst; setze sie ja fort, mit einer Ruhepause von einigen Tagen. Sei außer Sorge um Deine Kinder, sie sehen frisch und blühend aus; es

---

*) Anmerkung. Einen der oben erwähnten Briefe des Prinzen Eugen an seine Mutter, geschrieben nach dem für die Franzosen glücklichen Tage von Kolotzkoi am 24. October, 5 Tage nach dem Abmarsch aus Moskau, lassen wir hier folgen:

Maloiavoslavitz, den 25. Oktober 1812.

Ich schreibe Dir nur ein paar Worte, meine gute Mutter, um Dir zu sagen, daß ich wohl bin. Mein Corps hatte gestern einen glänzenden Tag; ich hatte mit 8 feindlichen Divisionen zu thun vom Morgen bis zum Abend; ich habe meine Stellung behauptet. Der Kaiser ist zufrieden und Du kannst Dir denken, daß ich es auch bin.

Dein treuer, Dich liebender Sohn
Eugen.

fehlte ihnen, so lange sie hier sind, nicht das Geringste. Ich bin so glücklich, daß ich sie bei mir habe; sie sind allerliebst. Ich muß Dir von einer hübschen Antwort des kleinen Oui-Oui erzählen. Der Abbé Bertrand ließ ihn eine Fabel hersagen, in welcher von Verwandlungen die Rede ist; Oui-Oui ließ sich darüber Auskunft geben, indem er sagte: ich möchte mich in einen kleinen Vogel verwandeln können, dann würde ich fortfliegen, wenn Ihre Stunden anfangen, aber ich würde wiederkommen, wenn Herr Hase (sein deutscher Lehrer) da ist. — Aber Prinz, sagte der Abbé, was Sie mir da sagen, ist gerade keine Liebenswürdigkeit. — Oh, erwiderte Oui-Oui, was ich sagte, hat nur Bezug auf die Stunde, nicht auf den Mann. — Findest Du nicht mit mir diese Antwort geistvoll? Es ist unmöglich, sich mit mehr Feinheit und Grazie aus der Verlegenheit zu ziehen.

Deine Kinder waren gerade bei mir, als Dein Brief eintraf: sie freuten sich sehr, Nachrichten von ihrer Mama zu bekommen; zu ihrem und meinem Besten gieb uns auch ferner Nachricht von Dir; auf diese Art allein wird mir Deine Abwesenheit erträglich.

Adieu, meine liebe Hortense, ich schließe Dich an mein Herz.

Josephine.

LXII.
Die Kaiserin Josephine an ihre Tochter in Aix in Savoyen.

Malmaison, den 16. Juni 1813.

Welch schreckliches Ereigniß! Welch treue Freundin*) verlierst Du und durch welch' entsetzliches Unglück! Seit gestern habe ich die Nachricht, ich bin noch so bewältigt, daß ich Dir kaum schreiben kann. Jeden Augenblick habe ich das schreckliche Schicksal dieser unglücklichen Adele vor Augen; ein Jeder ist bestürzt darüber; sie war so beliebt und verdiente es durch ihre ausgezeichneten Eigenschaften so sehr — sie war Dir so zugethan. Aber Du selbst, liebe Hortense, Du giebst mir so viel Veranlassungen zu Befürchtungen und ich kann mir denken, in welcher Verfassung Du bist. Ich bin so voll Unruhe, daß ich meinen Kammerherrn, Herrn de Turpin, an Dich abschicke, um mir sichere Nachrichten über Dein Befinden zu geben. Ich werde sofort abreisen, wenn ich weiß, daß meine Gegenwart und meine Pflege Dir von Nutzen sind. Ich fühle Deinen Schmerz lebhaft, er ist so sehr erklärlich — aber meine theure Tochter, denke an Deine Kinder, welche Deine Liebe verdienen. Erhalte Dich Ihnen, Du bist Ihnen so nothwendig. Denke auch an Deine Mutter, die Dich zärtlich liebt.

Josephine.

---

*) Madame de Broc, die Wittwe des holländischen Hofmarschalls, eine Jugendfreundin der Königin Hortense, war bei Gelegenheit einer Bergparthie in der Nähe von Aix durch einen Sturz in eine Felsenschlucht verunglückt.

LXIII.
Die Kaiserin Josephine an ihre Tochter in Aix in Savoyen.

Malmaison, den 18. Juni 1813.

Dein Brief war mir ein Trost, theuere Hortense; in der Angst, in der ich schwebte, war es mir ein Labsal, als ich Deine Handschrift erkannte und als ich nun gar von Dir selbst hörte, daß Du Dich bemühst, Deinen Kummer zu überwinden. Ich weiß, wie schwer das ist. Dein Brief, so zartfühlend, so rührend, hat meine Thränen von Neuem fließen machen; seit dem schrecklichen Ereigniß lebe ich kaum noch. Ich bin krank darüber geworden. Ach! meine arme Tochter, welche neue harte Prüfung für Dich! Ich habe in Deinem Namen die Kinder umarmt, auch sie sind ganz bestürzt; sie fragen viel nach Dir. Mein Trost ist es, daß Du uns nicht vergißt und daß Du für die Kinder und mich Dich zu ermuthigen suchst; das ist der größte Beweis von Freundschaft, den Du uns geben kannst. Ich danke Dir dafür, meine innig geliebte Tochter.

Josephine.

LXIV.
Die Kaiserin Josephine an ihre Tochter in Aix in Savoyen.

Malmaison, ? 1813.

Ich will Deinen Courier nicht abgehen lassen, ohne Dir Nachricht von mir zu geben und Dir zu sagen, daß ich fortwährend mit Dir beschäftigt bin. Ich befürchte immer, daß Du Dich schmerzlichen Empfindungen zu sehr hingiebst; ich werde nicht eher zur Ruhe kommen, als bis Herr de Turpin zurück ist. Denke an Deine liebenswürdigen Kinder, theuerste Hortense, denke auch an eine Mutter, die Dich anbetet, denke daran, daß Dein Dasein sie allein noch an diese Welt fesselt. Ich hoffe, daß alle diese Erwägungen Dir Muth einflößen werden, um mit größerer Fassung den Verlust Deiner theueren Freundin zu ertragen.

Ich erhalte soeben einen Brief von Eugen; er schreibt sehr theilnahmsvoll und wünschte, daß Du für einige Zeit zu ihn kämst, wenn es Dir möglich wäre. Ich möchte, Du wärst in diesem Augenblick bei ihm. Deine Kinder erfreuen sich einer vollkommenen Gesundheit; sie sind wirklich sehr lieb. Wenn Du wüßtest, wie viel sie sich mit Dir beschäftigen, Du würdest Dich gerührt fühlen. Das Leben ist doch viel werth, besonders viel, wenn man solche Kinder hat.

Adieu, meine Liebe, denke oft an Deine Mutter, die voll zärtlicher Liebe zu Dir ist. Josephine.

P. S. Grüße Herrn d'Arjuzon*). Hier theilt Jedermann Deinen Kummer.

---

*) Kammerherr der Königin von Holland.

LXV.
Die Kaiserin Josephine an ihre Tochter in Aix in Savoyen.

Malmaison, den 29. Juni 1813.

Herr de Turpin hat mir Deinen Brief, meine liebe Hortense, zugestellt. Ich ersehe aus demselben zu meinem Leidwesen, daß Trauer und Melancholie noch immer nicht weichen wollen; es ist mir nur lieb, daß Deine Gesundheit nicht allzusehr darunter leidet. Fasse doch nur Muth, Hortense, das Glück wird zurückkehren; Du hast gewiß viele Prüfungen durchzumachen gehabt — hat denn aber nicht ein Jeder sein Päckchen Leiden zu tragen? Was Deinen Kummer vor allem lindern sollte, ist das Bewußtsein bei Dir, daß alle Welt ihn theilt. Ich wüßte Niemanden, der nicht um unsere arme Adele trauerte und neben ihr um Dich. Deine Kinder entschädigen Dich doch für Dein Leid: deutet doch Alles darauf hin, daß sie treffliche Charaktereigenschaften und große Anhänglichkeit an Dich haben. Je öfter ich sie sehe, desto mehr liebe ich sie — dabei verderbe ich sie nicht: Deine Vorschriften in Bezug auf ihre Studien werden auf das Genaueste befolgt. Sind sie in der Woche recht fleißig gewesen, so dürfen sie am Sonntag mit mir frühstücken und zu Mittag speisen. Sie sind sehr wohl und haben sich sehr entwickelt. Napoleon hatte gestern in Folge eines Mückenstichs ein etwas geschwollenes Augenlied. Heute sieht man beinah Nichts mehr. Man hätte Dir die Sache garnicht gemeldet, wäre man nicht gewohnt, Dir auch über das Geringfügigste Meldung zu erstatten.

Am Tage der Ankunft des Herrn de Turpin hatte
ich aus Paris zwei kleine goldene Hühner erhalten, die
durch eine mechanische Vorrichtung silberne Eier legen;
ich habe sie in Deinem Namen den Kindern geschenkt
und ihnen gesagt, sie kommen aus Aix.

Abieu, meine Theure; gieb mir bald Nachricht von
Dir und denke an Deine Dich über Alles liebende
Mutter.

Josephine.

LXVI.
Die Kaiserin Josephine an ihre Tochter in Aix.

Malmaison, 6. August 1813.

Schöne Sommertage sind gekommen; möchte der
ganze Monat so bleiben, das wird für Deine Brust gut
sein, und die Bäder werden besseren Erfolg haben. Ich
höre mit Vergnügen, daß Du die Jahre Deiner Kind=
heit nicht vergessen hast, und es ist eine Aufmerksamkeit,
die Du Deiner Mutter erweist. Ich hatte wohl alle Ver=
anlassung, zwei so gute und verständige Kinder glücklich
zu machen — sie haben reichlich Vergeltung geübt. Deine
Kinder, liebe Hortense, werden sich Dir gegenüber ebenso
verhalten; ihre Herzen sind dem Deinigen so ähnlich;
nie werden sie aufhören, Dich zu lieben. Ihre Gesund=
heit kann nicht besser sein, sie waren nie so frisch und
munter. Der kleine Oui=Oui ist mir gegenüber stets
galant und liebenswürdig. Vor ein paar Tagen, als
er merkte, daß Madame de Tascher, die ihren Mann im
Bade besucht, abzureisen im Begriff war, sagte er zu
Madame Boucheporn: „Sie muß doch ihrem Manne sehr

gut sein, daß sie meine Großmama verläßt". Ist das nicht niedlich? An demselben Tage ging er im Walde von Butard spazieren, kaum war er in der großen Allee angelangt, so warf er seinen Hut hoch in die Luft und rief: „Ach! wie liebe ich die schöne Natur"! Es vergeht kein Tag, ohne daß der Eine oder der Andere mich durch seine Einfälle amüsirt. Sie beleben Alles um mich her, glaube mir, theure Hortense, Du hast mir dadurch, daß Du sie bei mir ließest, viele Freude gemacht. Wenn Du selbst zurück bist wird mein Glück ein vollkommenes sein.

Adieu, ich liebe Dich von Herzen.

Josephine.

LXVII.
Die Kaiserin Josephine an ihre Tochter in Paris.

Malmaison, ? Sonnabend Abend, 1813.

Meine liebe Hortense! Gestern haben Herr und Frau de Rémusat bei mir zu Mittag gespeist. Sie haben mir als bestimmt mitgetheilt, der König Louis habe an den Kaiser geschrieben, um sich mit ihm auszusöhnen: Louis soll gesagt haben, er wolle den Kaiser, da derselbe jetzt im Unglück wäre, nicht verlassen. Das ist gewiß eine sehr löbliche Handlung; allein ich befürchte, es können Dir daraus neue Quälereien erwachsen, und der Gedanke ist mir schrecklich. Ich kann Nichts thun, als Dir Muth zusprechen, eine so reine Seele wie die Deinige, triumphirt zuletzt doch über Alles! Ich habe so großes Verlangen, Dich zu sehen; ich will den nächsten Dienstag mit Dir verbringen. Eugen bewerkstelligt seinen Rückzug in größter Ordnung; er war am 29. October vier Lieues von Treviso. Die Italiener zeigen viel Energie.

Möchte doch meinen Kindern alles Glück zu Theil werden, das es auf der Welt giebt! Das ist der sehnlichste Wunsch meines Herzens.

Abieu, theuere Hortense.

Josephine.

LXVIII.
Die Kaiserin Josephine an ihre Tochter in Paris.

Malmaison, . . . 1814.

Ich schicke Dir, theure Hortense, meine Antwort für die Vicekönigin; ist sie Dir so recht, so schicke sie an Lavalette, der sie befördern wird. Ich habe mich Auguste gegenüber offen ausgesprochen. Ich bin überzeugt, daß der Kaiser Italien abtreten wird — allein, es mag kommen wie es wolle, unser lieber Eugen steht groß da! Laß mir Nachrichten von Dir zugehn. Ich habe mich bemüht, in meinem Briefe der Vicekönigin Muth zuzusprechen — das ist mir recht schwer gefallen.

Ich schließe Dich an mein Herz.

Josephine.

LXIX.

Die Kaiserin Josephine an ihre Tochter in Paris.

Malmaison, 28. März 1814.

Theure Hortense! Bis jetzt hielt noch der Muth bei mir vor — nun aber trifft Dein Brief ein. Ich bin schmerzerfüllt bei dem Gedanken an eine Trennung von Dir — Gott weiß, auf wie lange! Ich folge Deinem Rath und reise morgen nach Navarra ab. Ich habe hier nur eine Wache von 16 Mann; Alle sind verwundet; ich bedarf ihrer übrigens nicht. Ich bin so tief unglücklich über die Trennung von meinen Kindern. Alles sonst ist mir gleichgültig; ich bin nur um Dich besorgt: suche mich auf dem Laufenden zu erhalten, damit ich vor Allem weiß, was Du thun wirst, wohin Du gehst. Ich will dann versuchen, Dir von Weitem zu folgen.

Adieu, meine liebe, theure Hortense, ich schließe Dich an mein Herz.

Josephine.

LXX.
Die Kaiserin Josephine an ihre Tochter in Ramboullet.

Navarra, 31. März 1814.

Seit gestern bin ich hier; ich habe, da ich meine eignen Pferde mitnahm, nur zwei Tage zur Reise gebraucht. Ich kann es Dir nicht schildern, wie unglücklich ich bin. Ich konnte in den peinlichen Lagen, in denen ich mich schon befunden habe, stets Muth fassen und würde es auch dem Wechsel des Glückes gegenüber können — — allein vor der Ungewißheit über das Schicksal meiner Kinder verläßt mich alle Kraft.

Seit zwei Tagen muß ich unaufhörlich weinen. Gieb mir Nachricht, liebe einzige Hortense, auch von Deinen Kindern, auch über Eugen und seine Familie — ich befürchte immer, es wird unmöglich sein, da die Postverbindung zwischen Paris und Evreux unterbrochen ist. Allerhand Nachrichten schwirren in der Luft: so sagt man u. A. die Brücke von Neuilly wäre vom Feinde besetzt; derselbe wäre also dicht bei Malmaison! Schreibe mir doch, was Du anfängst. Man sagt, Du wärst in Chartres; ich schicke einen Expreßboten dorthin. Wirst Du dortbleiben, so wäre es leicht, einen Nachrichten-Austausch einzurichten. Der Präfect von Evreux wird sich mit dem von Chartres ins Einvernehmen setzen; die beiden Städte sind ja nur 18 Lieues von einander entfernt. Da Du doch in der Lage bist, Sicheres zu erfahren, so könntest Du mich benachrichtigen; hier giebt es nur in der Luft schwebende Gerüchte. Ich fand in Evreux eine sehr gute

Aufnahme. In Navarra erwarteten mich die National=
garden und sie haben mir eine ständige Wache ange=
boten; ich habe mich noch nicht entschieden. Die mir
vom General Ornano zurückgelassene Bedeckung habe ich
wieder zu des Generals Verfügung gestellt; sie bestand
ja, wie ich Dir schon mittheilte, aus 16, theils kranken,
theils zu Krüppeln geschossenen Leuten.

Adieu, Hortense! Ich erwarte Trost in Deiner
Antwort. Ich schließe Dich und die Kinder an mein tief
bekümmertes Herz.

Josephine.

* * *

Zwei Tage nach Abgang des obigen Briefes sah die
Kaiserin ihre Tochter in Navarra wieder. Einer Auf=
forderung des Zaren Alexander folgend, kehrte sie nach
Malmaison zurück und starb dort in den Armen ihrer
Kinder am 29. Mai 1814.